NOUS ÉTIONS DES MALGRÉ-NOUS

Du même auteur

Ségolène Royal décryptée de A à Z, City Éditions, 2006.

Sarkozy décrypté de A à Z, City Éditions, 2006.

Les Grands Mystères de l'Histoire, City Éditions, 2007.

Les Grands Mystères de l'histoire, vol. 2, City Éditions, 2009.

Bertrand Delanoë, d'ombre et de lumière, City Éditions, 2009.

L'Histoire du monde en 80 secrets, City Éditions, 2010.

Petit dictionnaire de la vie et de la pensée de Charles de Gaulle, City Éditions, 2010.

Pensées, bons mots, et traits d'esprit, City Éditions, 2011.

Simone Veil, une passion française, City Éditions, 2011.

Histoire secrète des espions et de l'espionnage, City Éditions, 2011.

François Hollande de A à Z, City Éditions, 2012.

Jacques Chirac a dit…, Fayard, 2018.

LAURENT PFAADT

NOUS ÉTIONS DES MALGRÉ-NOUS

Des Alsaciens incorporés dans la Wehrmacht

COLLECTION **DOCUMENTS**

cherche midi

Vous pouvez consulter notre catalogue général
et l'annonce de nos prochaines parutions sur notre site :
www.cherche-midi.com

92, avenue de France
75013 Paris

Composition : Peter Vogelpoel
Dépôt légal : février 2020
ISBN 978-2-7491-6210-2

Guillaume et Jean, cette histoire fut la vôtre.
Elias, cette histoire est la tienne.
Et quelques larmes pour Stéphanie.

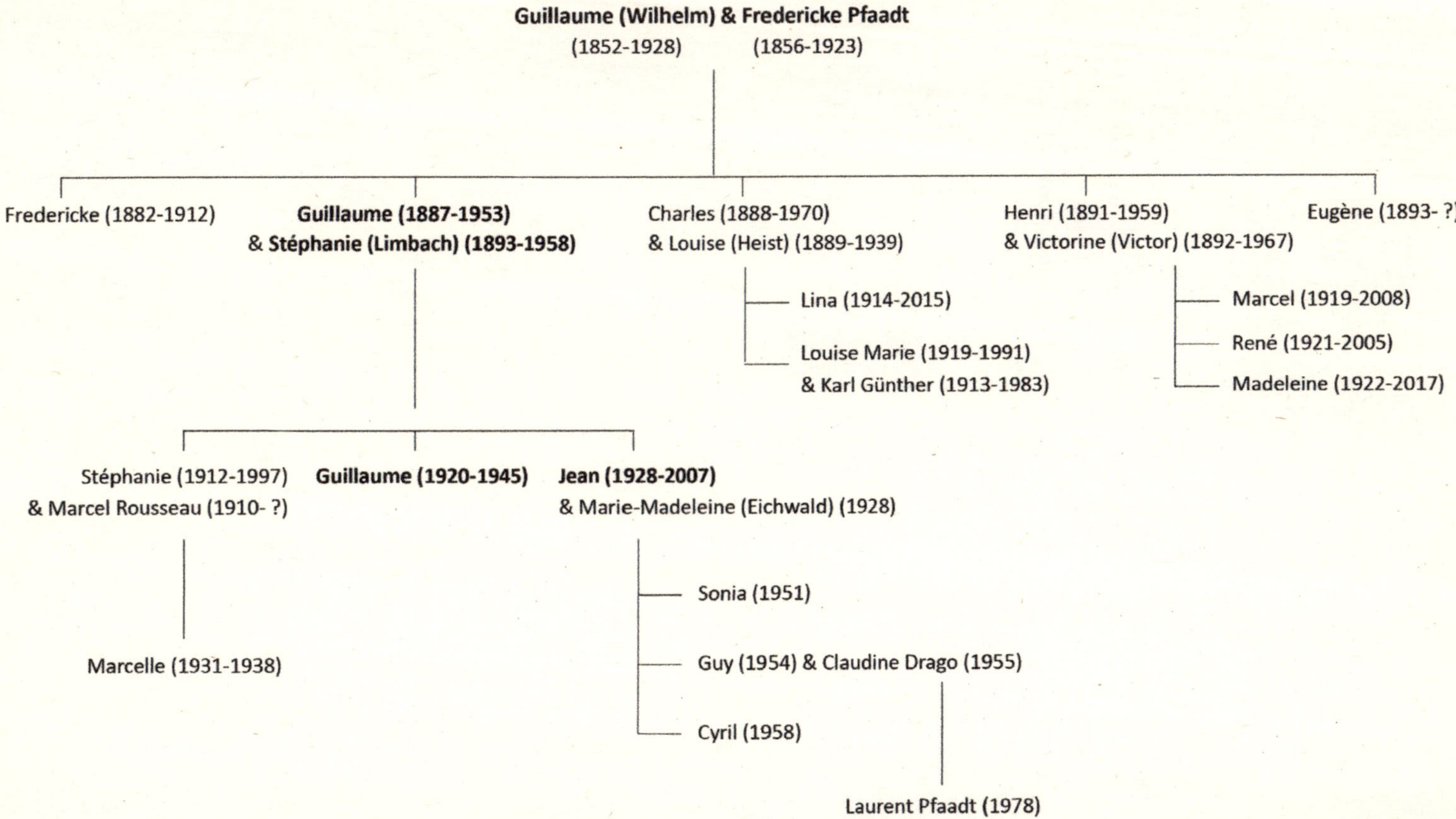
Guillaume (Wilhelm) & Fredericke Pfaadt
(1852-1928) (1856-1923)
Fredericke (1882-1912)
Guillaume (1887-1953)
& Stéphanie (Limbach) (1893-1958)
Charles (1888-1970)
& Louise (Heist) (1889-1939)
Henri (1891-1959)
& Victorine (Victor) (1892-1967)
Eugène (1893- ?)
Lina (1914-2015)
Louise Marie (1919-1991)
& Karl Günther (1913-1983)
Marcel (1919-2008)
René (1921-2005)
Madeleine (1922-2017)
Stéphanie (1912-1997)
& Marcel Rousseau (1910- ?)
Guillaume (1920-1945)
Jean (1928-2007)
& Marie-Madeleine (Eichwald) (1928)
Marcelle (1931-1938)
Sonia (1951)
Guy (1954) & Claudine Drago (1955)
Cyril (1958)
Laurent Pfaadt (1978)

Et au milieu coule une rivière. Tel pourrait être le début de notre histoire. De mon histoire. Cette rivière qui glisse au milieu des hommes et de leur destin. Celle qui, tel le Rhin, ce fleuve au « rugissement puissant et paisible », selon les mots de Victor Hugo, charria les espoirs et les corps de plusieurs membres de ma famille. Celle qui, inexpugnable, ne se laisse jamais dompter et sépare l'histoire, laissant ceux qui la vivent et ceux qui la subissent de part et d'autre d'une étendue infranchissable. Celle qui sépare la vie de la mort tel un Styx contemporain. Cette rivière qui tantôt s'apparente à un joyeux ruisseau, terrain de jeux d'enfants ignorant l'ombre portée que l'histoire jette déjà sur eux, tantôt prend l'aspect d'un furieux torrent au débit mêlé de larmes et de sang.

Dans le monde entier, ces rivières qui façonnent jour après jour les êtres, leur existence et leur destin sont légion. Pour moi, elle porte un nom : la Moder. Je l'ai toujours connue et elle me connaît bien plus que je ne le crois. Son nom résonne à mes oreilles comme celui de mon meilleur ami, de mon premier amour, de mes peurs les plus inavouables. Il s'efface de ma mémoire pour resurgir quand je m'y attends le moins. Et tout au long de ses 82 kilomètres – soit presque autant que ces années qui nous séparent du récit extraordinaire que je m'apprête à vous narrer –, la Moder m'a regardé et, de son miroir translucide, m'a offert d'y contempler mon reflet, celui de mon enfance, de mon adolescence, de ma vie d'adulte et de père. Et aussi et surtout, celui de ma famille. Dans le bruit de ses méandres, elle semblait me dire qu'elle avait toujours su qui était ce petit enfant qui venait là arpenter ses rives, gagner ses premiers succès sportifs ou cueillir ces champignons dans les prés environnants qu'elle recouvrait à l'automne. Car elle sait tout de moi. Parce qu'elle connut ceux qui m'ont donné la vie, et ceux avant eux qui sont entrés dans ses eaux, se sont aimés ou ont couché leurs larmes dans son lit.

La Moder connaît l'histoire qui est la mienne. Mieux que personne. Et dans ses reflets irisés brille encore celle de Stéphanie, mon arrière-grand-mère, et des siens. L'enfant que je fus ignora que cette histoire enfouie n'est jamais arrivée jusqu'au Rhin mais est restée là, sur les berges de Bischwiller. Aujourd'hui pourtant, devenu adulte et remontant le cours de mon histoire personnelle comme celui d'une rivière, je comprends son message.

1

LE XXe SIÈCLE COMMENCE À BISCHWILLER

20 avril 1912

Georg Heinrich Roth regarda le ciel. Il faisait beau malgré la présence de quelques nuages bas. Cela tiendrait. Pour lui comme pour les mariés. De là où il se trouvait, il entendait les notes de l'orgue Silbermann du temple protestant. La cérémonie était sur le point de s'achever. Le photographe regarda l'édifice religieux. Le temple de Bischwiller, de style roman germanique, construit au début du XIVe siècle et agrandi en 1721, dominait l'horizon. Il était juché sur une butte couverte d'une pelouse impeccablement taillée et entourée de grands pins qui lui faisaient de l'ombre. Une douzaine de marches en grès rose, usées par les milliers de fidèles, descendaient depuis les lourdes portes en bois qui fermaient l'édifice. L'orgue se tut et quelques secondes plus tard retentirent les cloches. Instinctivement, le photographe de Bischwiller observa le clocher. Il en avait photographié des mariages, des baptêmes, des communions catholiques et des confirmations protestantes. Tout le monde à Bischwiller le connaissait. On lui payait des coups à boire, on l'invitait à manger et on lui donnait quelques œufs ou un poulet pour ses photos qu'il signait en lettres gothiques G.H. Roth. Pourtant, malgré sa longue expérience, il se demandait encore pourquoi les cloches du temple sonnaient toujours avec quelques secondes de retard par rapport à celles de l'église catholique située plus loin. Bizarre. Car la rivalité entre les deux communautés religieuses était bien connue. Religieusement, Bischwiller faisait figure d'exception en Alsace. Alors que plus des trois quarts des croyants alsaciens étaient catholiques, ici, à Bischwiller, les protestants étaient majoritaires. Un comble pour cette commune dont le nom signifiait la « ville de l'évêque ». Les protestants regroupaient les notables de la ville, notamment les commerçants et les artisans, tandis que les catholiques se recrutaient majoritairement chez les ouvriers. Mais cette rivalité n'était rien en comparaison de celle qui agitait les protestants. Car il ne fallait surtout pas dire que les réformés – qui suivaient les enseignements de Calvin et Zwingli – et les luthériens – adeptes des préceptes originels de Martin Luther –, c'était la « même chose ». Ah non ! C'était à vous mettre à dos une partie de la clientèle ! Une vieille ordonnance de la fin du XVIIe siècle précisait même que les enfants issus de mariages mixtes entre réformés et luthériens devaient suivre la religion du père pour les garçons et celle de la mère pour les filles. Il arrivait souvent que des mariages réformés soient sciemment retardés par le pasteur pour qu'en sortant les heureux élus puissent cracher à la face des luthériens, venus pour un enterrement, leur joie et vice versa. Georg Heinrich Roth en riait souvent. Le plus difficile était de reprendre son sérieux avant l'enterrement. Aujourd'hui cependant devait être plus calme. On célébrait le mariage du fils aîné du Pfaadt, Guillaume Pfaadt, le peintre, avec une fille Limbach. Mais déjà les portes du temple s'ouvraient.

Stéphanie cligna des yeux pour habituer ces derniers à la lumière du jour qui pénétrait à l'intérieur du temple tandis qu'elle avançait, vêtue de sa robe de mariée noire et de son voile de mousseline blanc, confectionnés par sa mère, au bras de Guillaume. Ce dernier, redingote et cravate de rigueur, affichait lui aussi une mine réjouie sur laquelle trônaient une épaisse moustache taillée en garde de poignard, un haut front, des sourcils épais et une bouche charnue. Au moment de passer le seuil du temple, Stéphanie s'arrêta et porta la main à son ventre.

« Tout va bien ? lui demanda Guillaume.

– Oui, c'est le bébé. »

Elle serra la main de son mari et tous deux, suivis par l'assistance, sortirent du temple. Le mariage avait dû être précipité, car il était hors de question que l'enfant naisse avant la cérémonie. C'était proprement impensable – surtout pour Fredericke, la mère de Guillaume.

« Ah, voici les mariés ! lança le photographe en bas des marches. Mettez-vous en place. Les mariés devant avec leurs parents. Les frères et sœurs ainsi que les amis derrière. Merci. »

L'escalier du temple était suffisamment grand pour que tout le monde puisse y trouver sa place. L'assistance s'exécuta tandis que Mathilde et Madeleine, les sœurs de

Stéphanie, aidaient cette dernière à porter sa robe afin de descendre les marches sans risquer une catastrophe.

Avec sa barbe noire souvent hirsute, son visage émacié creusé par l'asthme et ses yeux clairs, le patriarche des Pfaadt ressemblait un peu au tsar de Russie Nicolas II, moins celui du sacre que celui de l'exécution par les bolcheviques. Ancien drapier devenu marchand de lait, Wilhelm Pfaadt était connu à Bischwiller aussi bien pour son précieux breuvage que pour son irascibilité. L'homme ne s'en laissait pas conter et il ne fallait pas l'embêter. À plusieurs reprises, il avait eu maille à partir avec la justice en raison de sa participation à plusieurs rixes dans un état d'ébriété avancé. En 1894, il avait ainsi blessé d'un coup de couteau l'un de ses congénères et avait dû s'acquitter d'une amende de 5 marks et d'un jour de prison.

Chez les Pfaadt, on s'appelait Wilhelm ou Guillaume de père en fils. Comme le Kaiser, même si cela n'avait eu aucune influence sur le choix du prénom. Dans la famille, on se mêlait assez peu de politique. Ce qui comptait, c'était de bien faire son travail. Pour le reste, on verrait après, comme Wilhelm le patriarche se plaisait à le répéter. Né en 1858 alors que l'Alsace était encore française, le plus âgé des Guillaume, qui devint sous l'Alsace allemande Wilhelm Pfaadt, était devenu à 12 ans, et comme tant d'autres après la défaite de Napoléon III en 1870, sujet allemand. Si certains, que l'on nommait « optants », avaient choisi en 1872 la nationalité française à condition de quitter les territoires annexés, selon les termes du traité de Francfort, ceux qui choisissaient la nationalité allemande étaient quant à eux bien souvent des militaires ou des détenus. Ainsi chez les Pfaadt, l'un des frères de Wilhelm, Joseph, soldat qui s'était battu lors de la bataille de Frœschwiller sous les ordres du général Mac Mahon en 1870, avait choisi la nationalité allemande et était revenu vivre à Bischwiller, dans le *Reichsland* qu'était devenue l'Alsace allemande.

Car dans cette Alsace et ce bout de la Lorraine (une grande partie de la Moselle et des morceaux des départements de la Meurthe et des Vosges) devenus allemands avec le traité de Francfort, le 10 mai 1871, on laissait d'une certaine manière l'histoire choisir pour nous, ne pouvant pas à notre niveau la changer. De toute façon, l'histoire de Bischwiller, fondée au XIe siècle, n'avait été qu'une valse-hésitation entre France et Allemagne. Entre le XVe et le XVIIIe siècle, les princes de Bavière, les ducs des Deux-Ponts et les princes palatins du Rhin l'avaient développée avant que cette ville ne devienne, comme l'Alsace, partie du territoire français lors des traités de Westphalie, en 1648. Ravagée lors de la guerre de Hollande[1] puis de la guerre de Succession d'Autriche[2], la ville avait cependant connu un essor industriel important.

Quant à la femme de Wilhelm, la mère du marié, Fredericke Pfaadt, née Fischer, fille de marchands de légumes et dotée d'une petite corpulence, elle affichait un visage sévère et osseux caractérisé par des pommettes saillantes et de petits yeux enfoncés dans leurs orbites. Tous les enfants avaient hérité de son nez, un long nez parfaitement droit qui divisait symétriquement leur visage. Avant même l'arrivée de petits-enfants, elle était devenue « Mamama », nom affectueux que l'on donnait aux grands-mères alsaciennes. Si les parents de Stéphanie, ainsi que deux sœurs et un frère sur les huit enfants que

1. 1672-1678.
2. 1740-1748.

comptait la fratrie de la mariée, avaient pris place sur la photo, les quatre fils du patriarche Pfaadt occupaient l'espace et le dévoraient littéralement. Guillaume, Charles, Henri et Eugène dégageaient tous les quatre une telle présence qu'il était impossible de les ignorer. Même leur sœur aînée, prénommée Fredericke comme leur mère, faisait pâle figure à côté d'eux. Au-dessus de Guillaume, né en 1887, se tenait Charles, d'un an son cadet, avec ses traits fins et sa petite moustache. À côté de lui, Henri, 21 ans, portant un nœud papillon et un petit gilet, dépassait tout le monde. De son visage, resté juvénile et marqué par un menton légèrement prognathe et de grandes oreilles, perçait déjà une volonté affirmée. Et puis, à l'autre bout de l'escalier, à côté de Madeleine, se tenait Eugène, le « bel Eugène », comme le répétait à qui voulait l'entendre sa mère. Presque aussi grand qu'Henri, il affichait un visage presque parfait avec des yeux en amande surmontés de sourcils impeccablement dessinés et une épaisse chevelure d'un noir de jais. À 19 ans, il était un beau parti qui suscitait en secret les convoitises de nombreuses filles de la ville.

Les cloches cessèrent. Stéphanie regarda le photographe. Son voile vola légèrement dans la brise printanière. D'un mouvement furtif et assuré de la main, elle le remit dans son dos. Au loin, il lui sembla percevoir un léger bruit d'eau. Celui du Rothbaechel, petit ruisseau qui coulait en bas du temple et se jetait dans la Moder, cette rivière qui étreignait Bischwiller comme une mère son enfant. Elle aimait tant ce bruit. Pendant une seconde ou deux, Stéphanie ferma les yeux et revit ses longues promenades, enfant, le long de la Moder et du Ried. Qu'elle était heureuse aujourd'hui. Elle épousait l'homme qu'elle aimait et bientôt elle deviendrait mère. Un nouveau coup de pied du bébé la ramena à la réalité. « Pourvu que ce soit un garçon », pensa-t-elle. Non pas qu'elle eût une préférence pour un garçon mais Fredericke Pfaadt, sa belle-mère, l'avait prévenue : « Chez les Pfaadt, les femmes meurent et les hommes souffrent. » Ce qui expliquait l'écrasante présence des hommes dans leur famille. Mis à part l'aînée des enfants, épargnée par cette malédiction, en tout cas provisoirement puisqu'elle allait mourir brutalement quelques mois plus tard à l'âge de 30 ans, les parents de Guillaume avaient perdu cinq enfants, cinq filles qui n'avaient pas atteint leur premier anniversaire. Dans cette famille, les filles étaient donc condamnées à mourir prématurément tandis que les hommes devaient souffrir. C'est pour cela que Stéphanie ne voulait pas de fille. Elle ne survivrait pas à la perte d'un enfant. Tout mais pas cela.

« Tout le monde est prêt. Attention, un, deux, trois ! » lança Georg Roth avant que le flash n'immortalisât à jamais cet instant.

Le trajet entre le temple et la maison familiale avait duré presque une heure, alors que cette dernière n'était distante que de quelques centaines de mètres de l'édifice religieux. Mais tous voulaient saluer les nouveaux mariés ou féliciter les parents. Si bien qu'il avait fallu accélérer le pas, car le repas n'attendait pas. Et, à peine assis au bout de la table des mariés, les frères Pfaadt avaient repris leur conversation.

« On raconte qu'il y a plusieurs centaines de morts », affirma Charles avant d'ingurgiter un peu de bouillon de pot-au-feu dans lequel baignaient les fameuses quenelles à base de moelle et de mie de pain de leur mère. S'essuyant la bouche, il poursuivit : « Comment s'appelle ce bateau ?

– Le *Titanic*, répondit Eugène. J'ai lu qu'il a percuté un iceberg et s'est ouvert en deux comme une tomate trop mûre. »

Moins d'une semaine plus tôt, le 14 avril 1912, le fameux paquebot qui effectuait la traversée Southampton-New York avait heurté un iceberg au large de Terre-Neuve. Il avait rapidement coulé, emportant avec lui près de 1 500 personnes.

« C'est terrible. Tous ces pauvres gens. Une véritable tragédie. »

Autour d'eux les conversations entre les invités battaient leur plein. On avait sorti les tables dehors pour déguster le repas du mariage – bouchées à la reine et pot-au-feu – car l'intérieur de la maison familiale était trop exigu pour accueillir tout le monde. Cette dernière se situait au centre-ville de Bischwiller, sur la *Baumplatz*, littéralement la « place des arbres », appelée ainsi en raison des grands platanes qui l'entouraient et apportaient en été une fraîcheur agréable à ceux qui s'y attardaient. La *Baumplatz* mais également les rues adjacentes, les rues Française, des Écoles, des Merciers ou du Moulin, regroupaient ce qu'on appelait le « village français » ou *Welsches Dorf*, qui avait accueilli au début du XVIIe siècle les huguenots venus de Picardie, de Metz, des Flandres ou des Pays-Bas chassés par les guerres de Religion. Ces huguenots avaient installé à Bischwiller le tissage de la laine, activité qui non seulement allait devenir prépondérante dans la ville, mais surtout allait faire de Bischwiller le premier centre industriel alsacien en 1870 et dont le savoir-faire obtiendrait une reconnaissance internationale lors des Expositions universelles de Paris et de Londres. Une grande partie des habitants vivaient ou travaillaient dans le domaine du tissage. Le patriarche Pfaadt avait été, tout comme les parents de Stéphanie, drapiers. On estimait à 5000 ouvriers, dont 2000 tisserands, le nombre de personnes travaillant dans l'un des 100 établissements que comptait alors la ville. L'affluence avait été telle au XIXe siècle que des quartiers entiers avaient été construits pour accueillir cette main-d'œuvre ouvrière faisant grossir une ville où maisons à colombages rivalisaient avec immeubles bourgeois. La perte de l'Alsace-Lorraine fut vécue ici comme une tragédie économique et humaine, car de nombreuses manufactures de tissus choisirent de partir vers la France de l'intérieur, notamment en Normandie. En cinq ans, on estima que Bischwiller perdit près de 40 % de sa population, et ce centre industriel posé au milieu d'une campagne luxuriante fut très vite traversé par une sinistre atmosphère que n'aurait pas reniée un Charles Dickens. Il fallut tout reconstruire, avec l'aide de l'administration allemande. Une société de tissage et de filature, la Société alsacienne de filature et de tissage de jute, fut ainsi fondée en 1883 avec de nombreux droits sociaux avant-gardistes accordés aux quelque 1000 ouvriers, et l'administration allemande pourvut la ville en équipements monumentaux (poste, tribunal, hospice...), permettant ainsi la reprise de l'activité économique.

« Moi, ce qui m'inquiète le plus, c'est les manœuvres du Kaiser au Maroc et son coup d'Agadir. À ce rythme, la guerre entre la France et l'Allemagne sera bientôt à nos portes. L'Alsace redeviendra alors française », intervint Henri, assis à côté de Charles.

Ce dernier le regarda.

« Peut-être mais notre situation dans l'Empire n'est pas si mal. »

L'Alsace était considérée comme une terre d'empire dépendant directement du Kaiser, qui la dirigeait par l'intermédiaire d'un *Statthalter*, sorte de gouverneur provincial. Toutes les décisions dépendaient de Berlin malgré l'existence d'un *Landtag*, parlement régional, et de représentants au Reichstag. Il fallut attendre la Constitution de 1911 pour voir l'Alsace-Lorraine gagner en autonomie. À cette date, les Alsaciens bénéficiaient déjà d'un système d'assurance maladie et d'accident qui ne fut introduit en France qu'en 1928, de caisses d'invalidité et d'un enseignement primaire obligatoire dix ans avant les lois Ferry. Charles ne voyait donc pas d'un si mauvais œil l'administration allemande. Diplômé de comptabilité, il vivait depuis plusieurs années à Stuttgart, où il s'était spécialisé dans les assurances. Ce n'était pas l'avis d'Henri, francophile, qui effectuait son apprentissage de garçon épicier chez Fauchon à Paris. Il était venu spécialement « de France » pour assister au mariage de son frère Guillaume, qui, lui, venait d'ouvrir son entreprise de peinture, non loin de là, rue Française.

« Pas si mal? Mais bon sang, on est français, pas allemands! Moi, je préfère vivre libre sous une république plutôt que d'être le sujet de Sa Majesté le Kaiser. »

Henri avait à peine terminé qu'un puissant bras vint l'agripper tandis qu'un autre attrapait Charles. Immédiatement, les deux frères reconnurent la force de leur frère aîné, Guillaume, de loin le plus costaud des Pfaadt.

« Alors, mes frères, j'espère que vous vous amusez bien. Si, des fois, vous voulez encore du vin, n'hésitez pas à vous servir. Vous connaissez la maison, hein! lança Guillaume, accompagnant sa remarque de son rire bruyant avant de se raviser en voyant la mine renfrognée de son frère Charles, décidément réticent à tout conflit. Que se passe-t-il, Charles? Ah, je connais cette tête. Tu sais où je l'ai vue pour la première fois?

– Arrête, Guillaume. On connaît tous cette histoire, lancèrent en chœur les autres frères.

– Moi, non. »

Surpris, Guillaume, Henri, Charles et Eugène se tournèrent vers la voix féminine qui venait de faire irruption. C'était Madeleine, la sœur de Stéphanie. Comme elle, Madeleine avait un long cou, une petite bouche pincée, un nez pointu et une chevelure châtain foncé, plus longue que celle de sa sœur. Pas vraiment une beauté mais du haut de ses 16 ans, avec cet air espiègle qu'elle portait comme un étendard, Madeleine dégageait quelque chose, assurément. Guillaume resserra son étreinte autour de ses deux frères.

« Eh bien, ma chère Madeleine, la première fois que j'ai vu ce visage déconfit demeurera un jour à jamais mémorable. Ce fut le jour où notre père nous envoya, après l'école, chercher le lait chez le paysan de Gries, le village voisin. Charles conduisait la charrette tirée par nos chiens. Et sur le chemin du retour, cette dernière heurta une racine et se renversa. Il y eut ce jour-là un lac de lait dans la forêt de Gries, un peu comme on en voit dans les contes de Grimm.

– Peut-être que si tu ne regardais pas tout le temps tes foutus oiseaux, on aurait pu voir cette racine, répliqua Charles, dont le souvenir semblait encore douloureux. Toujours la tête en l'air !

– Arrête, Charles, tu ne vas quand même pas dire que c'était de ma faute. Oui, j'aime les oiseaux, mais ce n'est pas moi qui étais aux commandes. Je te rappelle que c'est toi qui as insisté pour conduire la charrette et passer par la forêt. Bon, tout cela est loin maintenant, chère Madeleine. J'en rigole aujourd'hui mais quand on est arrivés devant notre père, avec les bidons cassés et nos têtes de malheureux, on n'en menait pas large, surtout Charles. Et il avait cette tête! ajouta Guillaume avant que ne retentisse à nouveau son rire, imité par ses frères et Madeleine. Moi, ce que je dis, c'est qu'aujourd'hui est un jour de fête et qu'il faut s'amuser. Rien à foutre du Kaiser ou de Poincaré, aujourd'hui, c'est le jour de gloire des Pfaadt. Et puis, de toute façon, personne ne nous demandera notre avis. Alors, comme dirait le vieux, on fait d'abord bien son travail. Pour le reste, on verra après, dit Guillaume en donnant une tape amicale mais vigoureuse sur l'épaule de Charles.

– Oui, mais celui qui ne choisit pas son destin est condamné à le subir », répliqua Henri.

Les Pfaadt ainsi que l'ensemble des habitants de Bischwiller avaient l'habitude de voir et de côtoyer des uniformes prussiens. Bischwiller était une ville de garnison depuis 1890. D'ailleurs, l'Alsace était une immense garnison car l'empereur et les généraux qui l'entouraient, s'ils considéraient l'Alsace-Lorraine comme une terre germanique, la voyaient avant tout comme un glacis défensif contre une éventuelle revanche française. Près de 70000 hommes stationnaient ainsi en permanence dans le *Reichsland* et les jeunes Alsaciens comme Guillaume, Charles et Eugène avaient l'obligation d'effectuer leur service militaire dans l'armée du Kaiser depuis l'introduction de celui-là, en 1872. Guillaume avait ainsi été incorporé dans la marine puis dans l'infanterie entre 1907 et 1909. Comme marin, il s'était rendu à Kiautschou, ce comptoir allemand situé au nord-est de la Chine, et dans sa capitale Tsingtao. Une photo le montre même une bière à la main, ancêtre de la fameuse Tsingtao, développée par les Allemands. Il a certainement pensé à celle, bien meilleure, des Rinckenberger à la brasserie de la Couronne de

Bischwiller. Là-bas, Guillaume eut l'occasion d'observer toutes sortes d'oiseaux, sa grande passion. Il pouvait passer des heures à les regarder, à observer leur vol, à les voir se nourrir, se courtiser. Il les trouvait mille fois plus intelligents que les hommes. D'ailleurs, avec quelques amis, il avait fondé en 1908 la première société d'aviculture de Bischwiller. Charles, quant à lui, avait servi dans la cavalerie, chez les uhlans, apprenant à charger avec une lance. Comme ses aînés, Eugène allait lui aussi bientôt rejoindre l'armée impériale. Et à son retour, il ouvrirait son commerce de menuisier.

« Écoute, toutes ces idées sont belles, Henri, mais regarde-nous. Peintre, épicier, menuisier et comptable. Crois-tu réellement que nous sommes en mesure de changer quelque chose ? rétorqua Guillaume. Alors, s'il faut faire la guerre, s'il faut faire notre devoir, nous le ferons. Point. Et puis, en parlant de destin, quand est-ce que tu nous ramènes une Parisienne ? »

Henri ne s'acharna pas. Aujourd'hui ne serait pas le jour où on déciderait du sort de l'Alsace. Ce jour-là viendrait bientôt, assurément. Son visage se détendit.

« Hum… bientôt peut-être, dit-il en pensant à cette jeune femme qu'il avait aperçue chez Fauchon mais qu'il n'avait pas osé aborder.

– Ah, très bien ! s'exclama Guillaume. Et toi, Eugène, t'en penses quoi ? demanda-t-il à l'intention de son jeune frère dont le regard, perdu dans le vague, semblait scruter un avenir incertain.

– De quoi ? Du mariage ou de la guerre ?

– Du mariage, idiot ! intervint une Madeleine qui suivait la conversation et espérait peut-être secrètement quelque chose avec Eugène.

– Viens avec moi à Paris, Eugène, tu trouveras chaussure à ton pied, poursuivit Henri. Sauf si elle est plus belle à Bischwiller. J'ai bien vu les regards que te lançait la fille Weil. Avec les employés de la fabrique de chaussures de son père, elle n'applaudissait pas que les mariés lorsque nous sommes passés dans leur rue tout à l'heure, si tu vois de ce que je veux dire, lança Henri avec un clin d'œil.

– Arrête, elle est juive. Maman et le pasteur ne voudront jamais. »

Malgré quelques querelles de clocher sans incidences réelles, toutes les communautés vivaient en parfaite harmonie à Bischwiller, même si on ne se mélangeait pas. En 1910, il y avait 236 Juifs dans la ville, essentiellement des commerçants, de tissus ou de limonade, des notables, des propriétaires de manufacture de filets pour cheveux ou de draps, des directeurs de fabrique de chaussures et des négociants. Leurs enfants fréquentaient l'école protestante et ils possédaient leurs propres commerces, notamment des boucheries casher, et leur synagogue, construite en 1854. Si celle-ci était fréquentée lors des principales fêtes telles que Roch Hachana[1], Pessah[2], une grande partie de la communauté juive était complètement laïcisée et avait développé une identité plus culturelle que cultuelle, qui se manifestait notamment par l'emploi d'un dialecte judéo-alsacien assez savoureux à entendre, mêlant expressions juives et dialecte alsacien. Car tout le monde à Bischwiller parlait le dialecte, que l'on soit profrançais ou proallemand, même si dans de nombreuses familles francophiles appartenant aux classes supérieures et éclairées de la société bischwilleroise, chez les Zimmermann

1. Nouvel An.
2. Pâques.

par exemple, le directeur de l'école élémentaire, dont la femme était également institutrice, parler le français s'apparentait à un acte de résistance et traduisait chez certains leur attachement à la France.

« Et alors, moi, je me vois bien porter des chaussures Pfaadt, reprit Henri en soulevant sa jambe et en la posant sur une chaise libre à côté de lui : "Des Pfaadt & Weil" 100 % cuir ! » entraînant une fois de plus l'hilarité générale.

Les quatre frères ne le savaient pas encore mais dans quatre ans, ils s'affronteraient, les armes à la main. Mon XXe siècle, celui de ma famille commença en ce 20 avril 1912. Et par un curieux hasard, en ce même 20 avril 1912, un autre peintre, autrichien et ayant raté son concours d'entrée à l'école des Beaux-Arts de Vienne, fêtait son 23e anniversaire. Il vivait sans le sou, comme un marginal, peignant des cartes postales qu'il vendait aux passants qui se pressaient dans les rues de la capitale de cet Empire austro-hongrois dirigé par le vieux François-Joseph, empereur d'une monarchie à l'agonie. Dans ces rues, ce jeune peintre croisa peut-être la route d'un Stefan Zweig ou d'un Arthur Schnitzler se rendant dans ces cafés où l'on parlait toutes les langues et où l'on refaisait le monde d'hier, figures éminentes parmi ces nombreux Juifs qui habitaient Vienne. Bientôt, sa frustration deviendra haine, sang et cendres. Bientôt, il deviendra le maître de l'Allemagne, puis de l'Alsace. Bientôt, cette haine se répandra sur l'Europe et l'URSS tel un fleuve de sang emportant avec lui les Pfaadt. Mais en ce 20 avril 1912, l'heure était aux réjouissances. Guillaume venait de se marier. Trois mois plus tard, le 23 juillet 1912, Stéphanie accouchait. D'une fille.

2

SUR TOUS LES FRONTS

28 juin 1914

Un homme surgissant de la foule et se précipitant sur la voiture impériale. L'archiduc François-Ferdinand et sa femme Sophie, duchesse de Hohenberg, s'effondrant sous les balles d'un nationaliste serbe. À Sarajevo, l'Europe et le monde plongèrent dans le premier conflit mondial. L'écho de ce coup de feu venait à peine de retentir dans les rues de Bischwiller que résonnait déjà le martèlement des clous que l'on enfonçait dans les affiches appelant à la mobilisation générale sur les portes du *Rathaus* – l'équivalent de la mairie – de Bischwiller comme sur celles de toutes les communes d'Alsace-Lorraine. Guillaume, Charles et Eugène s'apprêtaient à servir dans la *Deutsches Heer*, l'armée du Kaiser. On ne parlait pas encore de « Malgré-nous ». Pour l'Alsace et les Pfaadt, l'heure du tocsin mais également celle de la boue et du sang sonnaient. À l'image de ces centaines de milliers d'Alsaciens et de Lorrains, les quatre frères Pfaadt allaient servir deux uniformes ennemis et être projetés, de part et d'autre du Rhin, dans la gueule de ce gigantesque monstre prêt à avaler armées et nations.

Henri, quant à lui, officiait toujours comme garçon épicier chez Fauchon. « La guerre sera courte », « Dans deux mois, nous serons à Berlin », « Bientôt, l'Alsace-Lorraine sera à nouveau française », entendait-il entre les rayonnages du magasin de la place de la Madeleine, dans le 8e arrondissement, où il travaillait, un crayon sur l'oreille. Dès que sonna la mobilisation, Henri s'engagea comme volontaire. En Alsace et en Lorraine, ils furent 3000 volontaires environ en cet été 1914 à passer la frontière séparant l'Alsace ou la Lorraine de la France pour fuir la mobilisation allemande. Se forgea ainsi le fameux dicton « Il est allé chercher du fromage », en référence à ces Alsaciens qui, passant par la vallée de Munster, dans le Haut-Rhin, pour aller chercher le fameux fromage, traversèrent la frontière vers les Vosges et la France de l'intérieur pour rejoindre la République. Au sein de l'armée française, où on les traitait encore de « boches » – ce qui occasionnait parfois des bagarres –, ils furent d'une aide précieuse, notamment en raison de leur connaissance de la langue de Goethe. En tant qu'Alsacien, donc Allemand, donc étranger, Henri fut affecté au 2e régiment étranger d'infanterie, alors même que la loi du 5 août 1914 donnait la nationalité à tous les Alsaciens-Lorrains qui rejoignaient l'armée française. Fin août 1914, Henri Pfaadt intégra donc sous un faux nom – celui d'Henri Fauvel pour éviter ainsi le peloton d'exécution en cas de capture et des représailles à l'égard de la famille – et avec de faux papiers le 74e régiment d'infanterie, qui participa à la première bataille de la Marne.

Au sein du 74e, Henri se battit avec courage durant cette première grande bataille de la guerre. Plus de 20000 soldats français y périrent, dont bon nombre d'Alsaciens avec qui il avait peut-être échangé un « *Viel Glück*[1] ! » avant de partir au combat, non loin de ce fort de Brimont, que découvrit quelques années plus tard son frère Charles. Premiers combats au côté du sergent Prenez, ce sous-officier qu'Henri vit « descendre successivement une vingtaine de boches, dont cinq officiers qui viennent de reconnaître le terrain, et entre deux coups de fusil, [et] traduire les commentaires de César qu'il [avait] trouvés dans la bibliothèque », comme le relata le journal de marche du régiment. La bravoure d'Henri durant cette bataille de la Marne suscita l'attention de ses supérieurs si bien qu'elle lui valut la citation suivante : « Le 27 septembre 1914, il y a montré les plus belles qualités de vaillance. »

Au même moment, à Bischwiller, la famille Pfaadt vit arriver en ville, fuyant les combats, 300 réfugiés originaires du village de Saales, dans les Vosges. Ils trouvèrent refuge dans les usines dont l'activité avait été stoppée par manque de main-d'œuvre, à l'hôpital et chez de nombreux particuliers qui leur ouvrirent leurs portes.

Charles, ayant effectué son service militaire chez les uhlans, fut affecté au 2e régiment de dragons du royaume de Wurtemberg, le régiment König, qui faisait partie de la 26e division d'infanterie de l'armée allemande. Stationné à Bapaume dès le mois d'octobre 1914, il y resta jusqu'en juillet 1916. Là-bas, il participa aux combats de

1. « Bonne chance ! » en alsacien.

la bataille d'Artois qui se déroulèrent en mai-juin 1915. Il ignorait à ce moment-là que de l'autre côté du front se trouvaient son frère Henri et son 74e régiment d'infanterie. Ce dernier, placé sous les ordres du général Charles Mangin, venait d'arriver dans le secteur d'Arras en cette fin mai 1915. Engagés dans les terribles combats qui ravagèrent le village de Neuville-Saint-Vaast, Henri et ses compagnons d'armes repoussèrent avec courage et détermination l'ennemi.

Henri et Charles se sont-ils combattus ? Ont-ils échangé des coups de feu ? Henri a-t-il distingué l'ombre d'un dragon allemand dans les ruines de Neuville-Saint-Vaast et Charles a-t-il repoussé les assauts de poilus français ? Nul ne le sait. Pas même les deux frères. Mais à cet instant, durant ce printemps 1915, lorsque les obus sonnèrent le tocsin de la guerre, la question « Et s'il était de l'autre côté ? » a dû traverser leurs esprits tourmentés. Même les repas de famille qui se tinrent après-guerre ne parvinrent jamais à résoudre cette lugubre énigme, mais le simple fait d'envisager que cela eût été possible à quelque 40 kilomètres de distance sur ce front de l'Artois glace le sang et révèle toute la tragédie de ces hommes, ces frères, ces fils d'Alsace jetés de part et d'autre du Rhin.

Guillaume quant à lui intégra le dépôt du XVe corps d'armée stationné à Strasbourg. Il y fit ses classes (*Drill*) qui s'achevèrent par le serment à l'empereur (*Fahneneid*). Mobilisé dans la 50e division d'infanterie, il connut son baptême du feu plus au sud, lors de la deuxième bataille de Champagne en septembre 1915 lorsque l'armée allemande fit face à cette offensive française voulue par le chef d'état-major, Joseph Joffre. En arrivant sur place, le 28 septembre, les combats les plus rudes étaient déjà derrière eux. Sur la terre détrempée de Champagne où la glaise transformait les bottes des soldats en enclumes, les Allemands réussirent à tenir la seconde ligne face aux assauts répétés des généraux de Castelnau et Pétain. Jusqu'au 14 octobre 1915, Guillaume et ses compagnons d'armes de la division – après avoir subi de fortes pertes qui, s'ajoutant à celles des autres divisions, avoisinaient les 120000 hommes – tinrent ainsi en échec une armée française qui, elle, laissa 143000 poilus sur le carreau. La bataille passée, Guillaume resta stationné dans ce secteur d'opérations avec sa division jusqu'à la mi-mars 1916.

Durant ces mois passés sur le front, Guillaume et Charles jouaient aux cartes, lisaient la presse allemande qui annonçait la victoire prochaine du Kaiser ou discutaient en cachette avec d'autres Alsaciens. Outre les offensives françaises, ils devaient se battre contre les rats et la vermine – notamment les poux, qui les harcelaient –, contre la faim qui les tenaillait, contre le froid et la boue. Charles repensait souvent à son petit cochon qu'il avait reçu enfant d'un paysan de Gries et qu'il avait baptisé Heizel. À l'époque, il l'avait caché dans sa chambre et l'avait nourri au biberon. Mais à ce moment-là, il l'aurait bien mangé. Les deux frères passèrent ainsi le Nouvel An 1915 sur le front occidental. Peut-être reçurent-ils à cette occasion l'un des 25 paquets envoyés par les enfants de l'école de Bischwiller deux semaines plus tôt. Et durant ces mois au front, ils ne s'interrogèrent jamais sur le bien-fondé de leurs engagements. Ils essayaient simplement de survivre. Jamais le leitmotiv de leur père « On fait bien son travail et après on verra » n'avait pris autant son sens qu'en ces instants d'attente et de combat.

2 avril 1916

Dans l'horizon de l'histoire des Pfaadt se dessina bientôt la silhouette macabre et glorieuse de Verdun, cette bataille mythique qui devait sceller le destin de la guerre, cet endroit de la Meuse où le général Erich von Falkenhayn promettait de « saigner à blanc l'armée française ». Commencée le 21 février avec l'attaque du bois des Caures sous un déluge d'obus, la bataille vit cependant une progression allemande contrainte par des conditions météorologiques difficiles et une résistance française héroïque, marquée par des hécatombes, des paysages dévastés et d'intenses combats. Pour l'heure, si les lignes françaises étaient brisées, elles n'avaient pas rompu. La France avait contenu l'hémorragie. Car les journaux allemands avaient beau titrer *« Douaumont ist gefangen »* (« Douaumont est tombé »), le 25 février 1916, après la chute du fort défendu par une soixantaine de soldats, les armées françaises, notamment celle du général Mangin qu'Henri avait servi dans l'Artois, préparaient activement la contre-offensive de ce qui était devenu la « mère des batailles ».

En ce mois d'avril 1916, les assauts du kronprinz avaient été contenus. Henri, comme près d'un demi-million de poilus, attendait le prochain assaut.

Ploc. Ploc. La pluie tombait dans la tranchée et produisait un son métallique lorsqu'elle touchait les casques Adrian des poilus. Comme tant d'autres, Henri, réfugié dans la tranchée, le tendit renversé à bout de bras pour recueillir cette pluie. C'était toujours mieux que cette eau saumâtre au goût infect, pire que la plus mauvaise des gnôles et qui vous tordait les boyaux.

« Alors, t'en dis quoi ? » demanda l'Andouille à côté de lui – Jacques Audouil de son vrai nom, un type du Cantal que tout le monde appelait l'Andouille. Henri s'était souvent demandé par quel hasard des types se retrouvaient à porter aussi bien leur nom. Car avec Audouil, c'était le cas. Henri lui trouvait même un air porcin, c'est dire. Il passait son temps à les bassiner avec de la bouffe si bien que les gars du régiment lui avaient demandé de la boucler, à défaut de l'étrangler pour le punir des crampes d'estomac qu'il leur causait, avec ces salaisons ou ces volailles qui avaient disparu de leurs rêves. Henri les revoyait encore et encore dans les vitrines de chez Fauchon, place de la Madeleine. C'était là, devant ces charcuteries, qu'il avait vu pour la première fois Victorine, accompagnée à l'époque par sa mère, son père étant mort depuis longtemps.

« Alors ? » réitéra l'Andouille.

Henri détacha son regard du casque, le ramena vers lui et but l'eau qu'il avait récoltée. Puis il remit son casque sur sa tête, le filet d'eau restant traçant sur sa joue un mince serpent de boue. Il dévisagea son compagnon du 74e.

« Moi, ce que je dis, c'est que les officiers ne connaissent pas le terrain. Mais bon, c'est mon avis. Et je crois qu'ils s'en foutent un peu si tu veux tout savoir », lança un Henri harassé par une marche nocturne de 18 kilomètres.

Déjà, au bout de la tranchée, se dessinait la silhouette empâtée du capitaine. Henri se demandait toujours comment il parvenait à sortir son gros tas de graisse de la tranchée sans se faire exploser la cervelle. Mais bon, tant que lui y parvenait et sauvait sa peau, c'était l'essentiel. Le capitaine tenait son sifflet à la main. L'assaut était imminent. On fixa les baïonnettes aux canons des fusils.

Henri jeta un dernier regard au fort de Douaumont. Il était sinistre. L'eau ruisselait sur sa façade verdâtre, le faisant ressembler à une éponge sale. Sa reconquête était devenue une priorité pour l'armée française. Outre sa fonction stratégique comme lieu de stockage de munitions, mais aussi refuge pour soigner les blessés et offrir un peu de repos aux soldats, le fort de Douaumont constituait la promesse d'une prochaine victoire française à Verdun, si bien que le général Mangin s'était vu confier la mission de le reprendre coûte que coûte aux Allemands et de laver ainsi l'affront du 25 février. Donc pas besoin de tergiverser. Il fallait le faire. Et bien le faire, si on voulait rester en vie.

Henri et les autres soldats du 74e bondirent de leurs tranchées. Les combats furent terribles. « L'accès des ravins est impossible. Pas de ravitaillement, ni vivres, ni munitions. La fatigue est extrême et les compagnies sont réduites à quelques hommes », mentionnait le journal de marche de la division, harcelée par d'incessants marmitages durant ces premiers jours d'avril 1916.

Blessé à la main ce 9 avril 1916, Henri fut évacué du front. Il ne participa pas à la reprise du fort, le 22 mai 1916, sous la houlette de Mangin et fut dirigé vers l'hôpital Saint-Joseph de Lyon. Le cousin d'Henri Pfaadt, Henri Fischer, écrivit même un mois plus tard une lettre à l'adjudant-major du régiment afin de le recommander pour la croix de guerre. « Après la victoire, ce brave garçon auquel je porte beaucoup d'intérêt et qui, en s'engageant, avait la douleur de savoir que les siens combattaient avec forces dans les rangs boches, n'aura guère d'autre alternative, surtout après sa blessure, que de rallier sa famille à Bischwiller (Bas-Rhin) mon pays natal. Je ne doute pas de la fierté qu'il éprouverait alors de porter à sa boutonnière la preuve de son dévouement à la France sous la forme de ce vaillant ruban vert liseré de rouge de la croix de guerre. »

En quittant Verdun, Henri laissait derrière lui près de 700 000 combattants français et allemands, dont l'Andouille, découpé par un obus allemand façon chair à saucisse. En fait, à Douaumont, Henri inscrivit sans le savoir ses pas dans ceux de tous ces hommes qui forgèrent la légende de la France combattante et des poilus, parmi lesquels ceux d'un jeune capitaine du 33e régiment d'infanterie, blessé au même endroit un mois plus tôt et fait prisonnier par les Allemands, un certain Charles de Gaulle. Près d'un quart de siècle plus tard, les fils d'Henri suivirent cette fois-ci volontairement les traces à la fois de leur père et de ce jeune capitaine, devenu le dernier espoir d'une nation brisée.

Mai 1917

Côté allemand, Charles s'apprêtait à participer à l'une des plus importantes batailles de la Première Guerre mondiale, la bataille du chemin des Dames. Il y arriva vers la fin du mois d'avril ou dans les tout premiers jours de mai 1917. Robert Nivelle, le chef d'état-major de l'armée française, ainsi que Charles Mangin voulaient y mener une offensive de rupture. Mais leur plan, connu à l'avance, permit à l'armée allemande de se préparer si bien que l'offensive déclenchée le 16 avril 1917 à 6 heures du matin se transforma en désastre. À 7 heures, la bataille était compromise. À 10 heures, elle était perdue. Si l'offensive massive fut abandonnée, la bataille se poursuivit jusqu'à la fin octobre sous la forme d'offensives partielles. Charles ne le savait pas et ne le sut peut-être jamais, mais dans cette bataille fut également engagé le 74e régiment d'infanterie – celui de son frère Henri – qui, durement éprouvé, enfanta des mutineries en juin 1917. Non seulement la blessure à la main droite reçue devant Douaumont sauva peut-être Henri du carnage du chemin des Dames, mais elle évita une fois de plus à ce dernier de se retrouver, comme en Artois deux ans plus tôt, face à son frère.

Alors qu'Henri quittait blessé mais vivant Verdun, en avril 1916, son frère Guillaume arrivait sur le front de l'Est. Il a été affecté à la 20e division d'infanterie, certainement victime de cette nouvelle directive du 11 janvier 1916 de l'état-major de l'armée allemande préconisant de transférer les Alsaciens-Lorrains sur le front de l'Est et de les tenir éloignés des postes de commandement. Si cet ordre ne fut pas appliqué partout, notamment dans le régiment de Charles, Guillaume partit quant à lui pour l'Empire russe. À la manière d'un fleuve dont on perçoit toujours les tourbillons en surface et rarement les courants souterrains, seules les tragédies qui sont advenues et non celles qui ont été évitées demeurent perceptibles. Car sans cette éviction, Guillaume aurait suivi sa 50e division d'infanterie, où il se trouvait précédemment sur le front de Verdun et où se battait, de l'autre côté, son frère Henri. Donc, par un paradoxe dont seule l'histoire a le secret, Guillaume, l'Alsacien pas assez allemand, se retrouva ainsi à combattre dans le saint des saints de la chevalerie germanique, sur ce territoire qui vit les exploits de l'ordre teutonique. Après plusieurs affectations en Pologne ou en Lituanie, il arriva ainsi au printemps 1917 dans ce qu'on appelait alors la Courlande et qui correspond aujourd'hui peu ou prou à la Lettonie.

Septembre 1917

Depuis août 1914 et la fameuse bataille de Tannenberg remportée par le Kaiser, les Empires allemand et russe se livraient une guerre sans merci. Le tsar Nicolas II, qui commandait lui-même son armée, parvint en ce début 1917 à contenir les offensives allemandes, notamment sur la Baltique, tout en tentant de prévenir l'agitation intérieure menée par quelques factions, dont celle des bolcheviques de Lénine. Mais en février 1917, à Saint-Pétersbourg devenue Petrograd, une première révolution décapita le pouvoir. Le tsar abdiqua le 15 mars 1917 et un nouveau gouvernement, dirigé par le socialiste Alexandre Kerenski, s'installa au Kremlin. Celui-ci procéda à de nombreuses réformes et lança une offensive militaire en juillet 1917 qui se solda par un échec. Les soldats russes étaient démoralisés. Le chef d'état-major de l'armée allemande, Erich Ludendorff, bien décidé à profiter de cette désorganisation, lança une vaste offensive. Ainsi, la prise de Riga, le plus grand port de la Baltique, devait ouvrir une brèche pour atteindre Petrograd. Placée sous les ordres du général Oskar von Hutier, un stratège militaire hors pair, la VIIIe armée, dont dépendait la 20e division d'infanterie de Guillaume, affronta en cet été 1917 une armée tsariste en pleine déconfiture commandée par le général Dimitri Parski.

La tactique de von Hutier était simple : bombarder fortement les lignes ennemies avec notamment des obus au gaz et infiltrer des troupes d'assaut (*Sturmtruppen*) pour neutraliser les points névralgiques. Puis mitrailleuses et lance-flammes devaient réduire à néant toute résistance avant que l'infanterie n'achevât le travail.

L'attaque commença le 1er septembre 1917 à l'aube par de violents bombardements qui, pendant six longues heures, détruisirent les positions russes. Vers 11 heures, alors que les bombardements se poursuivaient, Guillaume et les autres soldats, masque à gaz sur le visage, franchirent le fleuve et se livrèrent à des combats acharnés. À ses côtés se trouvaient d'autres Alsaciens et Lorrains, notamment Jules Bott, originaire de Bettelainville, commune située à mi-chemin entre Metz et Thionville, en Moselle, et qui raconta plus tard : « La quantité d'obus à gaz envoyée par l'artillerie allemande nous fit aborder les lignes russes sans difficultés. Tous les soldats étaient morts[1]. » L'armée russe tenta en vain quelques contre-attaques mais celles-ci furent vite annihilées par les Allemands. Lorsque Guillaume entra dans une Riga en flammes et en ruines, quelques jours plus tard, la plupart des Russes avaient déjà quitté la ville, abandonnant leurs positions tandis que la plupart des services de la ville avaient déjà été évacués.

L'heure était au triomphe. « Après la bataille de deux jours, la VIIIe armée sous le commandement du général d'infanterie von Hutier est entrée hier par l'ouest et le sud-ouest, dans Riga qui est en flammes sur plusieurs points. Nos vaillantes troupes ont brisé partout la résistance russe, et dans leur élan impétueux, ont surpassé tous les obstacles opposés par les forêts et les marais[2] », proclama la propagande allemande. La défaite russe eut un retentissement jusque dans les chancelleries occidentales. « La perte de Riga est un des événements les plus graves qui se soient encore produits sur le front oriental.

1. Jean-Noël et Francis Grandhomme, *Les Alsaciens-Lorrains dans la Grande Guerre*, La Nuée Bleue, 2013.
2. *L'Ouest-Éclair*, 5 septembre 1917.

Deux jours ont suffi pour anéantir les effets d'une résistance qui avait duré deux ans », pouvait-on ainsi lire dans *Le Petit Parisien* du 5 septembre 1917. Défait, Dimitri Parski devint le premier général tsariste à offrir ses services à la nouvelle Armée rouge après la prise du pouvoir par les bolcheviques, le 7 novembre 1917.

Tandis que le Kaiser décorait le général Ludendorff de la grand-croix de l'Aigle rouge, dans les rues de Riga, Guillaume Pfaadt contemplait les regards hagards des prisonniers russes qui s'étaient battus pour un régime, à vrai dire déjà mort. Leurs fils tirèrent leur vengeance dans les braises de cette humiliation et purent ainsi, vingt-cinq ans plus tard, faire payer le prix du sang à cette armée allemande que le Kaiser et le prince Léopold de Bavière, commandant suprême du front de l'Est, venaient pour l'heure féliciter avant de parader en ville.

Riga conquise, Guillaume fut affecté de l'autre côté de la Daugava, qu'il appelait avec ses compagnons d'armes la Düna. Le fleuve, qui prend sa source sur le plateau du Valdaï, au nord de la Russie, coulait devant lui. Il était grand, imposant. Guillaume passa ainsi ses journées à observer la faune qui peuple les rives du fleuve et notamment les oiseaux, sa grande passion. Il aimait voir ces canards sauvages et ces bergeronnettes s'ébrouer au bord de l'eau. Parfois, il apercevait une cigogne noire, avec ses ailes aux reflets verts et violets, attrapant une grenouille ou du poisson qui lui rappelait son Alsace natale. Il donnait alors un coup de coude au soldat qui montait la garde avec lui et lui disait : « Tiens, regarde une cigogne comme chez moi. Seulement celle-là est noire alors que chez nous, elles sont blanches. » L'autre regardait, acquiesçait sans trop y croire, puis pensait à autre chose, à sa prochaine cigarette ou à la relève de la garde. De l'autre côté du pont métallique qui, détruit, s'enfonçait dans les eaux profondes du fleuve, Guillaume voyait aussi la capitale lettone et le clocher de l'église Saint-Pierre, devant laquelle il avait dormi en vainqueur. Souvent son regard s'attardait sur la surface de la Daugava qui se perdait dans cet horizon dont il ne distinguait pas le bout. Il ne savait pas qu'au-delà de ce dernier un canal reliait la Daugava au Dniepr. Le Dniepr, et son horizon incertain dans lequel se perdrait le regard d'un autre Guillaume, d'un autre Pfaadt, son fils. Mais pour l'heure, en observant le fleuve, Guillaume ne pouvait s'empêcher de penser au Rhin et à la Moder. Avec les grandes zones humides de cette dernière, où d'épais brouillards recouvraient les marais et les nimbaient d'une atmosphère mystérieuse, les souvenirs de ces temps d'avant-guerre et de ses promenades avec Stéphanie le long du Ried d'où émergeaient ici ou là ces oies sauvages prenant leur envol se répandaient en lui. Comme il aimerait s'y trouver à présent avec sa femme et sa fille qui venait de fêter, en son absence, son cinquième anniversaire. Il se demandait chaque jour si elle allait bien car lui aussi avait en tête la prophétie de sa mère. Et en son for intérieur, il se répétait encore et encore : « Je reviendrai bientôt. » Pour l'heure, la malédiction familiale n'en avait pas après Guillaume mais après son frère Charles. Car au même moment à Bischwiller, Louise, la femme de Charles, venait de donner naissance à une deuxième petite fille prénommée Elsa. Mais l'enfant, conçue pendant la permission de Charles lors du Nouvel An 1917, ne survécut que quelques mois. Quant à la petite Lina, née quelques mois avant la déclaration de guerre, en 1914, elle était surveillée comme le lait sur le feu.

À Bischwiller, où les enfants étaient exemptés d'école pour fêter les victoires du Kaiser, la gestion plutôt tolérante avait laissé la place à une dictature militaire qui, très vite, restreignit les libertés individuelles. Parler français était formellement interdit, se déplacer sans autorisation devint dangereux. La censure gagna toutes les villes. Les cloches de nombreux édifices religieux, notamment celles de l'église de Bischwiller, furent fondues pour fabriquer des canons. Mais pas celles du temple, qui remporta définitivement ce duel de la préséance sonore. Certains y virent certainement un signe divin. À l'école, les enfants continuaient de chanter en chœur *« Der Kaiser ist ein lieber Mann »* (« L'Empereur est un homme bon ») ou *« Deutschland über alles »* à chaque victoire même si, chez les parents, le cœur n'y était plus. Le rationnement avait été instauré et les produits de base se faisaient rares. Stéphanie n'avait droit qu'à un demi-litre de lait par jour pour sa fille de 5 ans. On cueillait alors les myrtilles en été pour avoir quelques fruits, les châtaignes à l'automne. Les enfants apprenaient à reconnaître les champignons comestibles ou ramassaient des pommes de pin dans les bois pour se chauffer. Et le vieux Pfaadt, malgré les contrôles, restait fidèle à lui-même et ne déclarait pas toute sa production sur ses petits lopins de terre.

Toutes ces mesures retournèrent progressivement l'opinion publique alsacienne. Cependant, il n'y eut pas le soulèvement général en faveur de la France qu'espéraient les autorités de la République. Car, à l'image des Pfaadt, on subissait bon gré mal gré la guerre en attendant de voir ce qu'il adviendrait – alors que pour les Allemands, les Alsaciens demeuraient des traîtres en puissance. Et ceux qui avaient choisi la France comme Henri firent l'objet d'un « mandat d'arrêt pour désertion ou insoumission », comme le relata *La Gazette de Lausanne*, ancêtre du journal suisse *Le Temps*, dans son édition du 25 octobre 1916, qui mentionnait ainsi le nom d'Henri Pfaadt.

10 avril 1918

La paix avec la Russie permit à l'Allemagne, conformément au plan du général Schlieffen, de jeter toutes ses forces sur le front de l'Ouest. Avec sa 20e division d'infanterie, Guillaume se trouvait depuis la mi-octobre 1917 stationné dans les Flandres. Bien décidé à remporter la victoire décisive, le général Ludendorff lança, à partir du 21 mars 1918, plusieurs offensives regroupées sous le nom de « bataille du Kaiser ». Après avoir combattu la France en Champagne en 1915 puis la Russie en 1917, Guillaume Pfaadt s'apprêtait ainsi à affronter sa troisième nation, celle du Royaume-Uni, commandée par le maréchal Douglas Haig. La première de ces opérations, baptisée *Michael*, devait permettre l'encerclement de l'armée britannique. Guillaume Pfaadt participa ainsi à plusieurs combats de position.

Puis, le 10 avril 1918, Guillaume fut affecté à une division qui prit part à l'opération *Georgette*, deuxième opus de cette bataille du Kaiser. Celle-ci se donna comme objectif de reprendre notamment l'un des sommets belges, le mont Kemmel, haut de 156 mètres et qui offrait une position d'observation stratégique. En face, une division d'infanterie française avait pris position. Après de puissants tirs d'artillerie qui durèrent plus de trois heures et où des obus à gaz semèrent l'enfer, les troupes allemandes se lancèrent à l'assaut du sommet. Les combats furent âpres. On se battit au corps à corps. Les Français, débordés, ne parvinrent pas à repousser les assauts de la division de Guillaume et des autres troupes allemandes, qui conquirent le mont Kemmel le 25 avril 1918. Guillaume Pfaadt avait survécu à une nouvelle bataille.

10 août 1918

Henri n'avait jamais autant chéri la victoire de la France qui se profilait en cet été 1918 et permettrait, il n'en doutait plus, à l'Alsace et à Bischwiller de revenir au sein de la mère patrie. Henri n'avait jamais autant chéri sa victoire, ou plutôt sa Victorine, qu'il avait rencontrée dans ce Paris d'avant la Première Guerre mondiale. Sous les dorures de la mairie du 20e arrondissement, l'écriture d'Henri demeurait mal assurée, affectée peut-être par sa blessure à la main, peut-être aussi par la chamade battant son cœur, lorsque devant Paul Burg, maire adjoint de l'arrondissement, il épousa peu avant midi Victorine Victor, sa cadette d'une année qui, à l'instar de tous les Parisiens, respirait mieux depuis que les Alliés avaient remporté la victoire décisive de la seconde bataille de la Marne. La Marne avait encadré le destin des Pfaadt durant ce premier conflit mondial. Henri y avait commencé sa guerre en septembre 1914 lors de la première bataille tandis que Charles y terminait la sienne en cet été 1918. Juché sur son cheval, Charles, qui avait appris à charger une lance à la main, vit certainement arriver face à lui les chars Renault FT, ces chevaux de métal, et prit à cet instant conscience, comme beaucoup d'autres, que le monde auquel il appartenait était bel et bien en train de disparaître dans cette bataille qui allait sceller définitivement le sort de la guerre.

Henri repensa-t-il, tandis qu'il signait ses papiers de mariage, aux rires de ses frères lors du mariage de Guillaume, quatre ans plus tôt, à cette insouciance encore préservée malgré l'orage naissant de la guerre, et à cette proposition qu'il avait faite à Eugène, avant son départ pour le service militaire, de venir le rejoindre à Paris ? Peut-être. Aucun membre de la famille Pfaadt n'était présent ce jour-là. Et pour cause, Guillaume et Charles continuaient à se battre au sein d'une armée morte. Terminés, les chants de gloire à l'attention de l'empereur et les jours fériés. Pour les frères Pfaadt et pour cet Empire allemand qui se désagrégeait lentement durant ces derniers mois de conflit, la guerre n'était cependant pas encore achevée. Guillaume participa ainsi en ce 8 août 1918, ce jour que Ludendorff qualifia plus tard de « journée de deuil de l'armée allemande », avec sa 20e division d'infanterie, aux derniers combats de la guerre, du côté d'Ypres, en Belgique – ce champ de bataille où, trois années plus tôt, son armée avait utilisé des gaz de combat, puis dans les Vosges. Il fallut encore repousser cette énième contre-offensive française, tuer et éventuellement mourir pour une guerre qui, elle, n'avait plus que quelques mois à vivre. Sergent d'une armée vaincue et décoré de la croix de fer, Guillaume apprit l'armistice à l'hôpital de Strasbourg, où il avait été admis, le 1er octobre 1918, après une blessure reçue sur cette ligne bleue des Vosges que l'histoire lui avait fait traverser bien malgré lui. Bien plus tard, au tableau des honneurs, chez les Pfaadt, deux croix de fer côtoyèrent une Légion d'honneur, celle d'Henri.

Le *Reichsland* d'Alsace-Lorraine n'avait plus que quelques semaines à vivre. Le Kaiser et son ultime chancelier, Max de Bade, tentèrent en vain de retenir ces provinces qui avaient définitivement brisé leurs chaînes et attendaient leurs libérateurs. Comme des dominos, les villes tombaient les unes après les autres. Mais l'effervescence qui gagna Bischwiller comme Strasbourg, Colmar ou Mulhouse fut teintée de rouge, de ce rouge venu de Russie. À Bischwiller comme dans de nombreuses villes de la région s'installèrent des conseils de soldats et d'ouvriers qui profitèrent de la vacance du pouvoir pour hisser le drapeau de la révolution aux frontons des mairies. Le 10 novembre 1918, les membres de ce conseil déambulèrent dans les rues de Bischwiller et s'arrêtèrent sur la *Baumplatz*. Aux fenêtres de la maison familiale, les parents de Guillaume ainsi que Stéphanie observaient ces hommes qui agitaient le drapeau communiste. Un homme monta sur une estrade de fortune et harangua la foule en appelant au calme tout en estimant que l'heure de la révolution était venue. Alors que les militaires allemands quittaient Bischwiller, leurs écuries étaient pillées par les habitants. Tout le pouvoir au peuple.

La signature de l'armistice à Rethondes, le 11 novembre 1918, et l'entrée rapide des troupes françaises en Alsace mirent un terme à cette expérience communiste. Le 23 novembre 1918, ce fut une Bischwiller en liesse qui accueillit ses héros menés par un général Camille Rampont juché sur son cheval blanc. Les enfants, qui hier encore adressaient des louanges au Kaiser, se précipitèrent au-devant des héros français pour les accompagner et les acclamer. Tel un empereur romain célébrant son triomphe, le général et ses troupes du 355e régiment de la 127e division d'infanterie paradèrent dans une Bischwiller pavoisée aux couleurs de la France et au son de l'horloge qui n'en finissait plus de retentir. Des Alsaciennes en costume dansaient avec les poilus dans l'euphorie générale. Le général Rampont fut accueilli par le maire, Paul

Lix, à la tête d'une délégation ayant revêtu redingotes, hauts-de-forme et, bien entendu, écharpes tricolores. Dans l'assistance, les Pfaadt étaient là, en particulier Joseph, le frère du vieux Guillaume qui s'était battu dans les armées du Second Empire avant de choisir l'Allemagne. Il n'était pas rancunier. Henri aussi était présent. Il venait d'arriver. Une semaine plus tôt, il défilait encore entre l'Arc de triomphe et la place de la Concorde à l'occasion de la fête de l'Alsace-Lorraine et assistait en compagnie de 150000 personnes à la levée du crêpe de deuil sur la statue de Strasbourg. Le général Rampont accéda au rang de citoyen d'honneur de la ville, le 9 janvier 1919, et l'une des plus grandes artères de Bischwiller porte encore aujourd'hui son nom. Ce même 23 novembre 1918, les *Affiches de Bischwiller*, qui faisaient office de journal local, reparaissaient en français et annonçaient triomphalement :

> Chers concitoyens !
>
> Après 48 ans d'esclavage, voilà l'heure de la délivrance arrivée ! La tyrannie qui menaçait le monde vient de s'écrouler. Le monde entier enfin libéré peut respirer librement. Gloire à la France, berceau sublime de la liberté et de la générosité, gloire à ses alliés ! Chers concitoyens ! Vous saurez tous accueillir nos libérateurs avec l'allégresse qui chante dans vos cœurs. Que Bischwiller, le foyer du libéralisme et de la démocratie, se souvienne que nos pères furent des patriotes de la première heure. La France jugera par l'accueil fait à ses glorieuses armées que tout plébiscite est superflu. Vive la France ! Vive la République ! Un pour tous.

Pour les Pfaadt, c'était un soulagement. Fredericke et Guillaume voyaient revenir leurs fils. D'abord Henri, en compagnie de sa femme, Victorine, qui leur raconta avec moult détails sa bataille de Verdun, sa main blessée posée dans celle de sa mère. Puis arrivèrent à la fin du mois de novembre Guillaume et Charles. Fredericke soufflait. Tous ses fils étaient rentrés sains et saufs de cette guerre qui ne devait durer que quelques mois et s'était éternisée pendant quatre longues années. Elle avait frémi en entendant ses voisins parler des Jesel, qui avaient perdu trois de leurs membres à la guerre. Elle pouvait remercier Dieu. D'ailleurs, elle n'avait fait que cela pendant la guerre, prier Dieu pour que ses fils reviennent vivants de ce terrible carnage, de ces batailles monstrueuses qui avalaient les soldats par dizaines de milliers. Il n'en restait plus qu'un. Il ne restait plus qu'Eugène, le plus jeune, qui avait été mobilisé sitôt la fin de son service militaire. « Chère mère, comme tout paraît différent quand on se dit : "Maintenant, c'est l'anniversaire de ma mère", ça rend alors tout tellement différent. Souhaitons maintenant, chère mère, que nous serons de nouveau tous réunis à la maison pour ton prochain anniversaire[1] », aurait-il pu écrire à l'instar de ce soldat allemand de 19 ans, tué sur le front français en juillet 1918. Mais Eugène n'avait pas écrit de lettre à ses parents. Peu importe, on lui faisait confiance. Bientôt, la famille pourrait reprendre le cours normal de son existence. On marierait Eugène. On attendrait les petits-enfants. Mais Eugène ne revint pas. Ne revint jamais. Personne ne sait à ce jour quand et où Eugène périt. Est-il mort sur le front de l'Ouest? sur celui de l'Est? en Russie, en Galicie, en Roumanie? ou bien plutôt à Verdun, au chemin des Dames ou dans la Somme? Est-ce une balle ou un obus français qui l'a

1. *Paroles de poilus, lettres et carnets du front 1914-1918*, Radio France, Librio, 1998.

tué ? Celle d'Henri, lorsque à Douaumont il reprenait une tranchée aux Allemands et entrait dans la mémoire collective de tous les Français ? Est-il devenu un héros grâce à la mort de son frère, même symboliquement ? Personne ne peut le savoir. Je peux aisément comprendre que la nuit l'inconscient d'Henri lui joua peut-être des tours et que le spectre de ce frère mort sous des balles qui auraient pu être les siennes le hanta. Ou peut-être décida-t-il qu'il fallait oublier, même si l'épreuve du feu ne s'oublie jamais, comme en témoigne la réaction de Charles, parvenu dans son grand âge, se redressant sur ses coudes en entendant les pétards de la nouvelle année – tradition fortement ancrée en Alsace et encore vivace de nos jours – et s'écriant : « Verdun ! Verdun ! » Eugène rejoignit ces 50000 Alsaciens-Lorrains fauchés par la Grande Guerre sous l'uniforme allemand et qui laissa également 150000 blessés. Mais à cette époque, il fallait penser à autre chose et construire son foyer. Et cela valait peut-être mieux ainsi, car les Alsaciens n'en avaient pas encore fini avec les déchirures de l'histoire. Mais en ces temps de paix, ils devaient croire qu'il s'agissait bel et bien de la « der des ders ».

Présente dans cette foule qui agitait en chœur des milliers de petits drapeaux français, Fredericke, sur laquelle pleuvaient des pétales de fleurs jetés au passage des héros, ne parvenait pas à sourire. Quatre fils envoyés à la guerre dans deux armées ennemies se battant à l'Est comme à l'Ouest dans quelques-unes des plus grandes batailles de ce siècle naissant, deux survivants, un blessé certes sans être une gueule cassée, et un mort, les Pfaadt s'étaient plutôt bien tirés de ce premier conflit mondial au regard des milliers de familles décimées, comme celle du futur président de la République, Paul Doumer, qui perdit quatre de ses fils. Mais pour Fredericke, c'était une tragédie. Son Eugène n'était plus là et cette absence valait pour elle toutes les hécatombes. Déjà sévère, son visage se rembrunit définitivement. Et lorsque Stéphanie, la femme de Guillaume, mit au monde son deuxième enfant, un garçon prénommé lui aussi Guillaume, comme son père et son grand-père, elle constata que cette naissance ne parvenait pas à compenser la peine de la perte d'Eugène. Devant la douleur de sa belle-mère, Stéphanie implora le Ciel pour que cela ne lui arrive jamais. Mais à cet instant précis, Stéphanie ne pouvait que constater que la vieille Fredericke avait tort : chez les Pfaadt, les hommes mouraient aussi.

3

LE RETOUR À LA MÈRE PATRIE

3 janvier 1919

La petite Stéphanie courait sur le chemin verglacé qui la menait de la boulangerie Sonntag à la maison. Elle prenait soin de ne pas glisser. D'autres avant elle avaient récolté quelques bleus. Mais à 6 ans et demi, elle connaissait par cœur le chemin et savait éviter les endroits les plus dangereux. À la maison, ses parents l'attendaient. Aujourd'hui les enfants n'avaient pas école. Et pour cause : la France était à Bischwiller. Elle avait rendez-vous avec l'Alsace, sa fille chérie. Et à la manière de cet enfant serpentant dans les rues tortueuses de Bischwiller, l'Alsace revenait dans les bras de cette mère qui ne l'avait jamais oubliée après avoir traversé un long hiver et enduré mille souffrances.

Accompagné des généraux Rampont, Gouraud et Duport, le général de Castelnau se trouvait à Bischwiller le 3 janvier 1919, pour une revue des troupes de la 127e division d'infanterie sous les chants patriotiques de jeunes Alsaciennes en costume. Guillaume était là, dans la foule, observant celui qu'il avait combattu en Champagne. Dans cette Alsace redevenue française, les anciens *Feldgrau*, ceux qui avaient porté l'uniforme allemand comme Guillaume ou Charles, devaient cependant faire profil bas. Ils ne commémoraient pas la victoire de 1918 et ne se rendaient pas au monument aux morts inauguré sur la Promenade en 1922 pour célébrer le sacrifice d'Eugène. D'ailleurs, personne dans la famille Pfaadt n'envisagea de demander une pension d'ancien combattant pour celui qui était tombé quelque part en Europe sous l'uniforme ennemi. Si bien que le souvenir de cet aïeul, du bel Eugène, s'étiola avec les années pour disparaître complètement de la mémoire familiale et des hommes. Eugène avait non seulement trouvé la mort mais était tombé dans l'une de ces oubliettes de l'histoire dont on ne sort jamais, malgré les efforts de son arrière-petit-neveu, armé des nouvelles technologies, un siècle plus tard. Guillaume lui-même, le vainqueur de Riga, se vit refuser une pension d'ancien combattant en 1934 tandis que son frère Charles n'en fit jamais la demande, s'épargnant ainsi une humiliation supplémentaire. Henri, le vainqueur de Verdun, obtint, quant à lui, la Légion d'honneur en 1948. La victoire a, semble-t-il, un goût différent selon que l'on se trouve du bon ou du mauvais côté de l'histoire.

Passé les réjouissances et alors que s'apprêtait à s'ouvrir la conférence de la paix à Versailles qui devait sceller le retour de l'Alsace et de la Lorraine à la France, l'heure des comptes avait déjà sonné, notamment à l'égard de ceux que l'on dénomma les Vieux-Allemands, c'est-à-dire ces Allemands établis en Alsace après 1870, mais également à l'égard de ceux qui avaient manifesté un peu trop leur germanophilie. À Bischwiller, comme dans le reste de l'Alsace et de la Lorraine, fut menée une véritable politique d'épuration ethnique qui se doubla d'un racisme à peine voilé : « Quand donc le gouvernement se décidera-t-il à prendre un balai de fer pour nettoyer l'Alsace de la vermine francillonne? Ainsi glapissait la meute pangermaniste [...] Aujourd'hui c'est à nous de faire maison nette. Hors d'Alsace tous ces métèques qui nous ont exploités et maltraités par-dessus le marché. C'est justice [...] Nos intérêts nous commandent encore d'utiliser les forces qui nous appartiennent, c'est-à-dire les enfants des mariages mixtes. L'appoint de main-d'œuvre allemande, importée à la suite de l'annexion de 1871, ne vaut certes pas les mille bons Alsaciens chassés par l'option en 1872. Mais, notre race est assez forte pour assimiler les éléments allogènes. Après une génération, les métis, si j'ose dire ainsi, seront des Alsaciens, et grâce à l'épuration française, des Français [...] Classifions-nous donc. C'est nécessaire et utile. Nettoyons notre maison, afin de pouvoir l'habiter en pleine sécurité. Veillons aux crasses de nos propres renégats et de l'immigration d'après 1870. Mais, ne jetons pas l'or – si nous en trouvons – avec les crasses », pouvait-on ainsi lire en une des *Affiches de Bischwiller*, le journal local, en mai 1919.

Différentes cartes d'identité furent instaurées pour « classifier » les habitants de l'Alsace. De A à D, elles répertoriaient les Alsaciens en fonction de critères ethniques et vous rendaient passible d'expulsion. « A », vous étiez de parents alsaciens de souche nés avant 1870, donc intouchable. Être titulaire de la carte D, donc vieil-allemand, équivalait à plus ou moins brève échéance au bannissement pour la frontière allemande par le premier train ou camion. Entre les deux, les « B » étaient souvent les enfants issus de couples mixtes, et « C » ceux issus de pays alliés et neutres. À titre d'exemple, le 9 octobre 1919, la direction de la police comptabilisait ainsi les habitants de Strasbourg : 76416 cartes A, 14348 cartes B, 2243 cartes C et 30951 cartes D[1].

Les Pfaadt ne furent pas inquiétés. Issus d'une vieille famille alsacienne, ils obtinrent tous la carte A, même Joseph, le frère de Wilhelm qui pourtant avait opté pour la nationalité allemande en 1872 après avoir combattu dans l'armée française. Guillaume et Charles furent réintégrés de plein droit dans la nationalité française en 1920. D'autres, qui vivaient depuis des décennies en Alsace et ne se considéraient plus comme Allemands mais avant tout comme Alsaciens, protestèrent vivement, comme en témoigna cette lettre anonyme[2] adressée le 12 mai 1919 au commissaire général de la République française, Alexandre Millerand :

Monsieur Millerand,

Tout le monde demande où se trouve la liberté ou faut-il la chercher? On nous donne des cartes D même né en Alsace et la mère née en Alsace et on nous défend de quitter notre village. Il faut travailler pour le pays, pour tout le monde, pour riche comme pauvre. Encore il y a des maîtres qui ne donnent pas de l'ouvrage à ceux qui ont des cartes D même s'ils sont nés en Alsace. Est-ce cela alors de la liberté et de l'égalité?

---

1. Chiffres tirés de Bernard Wittmann, *Une épuration ethnique à la française. Alsace-Lorraine, 1918-1922*, Yoran Embanner, 2016.

2. Source : Archives départementales du Bas-Rhin.

[...] Les possesseurs de cartes D paient les mêmes impôts comme ceux des cartes A. Cela est de l'égalité. Nos fils ne seront-ils pas aussi bien soldats comme les fils des cartes A? [...] On est très mécontent en Alsace concernant la répartition des cartes d'identité, il serait bien à désirer d'abolir cette injustice. Signé un Alsacien au nom de beaucoup.

Ces protestations restèrent lettre morte. Les élus et les instituteurs – près de 1000 – furent révoqués. Le maire de la ville, Hermann Hintz, avait, dès le 23 novembre 1918, été remplacé par Paul Lix. Quant à la directrice de l'école protestante, Mlle Homann, d'origine prussienne, elle fut démise de ses fonctions. D'autres, comme la directrice du diaconat, Anna Buck, n'attendirent pas d'être renvoyés et quittèrent la ville. Les Allemands arrivés en Alsace après la guerre de 1870 étaient environ 100000 en 1914. Il s'agissait surtout de fonctionnaires, d'industriels ou de militaires appartenant notamment à la garnison qui stationnait dans la ville. Bischwiller comptait 8149 habitants en 1910. Elle n'en possédait plus que 7210 en 1921, pour des raisons multiples : morts de la Grande Guerre et départ de leurs familles vers d'autres villes ou villages, chômage, conditions économiques difficiles et départs des Vieux-Allemands, estimés à peut-être plusieurs centaines. Les *Affiches de Bischwiller*, qui relataient les nouvelles et souvent les potins de la ville, empreintes d'une francophilie exacerbée, dressèrent à cette époque la liste de ceux qui étaient devenus indésirables : gendarmes, militaires, professeurs, techniciens dentaires, teinturiers, pharmaciens, aucune profession n'était épargnée lorsqu'il s'agissait d'épuration des habitants. Plusieurs entreprises furent séquestrées et confiées à des francophiles, parfois venus de la France de l'intérieur, comme la teinturerie

Pusch, qui devint la Teinturerie de l'Est, la fabrique de confiserie Moser ou la fabrique de machines Ostermann. Ces expulsions furent particulièrement brutales. Les Vieux-Allemands n'eurent le droit de prendre avec eux qu'une valise et un peu d'argent avec un taux de change franc-mark défavorable. Le reste fut confisqué par les autorités, leurs biens mis sous séquestre, leurs économies saisies et leurs maisons pillées. On ne se priva pas. On prit tout : meubles, miroirs, vélos, chaises, bibelots. Et leur départ s'effectua bien souvent sous les insultes, les crachats et les coups. Le racisme antiallemand devint ainsi l'étalon de ce nouveau patriotisme. Il fallait montrer que nous étions devenus de bons Alsaciens français. Cette épuration, qui ressembla à une version moderne de la chasse aux sorcières médiévale où la République remplaça l'Inquisition, s'accompagna de délations dont Bischwiller ne fut pas préservée. Plusieurs villes allemandes situées de l'autre côté de la frontière virent ainsi arriver, en quelques semaines, des milliers de réfugiés. Enfin, ceux qui voulurent rester malgré tout dans cette Alsace qui leur tournait le dos étaient prêts à tout, y compris à contracter un mariage blanc avec une détentrice de carte A, sans garantie de succès pour autant.

Ces purges frappèrent aussi des centaines d'intellectuels. D'illustres enfants de Bischwiller quittèrent leur terre natale et eurent des destinées opposées. Ainsi Otto Meissner, fils d'un receveur des postes de la ville venu en 1870, devint conseiller des présidents allemands Friedrich Ebert et Paul von Hindenburg, puis chef de la chancellerie du Reich sous Adolf Hitler. Son poste essentiellement représentatif lui permit de sauver de nombreux Alsaciens, notamment le peintre Robert Heitz, futur adjoint au maire de Strasbourg, Pierre Pflimlin. Ou Alfred Hübsch, autre intellectuel bischwillerois, qui quitta la ville et s'établit à Nuremberg. Opposant au régime nazi, il fut arrêté par la Gestapo et envoyé au camp de concentration de Dachau en 1937, détention qu'il évoqua dans un témoignage de premier plan, *L'Île de la loi militaire*. Il passa plus de huit ans à Dachau avant d'être libéré par les Américains en 1945. Dans l'un de ses nombreux poèmes intitulé « Salutations à ma patrie depuis l'exil ! », il célébra cette Bischwiller qu'il dut quitter le cœur lourd :

Loin du tumulte de la grande ville
Te trouves-tu, fidèle ville natale
Des dizaines d'années se sont écoulées
Depuis que je t'ai quittée !
Et si les vagues de la vie me lavent
Et si chagrin et soucis emprisonnent mon cœur
J'aime toujours me languir de toi
Toi ville de ma jeunesse. En toi était mon bonheur[1] !

De nombreux pasteurs furent également congédiés. Ils rejoignirent ainsi d'autres grands noms de la culture alsacienne qui franchirent définitivement le Rhin. En Lorraine, la famille Wendel reprit possession de ses biens. En fait, une grande partie de l'élite industrielle, économique et culturelle alsacienne subit ce bannissement, remplacée par des Français venus de l'intérieur. Au total, près de 110000 personnes quittèrent ce qui fut leur terre.

À Strasbourg, on décapita la statue de l'empereur Guillaume II. L'université impériale de Strasbourg (*Kaiser-Wilhelms-Universität*), voulue par le Kaiser comme une

1. Alfred Hübsch, *Heimatgrüsse aus der Verbannung!*, *Affiches de Bischwiller* trad. Claudine Drago.

vitrine de la pensée germanique et qui accueillit quelques grands intellectuels allemands de la fin du XIXe et du début du XXe siècle comme Wilhelm Conrad Röntgen, prix Nobel de physique en 1901, subit également cette purge. D'autres grands noms français, comme Marc Bloch, issu d'une famille juive d'« optants » qui avait choisi la France, et Lucien Febvre, tous deux fondateurs de l'école des Annales, les remplacèrent en 1918-1919. Les autorités françaises francisèrent les noms des rues à la gloire des vainqueurs. Ainsi, à Bischwiller, la *Neugasse* (rue Neuve) devint la rue Clemenceau, la *Kraemerstrasse* (rue des Merciers) la rue Général-Rampont et la *Metzgergasse* (rue des Bouchers), la rue Poincaré. La *Baumplatz*, où se trouvait la demeure familiale des Pfaadt, prit le nom de place de la Liberté. Rien de moins.

Les pratiques de la langue allemande et du dialecte furent interdites, ce qui posa des problèmes aux enseignants alsaciens et lorrains, majoritairement germanophones, mais surtout aux enfants dont l'allemand ou l'alsacien constituaient leurs langues maternelles. Maintenant, il fallait penser en français, chanter français comme « La Marseillaise » et aimer la culture française. Guillaume et Jean, nés en 1920 et 1928, eurent quant à eux la chance d'apprendre directement le français, sans passer de l'allemand au français, tout en continuant à parler le dialecte à la maison, la langue domestique que je pratique encore. Cette permanence du dialecte que l'on se transmet comme un trésor, avec ses expressions si imagées, parfois brutales, et que les anciens traduisaient littéralement en français, donnait des pépites linguistiques souvent en lien avec un bestiaire agreste et provoquait de nombreux fous rires entre les générations lors des repas dominicaux. C'est essentiellement en alsacien que s'effectuaient les conversations familiales, les discussions de rue, les courses dans les commerces, et le retour à la France n'y changea rien, car il est bien connu que les langues se moquent des frontières. D'ailleurs, Guillaume et Stéphanie, tout comme leurs parents, maîtrisèrent toute leur vie assez mal le français. Mais surtout, la permanence, la survie de notre dialecte s'expliquent par le fait qu'il a été l'épée de l'affirmation de notre identité face à la roue de l'histoire qui, sous la forme d'un empire, d'une république ou d'un totalitarisme, tenta en vain de nous broyer. Car l'alsacien demeure avant tout cette langue grand-maternelle, ces « deux genoux où se blottir comme entre deux rochers, dans le giron moelleux et raide comme un berceau alsacien, se tenir entre les deux, profondément comme en un ciel de nuit[1] », comme l'écrivit la poétesse Sido Gall. Il a la tendresse maternelle de ses diminutifs, la brutalité des colères paternelles, l'humour inimitable de ses surnoms et il est d'une polygamie infinie, ne parvenant jamais à choisir entre ses conquêtes septentrionales et méridionales.

À Bischwiller, les soldats français donnèrent des représentations théâtrales aux habitants, qui constituaient autant de moments ludiques que d'outils de propagande. Au programme, des pièces de Georges Feydeau ou de Jean Richepin, interprétées par des acteurs venus des principaux théâtres parisiens (Odéon, Gymnase, Vaudeville). Face à cette politique jacobine d'assimilation impulsée notamment par Jules Jeanneney, sous-secrétaire d'État à la Présidence du Conseil, un proche de Clemenceau, et secondé par son bras armé et beau-frère, le commissaire

1. Jean-Baptiste Weckerlin, *Petite anthologie de poésie alsacienne*, Association Jean-Baptiste Weckerlin, 1978.

général Georges Maringer, l'agitation gagna vite les deux provinces car cette assimilation faisait fi des spécificités locales héritées de la période allemande, en particulier les mesures sociales, l'importance de la religion dans l'éducation ou les pratiques du dialecte et de l'allemand. Concernant la religion, les Alsaciens restaient très attachés au concordat et à la pratique de leur religion, notamment à l'école, et voyaient d'un très mauvais œil la laïcité à la française, ce qui contribua d'ailleurs à braquer les catholiques alsaciens plutôt francophiles. Les Alsaciens-Lorrains bénéficiaient d'une assurance maladie depuis 1883, d'une assurance liée aux accidents du travail et l'enseignement était obligatoire jusqu'à 12 ans, dix ans avant la France. Enfin, la Constitution de 1911 donnait aux Alsaciens une importante autonomie dans la gestion de leurs affaires, notamment avec la mise en place d'un parlement régional ou *Landtag*.

La nomination d'Alexandre Millerand comme commissaire général du gouvernement, le 21 mars 1919, permit de calmer le jeu. L'ancien ministre de la Guerre comprit vite ce qui se jouait en Alsace et eut le souci d'apaiser les tensions. Conciliant, il relança l'économie alsacienne mais surtout revint sur les mesures de Jules Jeanneney. Ainsi naquit le droit local, savant mélange de lois antérieures à 1870 et de dispositifs issus de la période du *Landtag* allemand matérialisé par la réintroduction dans le Code pénal français, le 25 décembre 1919. Les jours fériés comme le vendredi saint ou le 26 décembre, le repos dominical ainsi que le concordat permettant de dispenser un enseignement confessionnel mais abrogé par la loi de 1905 furent maintenus. Divers avantages et privilèges touchant certains métiers, notamment les bouilleurs de cru ou la réglementation de la chasse, permirent également de gagner la paix sociale. Le monument aux morts de Strasbourg représentant une femme tenant dans ses bras deux fils main dans la main, l'un regardant vers la France et l'autre vers l'Allemagne, symbolisa ce compromis. Et tout naturellement, le 13 juillet 1919, lors de sa visite, la population de Bischwiller réserva à Alexandre Millerand un accueil digne du président de la République qu'il allait d'ailleurs devenir en octobre 1920.

Une joie immense matérialisée à Bischwiller par une retraite aux flambeaux accueillit la signature du traité de Versailles, le 28 juin 1919. Les habitants sortirent de chez eux et se congratulèrent tandis que cloches et sirènes sonnaient de concert. Le soir, un feu d'artifice et des bûchers éclairèrent cette nuit qui prenait définitivement fin après quatre années de guerre éprouvantes. Dans son article 51, le traité de Versailles consacrait la réintégration définitive de l'Alsace et de la Lorraine à la France. Les autorités procédèrent à une nouvelle refonte de la géographie administrative et le Bas-Rhin, le Haut-Rhin et la Moselle firent leur retour sur la carte des départements dans les cahiers de tous les petits Français dans les mêmes frontières que celles de 1871. Enfin, les élections législatives de novembre 1919 virent s'installer une chambre « bleu horizon » à l'Assemblée nationale, avec les 24 députés d'Alsace-Lorraine accueillis par ces mots par le président du Conseil, Georges Clemenceau : « Frères d'Alsace et de Lorraine, en l'unanimité de sa représentation nationale, la France victorieuse vous reçoit sur son cœur. D'une terrible histoire de larmes et de sang jaillit une douceur d'allégresse infinie. »

L'année suivante, afin de manifester sa contribution et son attachement à la reconstruction de la France, Bischwiller adopta la commune de Noyon, dans l'Oise, détruite en 1918, et aida à sa reconstruction. Nombreux furent les habitants de Bischwiller à faire des offrandes de 2 à 100 francs pour aider à la reconstruction du pays. Les Pfaadt ne participèrent pas à cet élan de générosité francophile, car les temps restaient difficiles : le service de rationnement était toujours actif et réglementait la vente du pain, du sucre, des légumes ou du café tandis que les produits de l'intendance allemande, comme le vin, pouvaient être achetés par la population quand elle en avait les moyens. On profitait de petits bonheurs retrouvés en se promenant ou en allant voir une séance de cinéma au café Lieb, qui organisait toutes les semaines un bal où les filles étaient – guerre oblige – surreprésentées et guettaient leur futur mari.

En ces lendemains de guerre, la croyance dans une paix enfin assurée relança la démographie. À Bischwiller comme dans toutes les communes alsaciennes, les veuves de guerre se remariaient et on passait de petites annonces dans la gazette municipale pour trouver chaussure à son pied, telle celle-ci : « On cherche jeune homme de bonne famille, bonne position, protestant, caractère solide, âgé de 28 à 32 ans, un peu de capital, désirant une compagne sérieuse qui lui rend la vie agréable. Adresse avec photo sous "Bonheur" au bureau du journal (discrétion garantie). » Les Pfaadt ne firent pas exception à cette tendance et des petits-enfants vinrent grossir la famille. D'abord Marcel, le fils aîné d'Henri, en juin 1919, puis Louise, la seconde fille de Charles en décembre de la même année, suivis presque immédiatement de Guillaume, le premier garçon de Guillaume et de Stéphanie, le 29 janvier 1920. René, le deuxième fils d'Henri, vint compléter la fratrie, un an plus tard, en février 1921. L'heure était à la paix, au bonheur retrouvé, aux jeux entre cousins et aux repas familiaux, où bien entendu les exploits militaires des uns et des autres occupaient, sous l'œil attentif du patriarche asthmatique, les conversations.

Grâce à son statut d'ancien combattant dans l'armée française, Henri obtint une licence pour ouvrir un bureau de tabac dans la rue des Pharmaciens, où il habitait avec sa femme et ses enfants, ainsi qu'une pension d'invalidité de 1 560 francs en 1922, pour sa blessure reçue à Verdun qui lui causait « une gêne fonctionnelle de la main droite et une invalidité de 65 % », selon le rapport médical fourni à cette époque.

Charles et Guillaume, réintégrés de plein droit dans la nationalité française en 1920, reprirent leurs métiers respectifs : comptable et peintre. Charles était chef comptable dans la quincaillerie en articles de ménage en gros de Jules Weber et agent d'assurances pour une compagnie de Strasbourg, la Foncière-Incendie. Quant à Guillaume, sa toute nouvelle entreprise de peinture marchait bien. Stéphanie entretenait la maison de la rue Française et élevait leur fils Guillaume, attirant toute la famille avec ses merveilleux petits plats depuis la fin des restrictions alimentaires.

Les dimanches après-midi étaient consacrés aux promenades. Guillaume, Stéphanie et leurs enfants, dont le petit Guillaume, arpentaient souvent la Promenade qui conduisait à la gare. Leur fils y fit ses premiers pas. Quelquefois, ils étaient accompagnés des parents de Guillaume, notamment de sa mère, Fredericke, devenue Mamama. Son père, fatigué par les crises d'asthme, préférait se reposer. On y croisait amis et connaissances et on se racontait les dernières nouvelles et rumeurs. Parfois le kiosque à musique en fer forgé qui se trouvait tout près vibrait au son d'un orchestre qui dispensait de douces mélodies. Alors, assis sur le banc, Guillaume se levait, prenait sa femme par la main et l'entraînait dans une danse, un sourire aux lèvres. Mamama gardait le petit sur ses genoux. Souvent, son regard suivait la danse de son fils et de sa belle-fille qui lui était dévouée avant de se fixer sur l'imposant monument aux morts qui venait d'être inauguré quelques mois plus tôt. Et immédiatement, ce « voile de deuil [qui] enveloppe à présent la pierre de ses longs plis pesants[1] » recouvrait aussi le cœur de la vieille Fredericke. Son esprit emporté par le tourbillon de la musique voguait quelque part sur un champ de bataille imaginaire, à la recherche de son fils Eugène. Sur le monument figurait une citation de Victor Hugo : « Entre les plus beaux noms leur nom est le plus beau. » Et Fredricke pensait alors : « Oui, c'est vrai, il était le plus beau. » La voix du petit la faisait alors revenir à la réalité. Il fallut attendre 1936 pour que soient inscrits les noms des enfants de Bischwiller officiellement « morts pour la France », peu importe leur uniforme. Mais à cette date, Mamama avait déjà rejoint son fils.

14 août 1927

La Moder coulait sans discontinuité, accompagnant les premiers pas de Guillaume. Au loin se dressaient les sommets, enneigés l'hiver, brillants l'été, de la Forêt-Noire. L'Allemagne se trouvait là, toute proche. On pouvait presque la toucher. Au bord de l'eau, Stéphanie

1. Selon les vers de la poétesse de Bischwiller Louise Ostertag-Roth, publiés dans les *Affiches de Bischwiller*.

ne manquait jamais une occasion de montrer à son fils tel oiseau qui virevoltait ou telle libellule jaune ou bleue qui lui frôlait les oreilles. Tout d'abord effrayé, il s'en amusait, puis tentait vaïnement de les attraper. Alors, en soufflant dans une feuille de papier, Stéphanie lui enseignait comment imiter le son de l'insecte. Et, rentrant à la maison, Guillaume se jetait sur les factures de son père et soufflait dedans, provoquant rires et admiration chez ses parents. Ici, au bord de l'eau, à l'ombre des trembles et des aulnes qui oscillaient dans le vent, Guillaume ressentit ses premières sensations d'enfant. Ici, au contact de la faune et de la flore du Ried, se construisit cette osmose avec la nature qu'il chercha toute sa vie. Parfois, Stéphanie devait refréner son excitation afin de lui permettre de surprendre ces oiseaux qui s'envolaient dès qu'ils entendaient la voix du petit garçon quand elle n'était pas couverte par le bruit de la rivière. À d'autres moments, souvent le matin très tôt, surprenant ces quelques moments de grâce animalière, la mère et le fils se cachaient derrière ces roseaux sauvages nimbés de brume et observaient, les yeux écarquillés, ces hérons cendrés tentant de pêcher quelques poissons, ou ces hordes de chevreuils qui traversaient les champs dans lesquels ils pique-niquaient à l'ombre de grands bouleaux. Leur père répétait souvent à ses enfants que l'aube constituait le meilleur moment pour observer et écouter la nature. Guillaume, malgré ses 7 ans, connaissait tous les oiseaux du Ried. Son père lui avait transmis sa passion, qu'il avait faite sienne, et ensemble, ils se rendaient souvent au bord de la Moder ou du Rhin pour les observer. Et ses préférés étaient indiscutablement les cigognes qui venaient capturer quelques grenouilles et nicher sur les cheminées des villages au bord de la Moder. Mais Guillaume aimait surtout les dessiner, sitôt rentré à la maison. Et Stéphanie, qui voyait son fils grandir plus que de raison, se disait qu'elle devait profiter de ces moments uniques qui, un jour, ne seraient plus que de vivaces mais lointains souvenirs.

Couchés côte à côte sur la nappe posée à même le sol, Stéphanie et son fils regardaient le mouvement des branches du saule pleureur qui oscillaient au-dessus de leur tête avec leurs bruissements caractéristiques. Le soleil était encore haut dans le ciel et la chaleur à peine retombée. Par endroits, il éclairait les feuilles de l'arbre, révélant ainsi ses nervures. La rivière regorgeait de bras morts devant lesquels s'étalaient de petites plages où l'on pouvait étendre une nappe et manger quelques fruits ou biscuits confectionnés la veille. À travers sa surface cristalline, la Moder laissait entrevoir de petits galets qui tapissaient le fond et ondoyaient légèrement. En cette après-midi de mai, il était même possible de traverser la rivière à pied et d'attraper les branches des grands saules blancs qui traçaient leur perpétuel sillon dans le courant.

« Est-ce que tu connais les baisers des fées ? demanda Stéphanie, un sourire aux lèvres.

– Non. C'est quoi ? rétorqua le garçon.

– Eh bien, mon fils, il s'agit des baisers que les fées transportent lorsqu'on les envoie. »

Guillaume se redressa sur ses coudes, interloqué, et regarda sa mère.

« Comment cela ? Les baisers sont invisibles. On ne peut pas les voir.

– Essaie de m'en envoyer un pour voir. »

L'enfant porta la main à la bouche, puis effectua un geste vers l'avant en soufflant dessus.

« Tu vois, j'avais raison. On ne voit rien », dit-il.

Stéphanie sourit.

« Oui, parce qu'il ne s'agit pas d'un baiser de fée. Je vais te montrer. »

La mère se leva et cueillit un pissenlit non loin. Elle le porta devant ses lèvres, jeta un petit coup d'œil à son fils, puis souffla sur la fleur, éparpillant ses aigrettes dans l'air.

« Hum, très drôle, maman. Ce n'est pas un baiser de fée, c'est juste une fleur que tu as soufflée.

– Tu as raison, dit-elle en jetant la tige avant de cueillir un autre pissenlit. Maintenant, je vais souffler et tu vas essayer d'attraper une de ces aigrettes que transportent les fées. »

Stéphanie souffla sur la fleur, qui, à nouveau, explosa, libérant dans l'air une pluie d'aigrettes cotonneuses. Un moment décontenancé, ne sachant quelle direction suivre, Guillaume se décida et fit un pas de côté avant de sauter et d'effleurer quelques aigrettes qui, déjà, commençaient à se fondre dans le ciel. Sa grande taille lui permit aisément de gagner ce défi. Sa mère s'approcha alors de lui et déposa sur son front un délicat baiser.

« Le voilà, le baiser des fées. »

Et tous les deux rirent avant que Guillaume ne se précipitât dans les bras de sa mère.

À l'école, Guillaume apprenait à être un petit citoyen français. Il fréquentait l'école protestante, la meilleure école élémentaire de la ville. Fidèles à sa tradition religieuse, les écoles de Bischwiller étaient organisées selon les confessions et les sexes : écoles protestantes de filles et de garçons et écoles catholiques de filles et de garçons. Les enfants juifs, souvent issus de familles de notables, suivaient les cours des écoles protestantes. L'allemand ne fut bientôt plus qu'un lointain souvenir et Guillaume apprit, comme tous les petits enfants de Bischwiller, la grande histoire française avec ses Jeanne d'Arc, Louis XIV,

Napoléon et surtout ses héros de 14-18. Guillaume racontait alors à ses camarades que son oncle Henri avait combattu à Verdun. Et devant les yeux ébahis de ces enfants relatant cette histoire à leurs parents qui savaient pertinemment que le buraliste Pfaadt était un héros français, tous omettaient ou ne voulaient plus se souvenir que le propre père de Guillaume, comme la majorité des hommes de la ville, avait combattu en faveur de cette Allemagne que Raymond Poincaré, redevenu président du Conseil et présent à Bischwiller en 1924 à l'occasion de l'exposition technique de la ville, avait décidé d'occuper afin de contraindre le gouvernement de la république de Weimar à honorer ses réparations de guerre prévues par le traité de Versailles. Mais dans cette école protestante, le petit Guillaume était loin de toutes ces considérations géopolitiques et nouait ses premières amitiés avec les enfants de son âge, notamment avec le jeune René Wirth. Parfois, après les cours, les deux enfants se retrouvaient à la maison, l'école étant située juste à côté de la rue Française. René était alors invité à partager une tartine au beurre avec un peu de sucre et un verre de lait tiré des réserves du vieux Pfaadt. On prenait des nouvelles des parents du petit René, dont le père exerçait le métier de relieur aux *Dernières Nouvelles d'Alsace*. Ces deux enfants s'amusant à regarder les poules et le cochon élevés dans la cour de la maison et riant de leurs jeux innocents ne savaient cependant pas encore ce que leur réservait l'histoire.

4

UNE JEUNESSE FRANÇAISE

15 janvier 1928

Un coup de feu déchira l'aube. Le vieux Pfaadt venait de se tirer une balle dans la tête. « Les femmes meurent et les hommes souffrent », avait coutume de dire Mamama, la grand-mère, dont le cœur, blessé par la mort de son fils Eugène, avait cessé de battre cinq ans plus tôt. Lassé de souffrir, le patriarche, celui qui ne s'en laissa jamais conter, qui multiplia les incartades et donna à ses fils leurs caractères d'airain, avait été vaincu par plus fort que lui, par cet asthme qui lui rongeait les poumons depuis tant d'années.

Dans le froid glacial de cet hiver, toute la famille Pfaadt se retrouvait une nouvelle fois dans le temple, cette fois-ci autour du cercueil du vieux Pfaadt. Il y avait là Charles et Louise et leurs deux filles, Henri, accompagné de son épouse Victorine, de ses deux fils Marcel et René, ainsi que de la petite Madeleine. Le destin avait certainement eu mieux à faire et avait laissé vivre la petite. Mais il allait bientôt se rappeler au bon souvenir des femmes Pfaadt. Et puis Guillaume, accompagné de son fils de 8 ans, prénommé comme son père, comme le voulait la tradition. Une dernière fois, trois Guillaume se trouvaient réunis. Au côté de sa fille de 15 ans et tandis que l'on chantait les cantiques qui devaient accompagner le défunt vers le paradis, Stéphanie se souvenait que, seize ans auparavant, la famille se réunissait à son mariage et à cette époque, comme aujourd'hui, elle attendait un enfant. Les années passaient et les nièces et neveux prenaient la place de Mamama, de Papapa et d'Eugène.

Ce coup de feu sonna également, pour les Pfaadt comme pour Bischwiller et l'Europe, le début d'une décennie qui devait les mener au bord de l'abîme. En mai 1928, la victoire des sociaux-démocrates en Allemagne et le faible score du NSDAP (2,6 %), le parti nazi présidé par ce caporal que les Pfaadt avaient peut-être croisé sans le savoir sur le front de l'Ouest, n'avaient été qu'illusions. Dix ans plus tard, à la veille de la guerre, il aurait mis l'Europe à genoux. Bientôt, la crise de 1929 et ses corollaires déferleraient sur l'Europe, ruinant des millions de gens et les poussant en Allemagne dans les bras d'un homme qui souhaitait plus que tout prendre sa revanche sur la France. Et, absorbés par le reflet des flammes qui consumaient à Bischwiller l'imprimerie Schneider durant cet hiver 1929 – attirant tous les enfants du coin, venus voir le combat des pompiers contre le gigantesque incendie –, aucun des habitants n'imaginait que dix ans plus tard ils contempleraient cet incendie étendu à toute la ville.

On raconta qu'il fit si froid cet hiver-là que les bouches à incendie ne purent être utilisées et qu'il fallut recourir aux vieux puits à balancier.

Pourtant, loin de ce tourbillon de l'histoire, Guillaume, Stéphanie et leurs deux enfants fêtèrent quelques mois plus tard la naissance d'un nouveau petit garçon, le troisième de la famille, prénommé Jean-Pierre, que l'on appela très vite Jean. Henri, le frère de Guillaume, hérita de la maison sur la place de la Liberté, en 1930, et y installa sa première épicerie. Non loin de là, dans la rue Française, l'entreprise de peinture de Guillaume gagnait en renommée. Hâbleur, il multipliait les clients et rudoyait ses ouvriers. Certes, il était un peu cher mais la qualité du travail était, chaque fois, au rendez-vous. Guillaume Pfaadt offrait également ses services au pasteur pour rénover la façade du presbytère, parfois aidé par son fils Guillaume, qui, sitôt le travail accompli, dépensait ses premiers salaires chez Gutekunst, la confiserie de la rue Poincaré, contre ces fameux bonbons torsadés à la menthe. Dès qu'on poussait la lourde porte de la boutique, une douce odeur de sucre d'orge vous assaillait. Avec ses grandes jarres en tôle remplies de bonbons de toutes les couleurs où les enfants pouvaient plonger leurs mains et leur nez, et surtout goûter sans risquer une réprimande du marchand, Gutekunst prenait des airs de paradis terrestre. Guillaume demandait ainsi souvent à sa mère de passer le plus de temps possible dans le magasin lorsqu'il s'agissait de choisir les différentes dragées pour les mariages ou les communions, ou ces inimitables lapins au chocolat au moment de Pâques, car les enfants étaient, le temps de l'attente et du service, libres de goûter à tout. D'ailleurs, à Bischwiller, tout le monde se demandait quel était ce secret, cet ingrédient mystère que mettait Gutekunst dans ses lapins en chocolat pour les rendre si digestes. Et face à son haleine mentholée et à sa crise de foie imminente, le père de Guillaume souriait en repensant lui aussi à ses marks obtenus grâce aux écureuils éliminés comme animaux nuisibles, marks qu'il avait lui aussi dépensés en bonbons et en dragées dans sa jeunesse. Et il souriait aussi parce qu'il savait qu'un jour son entreprise serait à son fils.

Les jours heureux se succédaient en ce début des années 1930 et on suivait de loin les actualités qui relataient les méfaits de la crise économique ou les premiers soubresauts qui agitaient la France et l'Europe. Les amis des Pfaadt venaient régulièrement à la maison et Guillaume père discutait souvent affaires ou des dernières nouvelles de la ville avec Auguste Louis, dont le salon de coiffure se trouvait à quelques encablures de la maison. Parfois, Guillaume et les enfants rencontraient le fantasque mécanicien Charles Dott au volant de sa BNC (Bollack, Netter et Cie) décapotable, véritable attraction dans la rue où l'on était plus habitué à croiser les charrettes des brasseurs, des laitiers ou celles remplies de foin que des bolides. Et tandis que les hommes admiraient la belle mécanique qui pétaradait, les enfants, attirés par ce chat levant sa queue sur le bouchon du radiateur, demandaient au père Dott s'il pouvait faire tourner l'automobile sans chauffeur autour de la place de l'Égalité et la faire arrêter au son de son sifflet. Volant bloqué, la voiture se lançait alors dans une course effrénée comme un poulet sans tête et les enfants, après avoir assisté maintes et maintes fois à ce spectacle étonnant, en restaient chaque fois bouche bée devant ce tour de magie qui devait surtout à un savant calcul de la capacité du réservoir. Tout le monde riait et s'amusait. Cette époque de bonheur culmina avec la naissance du premier petit-enfant de la famille de Guillaume et de Stéphanie lorsque, le 16 août 1931, leur fille Stéphanie accoucha d'une magnifique petite fille prénommée Marcelle, née hors mariage d'un père ajusteur mécanicien que Stéphanie avait suivi à Paris.

Avec la naissance de la petite Marcelle, Stéphanie devint à son tour la Mamama. Mais la petite était davantage le quatrième enfant du couple, car leur fille, ne souhaitant pas élever l'enfant, le leur avait très vite confié avant de s'installer dans la capitale, qu'elle ne quitta plus jusqu'à son décès, en 1997. Marcelle devint ainsi, d'une certaine manière, la petite sœur de Jean. Dans la maison de la rue Française, les deux enfants partageaient leurs jouets en bois et leurs premiers jeux, et se disputaient pour savoir qui apporterait en premier le peigne à Stéphanie ou les savates au père. Lors du Noël 1933, après le traditionnel bonhomme de neige façonné dans la cour et couronné par l'un des vieux chapeaux du père, toute la famille réunie devant le sapin entonnait « Mon beau sapin » ou « Il est né le divin enfant » – condition *sine qua non* et demeurée vivace chez nous pour accéder aux cadeaux – avant de déguster la traditionnelle oie farcie et son chou rouge aux marrons.

19 février 1934

La clochette sonna sans s'arrêter jusqu'à la fermeture complète de la porte. Un son continu, agréable, familier, qui constituait l'un des repères de son enfance. Guillaume entra dans le bureau de tabac de son oncle Henri et surprit ce dernier en train de discuter avec un autre homme situé de l'autre côté du comptoir.

« Le match fut à sens unique. 7-0, tu te rends compte, Henri ! Et puis Heisserer a encore été fabuleux. Je pense qu'il ne restera pas très longtemps à Bischwiller. »

Guillaume regarda les deux hommes qui évoquaient le dernier match du FC Bischwiller, qui lui avait permis de devenir, pour la troisième fois, champion d'Alsace de football. Le FCB était un club réputé et craint. Ses nombreuses stars comme Albert Lutz, que l'on surnommait *D'krumme Lutz*, le « tordu des Lutz », Willy Lieb ou l'emblématique capitaine, Robert Rinckenberger, avaient, dans les années 1920, fait non seulement la réputation du club mais également celle de l'équipe de France. Tout le monde à Bischwiller se rappelait encore les participations de Lieb et de Lutz – ce dernier en tant que remplaçant – au match de l'équipe de France face à la *Wunderteam* autrichienne au stade Pershing, le 19 avril 1925. D'autres évoquaient Oscar Heisserer, la nouvelle pépite promise à un grand avenir et future star de l'équipe de France avec qui il allait disputer la Coupe du monde en 1938.

Le bureau de tabac de l'oncle Henri était situé dans la rue des Pharmaciens, cette rue qui descendait du centre-ville vers la brasserie de la Couronne, cette rue dont j'ai le souvenir qu'il y avait dans les années 1990 une pâtisserie qui faisait les meilleurs choux à la crème des environs. Le bureau de tabac ressemblait à un capharnaüm sans nom. Des milliers d'objets s'y entassaient : bonbons dans une multitude de bocaux en verre, piles de cendriers, stylos Bic, vaisselle décorée de maisons alsaciennes, papier à rouler, lames de rasoir, calendriers par dizaines accrochés au mur, allumettes et fournitures scolaires tapissant des étagères bringuebalantes. Sans oublier la petite vitrine qui servait de comptoir et renfermait les cigares et cigarillos. Et comme cela ne suffisait pas, l'arrière-boutique contenait deux fois plus d'objets. Parfois, lorsqu'un client lui demandait un objet qu'il ne possédait pas dans le magasin, l'oncle Henri disparaissait dans son arrière-boutique comme un explorateur dans la jungle africaine. Puis, passé un certain temps, pendant lequel on avait tout le loisir de dévisser délicatement et en silence le couvercle d'un bocal pour y dérober un bonbon – Jean, le frère de Guillaume, choisissait plutôt le cigarillo –, l'oncle Henri revenait avec le trésor tant convoité. Plus tard, avec Jean, l'oncle Henri ou tante Victorine usaient de menaces préventives. Victorine le menaçait de son doigt réprobateur – qui ne convainquait qu'elle – avant de disparaître tandis que la voix d'Henri résonnait d'un « Je t'ai vu ! » ou d'un « Repose ce bonbon, Jean ! » des abysses de l'arrière-boutique. En fait, les justifications de l'innocence de Jean laissaient à Henri le temps de revenir et, devant la mine tantôt offusquée, tantôt triste de Jean, il finissait par lui offrir la friandise convoitée.

Aujourd'hui, Guillaume était venu pour le tabac de son père, donc aucun risque de voir son oncle partir pour une nouvelle expédition. Henri Pfaadt se tenait devant son comptoir, blouse blanche et tablier bleu de rigueur, béret – signe ostensible de son attachement à la France – vissé sur la tête, et mains jointes sur la vitrine des cigares. Son interlocuteur du jour, casquette sur la tête et embonpoint proéminent que son ample manteau ne parvenait pas à cacher et dont les poches laissaient émerger l'exemplaire des *Dernières Nouvelles sportives*, fascinait Guillaume. L'homme ne l'intéressait pas tant pour sa connaissance du football, même s'il lui arrivait d'en dessiner les idoles locales pour le journal *Le Sport alsacien*, que pour son coup de pinceau. Car devant lui se tenait Paul Weiss, le peintre le plus célèbre du coin. Le peintre du Ried avec son acolyte Philippe Steinmetz. La légende. Celui qui avait peint ce magnifique bras de la Moder avec ces couleurs cendrées qui trônait dans le salon et que son père avait rapporté en guise de paiement pour le ravalement de la façade de la maison Weiss. Le plus grand peintre du monde pour Guillaume, qui, à 14 ans, avait déjà une taille d'adulte avec ses longues jambes.

« Bonjour, mon oncle.

– Bonjour, Guillaume. Tu viens chercher le tabac pour ton père ?

– Oui.

– Attends un instant. »

Henri Pfaadt se retourna et fouilla dans un tiroir à la recherche du tabac. Pendant ce temps-là, Guillaume fila vers le fond et s'empara du dernier numéro de *L'Illustration*. Une photo de la manifestation du 6 février 1934 et des émeutes place de la Concorde s'affichait en une.

« Tout cela ne me dit rien qui vaille, poursuivit Henri.

– Moi non plus, Henri. J'ai croisé le député Walter lors de la finale. Il m'a dit qu'il a voté la confiance à Doumergue sans se faire beaucoup d'illusions sur ce gouvernement d'union nationale.

– Oui, d'autant plus que de l'autre côté du Rhin, le nouveau chancelier, Adolf Hitler, veut ressusciter une Allemagne forte. Je ne sais pas où cela nous mènera. Tu sais, Paul, je les ai combattus à Verdun et je peux te dire qu'ils n'ont pas renoncé à se venger.

– Hum, tu as raison. C'est le fils du peintre ? » lança alors Weiss en désignant du menton Guillaume.

Henri acquiesça.

« Petit ? Tu t'intéresses à l'actualité ? » demanda Paul Weiss.

L'adolescent leva les yeux du journal, ne laissant apparaître qu'une moitié de visage. Il aimait les croquis des militaires, des procès comme celui de Stavisky. Moins les photos.

« Non, c'est les dessins qui m'intéressent.

– Ah oui ? Tu aimes dessiner ? Peindre... enfin autre chose que des maisons ? » poursuivit Weiss.

Guillaume releva une nouvelle fois les yeux.

« Oui.

– Quoi par exemple ?

– La nature.

– C'est bien. Passe me voir un de ces jours.

– Tiens, c'est prêt, coupa Henri. J'ai aussi des vignettes Nestlé Cailler-Kohler si tu en veux. »

Guillaume secoua la tête, si bien qu'Henri renonça et rangea les vignettes.

« Bon. Passe le bonjour à ton père. Et puis viens voir de temps en temps tes cousins, Marcel et René. Ils t'aiment bien, tu sais. »

Guillaume replia *L'Illustration* et le rangea. Il prit le tabac et regarda Paul Weiss, qui lui sourit.

« D'accord, à bientôt, mon oncle. Au revoir, monsieur.

– Au revoir, petit. »

Guillaume ne vint jamais voir Paul Weiss, ni dans son atelier, ni lorsqu'il l'apercevrait peignant le Ried au bord de la Moder. Trop impressionné, il faisait chaque fois un détour pour l'éviter. Mais secrètement, il s'installait lui aussi au bord de cette rivière qu'il aimait tant pour peindre son lit, ses rives ou les ponts qui l'enjambaient. Ses aquarelles restaient dans son carton à dessins. Il les montrait uniquement à son ami René Wirth, qui venait souvent à la maison, son carnet à dessins – avec sa couverture en cuir brun frappé de ses initiales qu'il avait reçu pour son prix d'excellence au certificat d'études en 1933 – sous le bras. René aimait lui aussi peindre et dessiner, surtout des maisons alsaciennes et des paysages.

Quelques semaines plus tôt, en janvier 1934, Guillaume avait, comme tous les enfants, effectué sa confirmation dans le temple. Stéphanie ainsi que Guillaume œuvraient activement pour maintenir les enfants dans la foi protestante, d'autant que les protestants ne représentaient, à la veille de la Seconde Guerre, que la moitié de la population de la ville, en raison d'une désaffection et d'une immigration catholique notamment venue de Pologne. Si elle restait active dans la vie paroissiale et que Guillaume ne ménageait pas sa peine pour donner un coup de main au pasteur Strauch, Stéphanie prenait bien soin que son fils aîné fasse siens des principes de vie et des valeurs en adéquation avec la morale chrétienne. Comme de nombreux jeunes protestants de la ville, Guillaume avait intégré l'Union chrétienne des jeunes gens (UCJG), un mouvement de jeunesse chrétien installé à Bischwiller depuis le milieu du XIXe siècle et déclinaison du YMCA (*Young Men's Christian Association*). Là-bas, en compagnie de ses amis, et notamment de René, Guillaume occupait ses journées libres à pratiquer loisirs sportifs ou promenades en compagnie du pasteur Strauch, qui ne ménageait pas sa peine pour agrémenter ces distractions d'un enseignement religieux ludique. Il faut dire qu'avec le retour de l'Alsace à la France en 1919 l'éducation religieuse avait certes été maintenue mais s'était enrichie de nouvelles pratiques comme le scoutisme, pratiques que les nazis interrompirent. Pour Jean, la tâche avait été plus ardue. Le gamin ne voulait rien entendre à ces histoires de Jésus et compagnie, demandant même à sa mère – oh, grand

Dieu ! – si ce dernier existait vraiment. Car à vrai dire, du haut de ses presque 10 ans, tout cela l'ennuyait prodigieusement et aucun pasteur, même le plus expérimenté, n'avait réussi à le faire revenir dans le droit chemin, au grand dam de ses parents. Lui, ce qui l'intéressait avant tout, c'était faire les quatre cents coups, tirer à la carabine, fumer des cigares en cachette – ce qui lui valut d'ailleurs à 10 ans une diarrhée carabinée –, ou monter sur les chevaux les plus grands et partir au galop. Et les roustes de son père, qui avait la main lourde lorsqu'il le corrigeait, comme bon nombre de pères à cette époque, ne le décourageaient pas, bien au contraire. Car dès le lendemain, il était reparti dans une nouvelle aventure quelque part dans Bischwiller. Alors son père continuait à le rosser en sachant pertinemment que cela ne servirait à rien ; mais qu'il fallait bien maintenir la respectabilité sociale de son entreprise en désapprouvant la conduite de son cadet.

Les années passaient et à Bischwiller les ondes de la radio de Stuttgart déversaient régulièrement les discours d'Adolf Hitler. Certains habitants, y compris juifs, approuvaient les mesures du chancelier sans savoir ou sans prendre conscience des germes de mort contenus dans ces dernières. D'autres, plus lucides, s'en inquiétaient. Mais la grande majorité, dont faisaient partie les Pfaadt, observait cela de loin, sans savoir que quelques années plus tard ils allaient être les victimes de ces propos.

« La paix sauvée. Hier, le monde entier a retrouvé son souffle et tout particulièrement les populations frontalières, lorsque les stations de radio annoncèrent l'heureuse nouvelle de l'aboutissement de la conférence de Munich entre les quatre chefs d'État de l'Angleterre, l'Allemagne, l'Italie et la France. Dans toute l'histoire, jamais un tel événement, aussi heureux, celui de libérer le monde d'un cauchemar aussi terrifiant, ne s'est dénoué en si peu de temps. Des larmes de joie brillent dans les yeux. Le cœur de toutes les personnes prie, pas seulement celui des mères et des femmes. De bonheur, des drapeaux sont hissés partout ! Tous les visages rayonnent de joie et de bonheur suite à l'heureux dénouement de ces conflits, à toutes ces questions des Sudètes en Tchécoslovaquie, qui nous ont poussés si cruellement dans le gouffre d'une guerre destructrice, à tous ces hommes assassinés », proclamaient ainsi le 1er octobre 1938 les *Affiches de Bischwiller*, lues par tous dans la ville.

Pourtant, malgré l'accumulation de nuages sur l'Europe en ces années 1938-1939 après l'Anschluss et l'abandon de la Tchécoslovaquie à Munich, personne à Bischwiller ne réalisait véritablement ce qui était en train de se passer. Et lorsque, devant un café au lait et quelques tartines de pâté qui faisaient office de dîner, Stéphanie lisait avec détachement ces lignes, elle devait se dire que si la lâcheté des démocraties face au Führer permettait de préserver sa sécurité et celle des siens, alors cela en valait la peine et que ces MM. Chamberlain et Daladier étaient vraiment des héros.

On pensait donc avoir échappé au pire. Le père de Guillaume et Jean essayait en tout cas de s'en convaincre en discutant avec certaines de ses connaissances qu'il rencontrait lors de la fête foraine de la ville, le fameux *Messti* de la Saint-Gall, où Jean et Marcelle rivalisaient de cris sur leurs chevaux de bois. Personne ne savait alors que quelques mois plus tôt, les premiers Juifs autrichiens venaient d'arriver à Dachau, scène dont avait été témoin Alfred Hübsch, cet enfant de Bischwiller expulsé en

1919 et emprisonné au camp depuis plus d'une année déjà : « Ils ne marchaient pas [...]. Ils couraient – dans la mesure où ils le pouvaient – en tous sens et en désordre les mains levées et protégeant leurs têtes des coups de crosse qui pleuvaient. Les Juifs étaient pourchassés, poursuivis, battus, poussés, frappés à coups de pied, maltraités à coups de crosse[1]. » Et malgré la nuit de Cristal, le 9 novembre 1938, où des pogroms ne firent qu'accélérer cette course à l'abîme, à Bischwiller, on demeurait convaincu jusque dans la communauté juive que la haine n'allait pas franchir la frontière. Quelques âmes prudentes commencèrent tout de même à s'en inquiéter et à quitter la ville. Cette clairvoyance allait leur sauver la vie.

Dans ces années qui précédèrent le second conflit mondial, on voulait donc encore croire que la guerre pouvait être évitée. De petites annonces promettaient des emplois stables d'employés de bureau ou de femmes de chambre. On allait danser à l'hôtel-restaurant du Bœuf au son d'orchestres de jazz et Guillaume, âgé de 18 ans, se rendait souvent aux bals qui se tenaient dans cet établissement sérieux avec Julie, cette jeune femme rencontrée depuis peu. Julie. La merveilleuse Julie. Elle était la fille d'un commerçant de Bischwiller et avec sa sœur Emma, elles étaient réputées dans tout Bischwiller pour leur beauté caractérisée par leur magnifique chevelure blonde, leurs taches de rousseur, leur silhouette fluette et leur peau diaphane. Guillaume et Julie avaient fait connaissance quelques mois avant la déclaration de guerre alors que Guillaume effectuait des travaux de peinture sur la façade de la boutique de tissus de leur père. Du haut de

1. Alfred Hübsch, *Island of Military Law*, Maison de l'histoire bavaroise, trad. Laurent Pfaadt.

son échafaudage, il ne put détacher son regard des deux sœurs et surtout de Julie, si bien que son père dut le rappeler plusieurs fois à ses obligations professionnelles. Et les travaux achevés, il ne quitta qu'à regret le chantier après avoir, une dernière fois, plongé ses yeux noirs dans ceux, bleus, de Julie.

Puis un jour, il l'avait croisée au centre-ville alors qu'il faisait une course pour sa mère. Elle était accompagnée de plusieurs de ses amies, notamment de Marthe Heinrich, la fille du chauffeur d'Albert Blum, le directeur de l'usine d'électricité. Ils avaient discuté et, prenant son courage à deux mains, il lui avait proposé un café. Elle avait accepté et leur histoire avait ainsi démarré.

En ces temps de guerre, les deux tourtereaux se rendaient souvent à l'Eldorado, le cinéma de la ville, pour y admirer la beauté de Danielle Darrieux ou de Shirley Temple et frissonner devant Boris Karloff, interprète immortel de Frankenstein. D'autres fois, bras dessus, bras dessous, les récents fiancés rêvaient à un futur mariage devant les alliances du bijoutier Beyer, rue des Pharmaciens, non loin du tabac de l'oncle Henri, puis s'arrêtaient en cette fin d'été 1938 chez Zimmermann, plus haut, pour y déguster quelques glaces. Julie aimait la fraise, Guillaume plutôt la vanille.

L'orage qui grondait dans le ciel européen recouvrit bientôt la maison des Pfaadt. Le 22 août 1938, une méningite foudroyante terrassa la petite Marcelle, qui venait de fêter quelques jours plus tôt son septième anniversaire. Stéphanie, qui l'avait élevée comme sa propre fille, demeura inconsolable. Moins d'un an plus tard, le 13 mars 1939, son beau-frère, Charles, perdit son épouse, Louise, cette jeune fille rouquine qu'il avait rencontrée avant la Première Guerre mondiale, d'une embolie faisant suite à l'ablation d'un rein. Elle n'avait que 50 ans. Ainsi de nouvelles femmes venaient coup sur coup de mourir chez les Pfaadt. Le destin familial reprenait son cours. Le temps de la souffrance des hommes était donc revenu, et avec lui la guerre.

5

LA GUERRE EST DE RETOUR

10 mai 1940

La guerre était de retour. Après avoir absorbé l'Autriche et la Tchécoslovaquie en 1938, puis soumis la Pologne en 1939, déclenchant ainsi la Seconde Guerre mondiale, Adolf Hitler se rua sur la France en ce printemps 1940. À Bischwiller, on demeurait pourtant confiant. La ligne Maginot, système de défense français allant de la Belgique à l'Italie, saurait nous défendre contre les Allemands, entendait-on. Et puis le maréchal Pétain, le héros de Verdun, avait assuré que les Ardennes resteraient infranchissables. « Ils n'ont pas retenu les leçons de 1918 ! On verra ce qu'on verra ! » répétait-on dans les journaux. On chantait « Quand séchera-t-on notre linge sur la ligne Siegfried ? » durant les repas familiaux. Les publicités de l'herboriste Fernand Hirtler et de sa droguerie moderne, rue Poincaré, qui vantait encore, en septembre 1939, la qualité de ses bandages herniaires, ses ceintures abdominales, ses sangles, ses bas à varices, ses gaines Reinabel, qui permettaient aux femmes d'afficher lors des bals des « silhouettes élégantes et jeunes », avaient été remplacées par la quête de médicaments destinés à lutter contre les gaz de combat et les annonces de distribution de masques à gaz. Confiant donc, mais pas téméraire.

Sur la photo du conseil de révision de la classe 1940, ces jeunes gens nés en 1920 croyaient encore en une victoire possible. Autour du drapeau que certains étreignaient comme un talisman, ils étaient tous là, acteurs de la tragédie à venir, à poser avec l'insouciance de leurs 20 ans, celle-là même qui avait imprégné les poilus d'août 1914. Sur leurs visages, la guerre se lisait presque comme une plaisanterie. Certains posaient les mains dans les poches. D'autres brandissaient leurs instruments de musique. Quelques visages affichaient leurs inquiétudes mais ils étaient si rares. Guillaume, lui, posait comme les autres, un peu avachi et se tenant la cuisse, désinvolte. Il semblait serein. Tous ces jeunes de 20 ans à peine allaient connaître des fortunes diverses. Certains allaient servir dans l'armée française, se battant sur le front face à Rommel ou à Guderian. D'autres comme Guillaume, placé dans le 145e dépôt d'un régiment d'infanterie où il demeura stationné un peu moins de deux mois, observèrent de loin cette drôle de guerre qui ressemblait, au fur et à mesure que la débâcle devenait une réalité, à une mauvaise blague. D'autres enfin ne virent l'uniforme français autrement que dans les journaux.

Très vite, l'armée française et son alliée britannique furent dépassées. Jean, du haut de ses 11 ans, garda toute sa vie les images d'une armée française transportant ses canons à chevaux face à des Panzers rutilants avalant tout sur leur passage. Et tandis que le vieux maréchal Pétain revenait aux manettes d'un pays en pleine déroute, l'Alsace se préparait une nouvelle fois au pire. Le 17 juin 1940, alors que Metz se rendait et que les Allemands entraient dans Colmar, les Bischwillerois apprenaient, comme tous les Alsaciens et Mosellans, la capitulation par la voix du vieux maréchal : « C'est le cœur serré que je vous dis aujourd'hui qu'il faut cesser le combat. Je me suis adressé cette nuit à l'adversaire, pour lui demander s'il est prêt à rechercher avec moi, entre soldats, après la lutte et dans l'honneur, les moyens de mettre un terme aux hostilités. » Ces mots, comme ceux d'un général de Gaulle inconnu de tous, de nombreux fils de Bischwiller engagés dans l'armée française ne les entendirent jamais. Ils donnèrent ainsi leur vie – à l'instar d'un Philippe Sonntag, neveu du boulanger, mort le 18 mai dans le Nord – pour une Alsace française qui s'apprêtait, une fois de plus, à traverser la frontière sanglante de l'histoire.

Pendant cette drôle de guerre qui précéda la capitulation, de nombreux Alsaciens quittèrent leur terre natale pour se réfugier dans la France de l'intérieur. Quelque 550 villages et près de 600000 personnes prirent le chemin de l'exode, mais pas Bischwiller, grâce au maire communiste de la ville, Louis Loeffler, qui, dès avant la guerre, avait obtenu que la ville ne soit pas inscrite sur la liste des communes situées le long du Rhin devant être évacuées en cas de conflit. Ce dernier évita ainsi aux habitants de voir, à leur retour, leurs maisons pillées et leurs animaux volés. Au total, on estima à 350000 le nombre d'Alsaciens et de Lorrains fuyant leur région vers le Lot-et-Garonne, la Dordogne, la Vienne ou le Jura notamment. Les situations varièrent considérablement d'un endroit à un autre. Chez certains, l'accueil fut chaleureux. Chez d'autres, il demeura méfiant envers ces gens parlant un dialecte proche de la langue de l'ennemi. Ceux qui restèrent comme les Pfaadt accueillirent chez eux des soldats français engagés contre la Wehrmacht. Un paysan des Vosges, le sergent Pierre Antonot, logea ainsi chez Guillaume Pfaadt. Entre les deux hommes naquit une amitié qui ne s'éteignit pas avec l'armistice. Et si, d'aventure, les Pfaadt venaient à demander de l'aide lorsque cette guerre prendrait fin, ils sauraient vers qui se tourner.

Le 2 avril 1940, le maire Loeffler fut démis de ses fonctions après l'interdiction du parti communiste, décidée le 26 septembre 1939 par un décret-loi signé par le président du Conseil, Édouard Daladier, à la suite de l'invasion de la Pologne par les troupes de l'Armée rouge. C'est Alfred Rinckenberger qui s'installa dans le fauteuil de maire, le 7 avril 1940. Ingénieur chimiste et ancien adjoint du maire Franck entre 1927 et 1935, il était le chef de l'opposition modérée (Union civique) à laquelle appartenait Charles Pfaadt, élu sur la liste de ce dernier lors des élections municipales de 1935. Rinckenberger n'y resta cependant que trois mois avant d'être remplacé en juillet 1940 par un fonctionnaire nazi. Car entre-temps, le 22 juin 1940, la France avait signé, dans la clairière de Rethondes et devant un Adolf Hitler jubilant, un armistice humiliant. La veille, le 21, le sergent Pierre Antonot avait été fait prisonnier. Alors que les conditions d'armistice ne firent aucune mention du sort de l'Alsace-Moselle – en vertu du droit international, l'Alsace continuait donc à demeurer française –, la population des trois départements assista bel et bien à une annexion de fait. Mais à la différence de la guerre de 1870, cette annexion concerna seulement les trois départements du Bas-Rhin, du Haut-Rhin et de la Moselle, alors que le traité de Francfort de 1871 impliquait une grande partie de la région Lorraine. Le 28 juin 1940, soit six jours après la signature de l'armistice, Hitler triomphait à Strasbourg. En 1924, dans *Mein Kampf*, il prévenait : « La question d'Alsace-Lorraine n'a été résolue qu'à moitié. Au lieu d'écraser, une fois pour toutes, d'une poigne brutale, la tête de l'hydre française pour accorder ensuite aux Alsaciens l'égalité des droits, on n'a fait ni l'un, ni l'autre. » L'hydre française venait d'être décapitée comme le monument aux morts français sur la Promenade à Bischwiller, remplacé par un obélisque portant l'inscription *« Ein Volk, Ein Reich, Ein Führer »* (« Un peuple, un Reich, un Führer »). Les Alsaciens obtiendraient leurs droits. Mais ces derniers seraient allemands.

L'administration allemande s'installa rapidement. « Nous étions apathiques, abasourdis, inquiets, ignorant totalement ce qui allait se passer[1] », se souvint Paul Kauss, fonctionnaire municipal qui allait devenir, près de vingt ans plus tard, le maire de la ville. Pour gérer l'Alsace, Hitler nomma, le 7 août 1940, Robert Wagner, ancien élève instituteur, nazi fanatique, gauleiter d'Alsace – un gouverneur disposant de pouvoirs très étendus –, et Joseph Bürckel, son alter ego en Lorraine, Sarre et Palatinat. De ces nominations découlèrent toutes les autres. Karl Doll, fonctionnaire du NSDAP, originaire d'Oberkirch, de l'autre côté de la frontière, devint le 25 septembre 1940 *Stadt-Kommissar* – sorte de maire – à Bischwiller. Jugé trop mou, il fut très vite remplacé par le

1. Paul Kauss, *Une vie pour une ville*, Association des amis du musée de la Laub, 1992.

Dr Hans Liewer, qui dirigea la ville durant toute la guerre. Flanqué d'un commissaire politique nazi, responsable local du parti chargé notamment des basses œuvres, l'*Ortsgruppenleiter* Eugen Braun lança immédiatement la traque des francophiles et surtout des Juifs, assisté de collaborateurs bischwillerois zélés qui, dès avant la défaite, avaient manifesté de fortes sympathies pour le régime hitlérien. Aux ordres de Braun, des *Blockleiter*, responsables de quartier, étendirent la toile d'araignée nazie sur la ville. L'œil du parti était partout et n'épargnait personne, pas même Liewer, responsable de la commune et membre du NSDAP. À cette nouvelle organisation administrative se greffèrent à Bischwiller, à partir de mars 1941, des sections de plusieurs organisations paramilitaires nazies comme les SA (*Sturmabteilung*) ou les NSKK (*Nationalsozialistisches Kraftfahrkorps*), le « corps de transport nazi », moins connu que les SA ou les SS et qui participa néanmoins activement à la Shoah pendant la Seconde Guerre mondiale. Ainsi, au printemps 1941, le NSDAP, solidement implanté à Bischwiller, s'activait pour obliger une grande partie de la population à adhérer au parti nazi. Comme un symbole, ce dernier s'installa dans la maison d'Albert Blum, le directeur de l'usine d'électricité qui avait pris la fuite car de confession juive.

L'arrivée de cette nouvelle administration entraîna, selon l'ordonnance du 16 juillet 1940, l'expulsion des « indésirables », parmi lesquels les Juifs, les Tziganes, les francophiles, les fonctionnaires, les représentants d'organisations syndicales, politiques et ecclésiastiques – ce qui, en Alsace, où la place du pasteur ou du curé restait si importante dans la vie sociale de chaque ville ou village, ne manqua pas de choquer. À cette catégorie s'ajoutèrent celles des citoyens des États ennemis, des

Français de l'intérieur considérés comme « intrus », des homosexuels et surtout des Alsaciens émigrés et expulsés avant 1914, catégorie à laquelle appartenait Henri Pfaadt, expulsé avec sa famille en France, le 2 octobre 1940. Le bureau de tabac de ce dernier, l'un des commerçants les plus francophiles de Bischwiller, devint symboliquement le siège administratif de l'occupant. Le plus jeune des frères Pfaadt, héros de Verdun, prit donc, comme environ 50000 expulsés, le chemin de la France de l'intérieur pour s'établir à Chomérac, en Ardèche. Il y resta durant toute la guerre. Sa route croisa celle de dizaines de milliers d'Alsaciens qui, après l'armistice, revenaient en sens inverse dans leur village et retrouvaient leur maison, souvent mise à sac. Parmi eux, des germanophiles mués par la volonté de préservation de l'identité alsacienne et dont certains allaient devenir d'ardents collaborateurs du IIIe Reich. Cependant, si certains Alsaciens, nostalgiques de l'époque du *Reichsland* et blessés par l'intégration forcée dans la République française, qui avait fait fi de leur particularisme régional – notamment linguistique –, n'avaient pas vu d'un mauvais œil l'arrivée des nazis, beaucoup déchantèrent très vite.

Une fois de plus, les rues changèrent de nom. La Robert-Ley *Strasse*, du nom de ce nazi directeur du Front allemand du travail qui se suicida durant son procès à Nuremberg, en 1945, remplaça la rue Française, où vivaient les Pfaadt. Camille Rampont, le libérateur de la ville en 1918, devint Horst Wessel, ce jeune militant nazi abattu par des communistes en 1930 et dont la chanson, le « *Horst Wessel Lied* », avait été érigée en hymne du parti nazi. Et, bien entendu, Clemenceau se mua en Hitler. À Strasbourg, l'université recouvra ses oripeaux allemands, puis se nazifia. L'un de ses professeurs d'anatomie, le

Dr August Hirt, sinistre clone de Josef Mengele, se rendit célèbre pour ses expériences médicales sur des Juifs au camp de concentration du Struthof, et pour sa collection de squelettes juifs. L'administration de l'université émigra à Clermont-Ferrand et l'un de ses anciens professeurs, Marc Bloch, auteur d'un réquisitoire sur les responsables de la défaite, rejoignit comme d'autres la Résistance. Arrêté et torturé, notamment par Klaus Barbie, il fut fusillé le 16 juin 1944. Les hauts fonctionnaires suspects furent évincés, la langue française interdite et les *Dernières Nouvelles d'Alsace* se transformèrent en *Strassburger Neueste Nachrichten.* Très vite, les Allemands enclenchèrent une germanisation qu'ils souhaitaient irréversible. Chez les habitants de Bischwiller, comme dans d'autres localités alsaciennes et mosellanes, l'impression de déjà-vu laissa un goût amer. On avait l'impression de rejouer l'épuration ethnique de 1919-1922 mais dans l'autre sens. Cet air de déjà-vu se manifesta également dans le rationnement alimentaire mis en place dès l'été 1940. En 1917, Stéphanie s'évertuait à trouver du lait pour sa fille de 5 ans. Vingt-trois ans plus tard, elle utilisait des cartes de couleur pour nourrir son fils de 12 ans.

Très vite, cette germanisation devint nazification. Bien décidé à faire porter ses efforts sur la jeunesse, le IIIe Reich installa la *Hitlerjugend*, les Jeunesses hitlériennes, en Alsace dès septembre 1940. À l'école, Jean chantait à nouveau, comme ses oncles avant 1914 : *« Deutschland über alles »*, cette fois-ci sous le regard tutélaire du Führer, dont le portrait ornait toutes les salles de classe qu'il fallait saluer, chaque matin, d'un *« Heil Hitler! »* bras tendu. Très vite, Jean se joua de cette mascarade en criant *« Drei Liter! »* (« Trois litres! »). Exit le français et place à l'allemand, enseigné par des professeurs venus du Reich. Et surtout pas question de parler alsacien à l'école! Hitler, Goethe et les caciques nazis dont Himmler et son « Juif, notre ennemi juré » remplacèrent très vite Hugo, Balzac et Zola. L'histoire allemande et ses héros, où le Führer trônait en majesté, demeuraient la priorité de l'enseignement – et certainement pas la Révolution française, cette « œuvre des Juifs et des francs-maçons ». Tout comme la biologie qui glorifiait la race aryenne et devait être connue de tous. Ces modifications scolaires affectaient peu Jean, qui préférait toujours autant l'école buissonnière. Alors, qu'elle fût française ou allemande, peu importe... Plus tard, à la fin de la guerre, toute cette génération sacrifiée se rendit compte que le passage forcé du français à l'allemand, puis le retour à un français approximatif l'avaient condamnée à un retard irrattrapable qui eut de graves conséquences professionnelles et brisa de nombreux rêves de réussite. Ainsi, derrière une incorporation de force que personne n'avait auparavant imaginée, subsista chez les survivants une sorte de condamnation perpétuelle que nul ne soupçonnait à l'époque. Enfin, comme un symbole, une nouvelle ordonnance du 23 novembre 1940 germanisa les prénoms. Ainsi, les Guillaume devenaient ou redevenaient Wilhelm.

Des autodafés furent érigés dans un certain nombre de communes, après les purges des bibliothèques publiques comme privées où les ouvrages jugés illicites laissèrent place au *Mein Kampf* dédicacé, que désormais toute famille alsacienne se devait de posséder dans sa bibliothèque. L'Alsace et la Moselle cessèrent d'être françaises et l'occupant s'employa à effacer toute trace de la République française. Les lois allemandes en matière d'impôts ou de juridiction pénale s'appliquèrent. Pire encore, le 24 juillet 1941, l'infâme loi sur la protection du sang et de l'honneur allemand, extraite du corpus des lois de Nuremberg de 1935, se répandit dans les provinces annexées et affecta principalement les Juifs. Avant même le déclenchement de la Seconde Guerre mondiale, ayant lu ou entendu par des connaissances ou des amis les mesures et les violences qui s'abattaient sur les Juifs allemands, notamment après la nuit de Cristal, le 9 novembre 1938, de nombreux Juifs de Bischwiller avaient pris la route de l'exil. Ce fut notamment le cas de la famille Strauss, celle du poète Claude Vigée, qui décida de fuir vers les États-Unis. Après les commerces et les logements des Juifs, le 19 octobre 1940, un décret du gauleiter Wagner confisqua également les biens des ennemis du Reich (Juifs et opposants) et les donna aux évacués revenus en Alsace. Au total, on dénombra ainsi près de 22000 expulsions de Juifs alsaciens auxquels il fallut ajouter les Juifs allemands et polonais fuyant précédemment les nazis et les persécutions.

Alors même que les *Einsatzgruppen* et la Wehrmacht perpétuaient à l'automne 1941 de terribles massacres de Juifs en URSS, à Bischwiller, les nazis incendièrent la synagogue et ses pierres furent jetées dans le Ried au bord duquel Guillaume et ses parents aimaient tant se promener. Ayant quitté l'Alsace en 1871 ou réfugiés dès 1940 en France, de nombreux Juifs de Bischwiller pensèrent à tort que les autorités de Vichy les protégeraient de la barbarie nazie, tandis que ceux restés par attachement à leur commerce et à leur ville payèrent bien souvent de leur vie cet amour. Paul Weinberg, commerçant de la rue Poincaré qui affichait avant-guerre des sympathies hitlériennes, fut ainsi « suicidé » à l'arrivée des Allemands en juin 1940. Les Weil, qui possédaient la fameuse fabrique de chaussures, quittèrent Bischwiller pour Paris en 1939. Interné à Pithiviers en septembre 1942, Léon Weil fut déporté vers

Auschwitz (convoi 35), où il périt. De nombreuses familles juives de Bischwiller telles que les Kaufmann, qui louaient le rez-de-chaussée de la maison de Charles Pfaadt, les Guthmann, les Bloch et bien d'autres connurent ainsi le sort funeste de milliers de Juifs français. Claude Vigée, par exemple, perdit 44 membres de sa famille. Qu'il était loin le temps où le rabbin de Bischwiller, Sylvain Lehmann, au demeurant antisioniste et qui détonnait en se déplaçant à moto, casquette de cuir sur la tête et lunettes sur les yeux[1], envoyait les enfants juifs courir de maison en maison à Pourim, le carnaval juif, pour récolter le contenu des boîtes bleues du Keren Kayemeth-LeIsraël, ces troncs recueillant de l'argent pour l'achat de terres en Israël en échange de beignets *Pourim-Kichlich* en forme de boules sucrées, sous le regard amusé des voisins chrétiens. Qu'il était loin le temps où l'on saluait M. Blum, le directeur de l'usine d'électricité, lorsqu'il circulait dans sa voiture que conduisait Charles Heinrich. Ma grand-mère centenaire garde encore le souvenir de la Gestapo venue arrêter ses voisins juifs. Avant de partir, cette voisine lui confia un service de table en lui lançant un « Au revoir », et se vit rétorquer un « Il n'y a pas d'au revoir » glacial de la part de ses bourreaux.

La cinquantaine de Juifs bischwillerois assassinés rejoignit ainsi les millions de victimes de la Shoah. Sur le monument aux morts qui leur est dédié et où se déploie l'immense toile d'araignée du système concentrationnaire du IIIe Reich (Auschwitz, Sobibor, Buchenwald, Ravensbrück, etc.) apparaît en filigrane la petite communauté juive d'une petite ville alsacienne où tout le monde

1. Il mourut d'ailleurs d'un accident de moto en 1938, ce qui lui évita peut-être un sort funeste.

se connaissait, vivait en paix et résume ainsi, à une échelle humaine, l'implacable machine de mort mise en place à travers l'Europe par le IIIe Reich. À la fin de la guerre, en 1946, il ne subsista que 13 familles juives dans la commune. Et tandis que les déportations se multipliaient, des habitants de Bischwiller, peu scrupuleux et foulant une humanité qui avait quitté depuis bien longtemps cette ville, en profitèrent pour s'approprier les biens de ceux qui étaient encore quelques mois, quelques années plus tôt, leurs voisins, leurs connaissances, leurs amis.

Après l'expulsion des ennemis du IIIe Reich, un système concentrationnaire se mit en place en Alsace pour emprisonner ou éliminer ceux que le nouveau pouvoir considérait comme ses ennemis. À Schirmeck, à la frontière vosgienne, s'ouvrit ainsi à l'été 1940 un camp de rééducation qui accueillit d'abord ceux qu'il fallait « faire revenir dans le droit chemin » avant de devenir la véritable antichambre de la mort pour de nombreux résistants ou Juifs. Nombre d'entre eux furent ensuite envoyés dans le camp de concentration du Struthof, non loin du village de Natzweiler, dans la vallée de la Bruche, seul camp de concentration sur le sol français, ouvert dès le printemps 1941. Doté d'une chambre à gaz, d'un four crématoire et dirigé par Joseph Kramer, qui commanda plus tard le camp de Bergen-Belsen, le Struthof devint le tombeau d'environ 22000 personnes, principalement des détenus politiques mais également plusieurs dizaines de détenus juifs, et le théâtre d'atroces expériences médicales.

Le 20 décembre 1940, le gauleiter d'Alsace annonça que la purge des « éléments antinationaux » était terminée. La longue marche vers l'incorporation de force pouvait désormais commencer.

1941

La décision militaire n° 21 du Führer, visant à envahir l'Union soviétique, précipita le destin de l'Alsace-Moselle et de ses habitants. Guillaume père avait été dégagé de toute obligation militaire le 15 octobre 1936. Son fils allait faire cette nouvelle guerre. Le 14 décembre 1941, le gauleiter Wagner dévoila ainsi ses intentions à l'occasion d'un discours à Saverne : « L'Alsace, dont la passion est finie, a été rattachée à la patrie allemande [...]. Tous les Alsaciens doivent travailler à la victoire finale[1]. »

Dès les premiers mois de l'année 1941, le IIIe Reich lança une grande campagne de volontariat pour le *Reichsarbeitsdienst* (RAD, ou Service national du travail), qui concernait les jeunes de 18 à 25 ans et devait favoriser la naissance de cette nouvelle génération nazie. Mais l'opération se solda par un échec cuisant. Pire encore, les Alsaciens prenaient un malin plaisir à tourner en ridicule l'occupation nazie. Des caricatures d'Hitler ou de ses lieutenants s'affichaient dans la presse ou sur les murs. Parfois, les Alsaciens n'eurent même pas à se forcer ; comme à Mulhouse, où la rue du Sauvage devint la Adolf-Hitler *Strasse*... Une nuit, à Bischwiller, Jean, du haut de ses 13 ans et aidé d'un copain, s'aventura sur le toit de la mairie pour y arracher le drapeau à croix gammée. À Rosheim, près de Strasbourg, le jeune Victor Muller écrivit sur la porte de l'église : « À bas Hitler, dehors les nazis. » Devant ces résistances, Robert Wagner décida, le 8 mai 1941, de rendre obligatoire le RAD, comme il

1. Pierre Rigoulot, *La Tragédie des Malgré-nous. Tambov le camp des Français*, Denoël, 1990.

l'était depuis 1935-1936 en Allemagne, aussi bien pour les garçons que pour les filles. Après avoir prêté serment au Führer et défilé pelle sur l'épaule, ces jeunes furent envoyés, pour une durée de cinq à sept mois en moyenne, dans des fermes allemandes, des usines d'armement, des hôpitaux ou des services auxiliaires de la Wehrmacht. Cette mesure concerna près de 70000 jeunes Alsaciens, dont 15000 filles que l'on appela plus tard les Malgré-elles. Bien souvent, à l'issue de leur passage au RAD, de nombreux jeunes étaient incorporés dans la Wehrmacht.

Guillaume n'effectua pas le RAD. En cette fin d'année 1940, avec Julie et l'un de ses amis, Marcel Reff, un chaudronnier de Bischwiller, il décida de fuir vers la France de l'intérieur. Après en avoir longuement discuté avec son père, ce dernier prit contact avec Eugène Prévôt, un autre peintre de Bischwiller qu'il connaissait bien et qui coordonnait un réseau de passeurs permettant à de jeunes gens de la ville de fuir vers la France de l'intérieur, notamment *via* les Vosges. Pendant plusieurs heures, Guillaume, Julie et Marcel s'enfoncèrent dans les épaisses forêts des montagnes vosgiennes, guidés par leurs passeurs. Seuls les bruits des animaux nocturnes déchiraient le silence de cette nuit de tous les dangers. Car tous trois savaient pertinemment qu'en cas de capture, c'était au mieux le camp de Schirmeck qui les attendait, et au pire l'exécution sommaire. Stéphanie leur avait préparé de quoi manger – du pain, de la *Leverwurst*, cette saucisse de foie, et du fromage – et après avoir embrassé une dernière fois son fils, elle l'avait laissé partir, non sans quelques larmes. Après plusieurs heures de marche, les fuyards arrivèrent à la frontière, éclairée par des projecteurs et fermée par des barbelés et des miradors. Comme si l'Alsace avait été mise en cage. Des conversations en allemand remplaçaient le hululement des chouettes et le bruissement des arbres. La liberté se trouvait là, de l'autre côté. Le trio attendit, tapi dans cette nuit sans lune choisie par le réseau car, dans ces forêts de pins, elle leur permettait de demeurer invisibles. Dernières poignées de main avec leurs sauveurs, humanistes anonymes qui rejoignirent les ombres de la forêt, puis Guillaume, Julie et Marcel se retrouvèrent seuls avec leur destin. Et lorsque la patrouille fut relevée, les trois amis s'élancèrent et franchirent la frontière qui séparait l'Alsace de la France.

Grâce à l'amitié nouée un an plus tôt avec Pierre Antonot, ce sergent français hébergé chez les Pfaadt à Bischwiller, le trio se réfugia dans la ferme que celui-ci exploitait avec son épouse, Suzanne, et ses parents à Saint-Gorgon, petit village des Vosges profondes, non loin de Rambervillers. Guillaume, Marcel et Julie se cachèrent ainsi pendant plusieurs mois dans cette vallée de la Mortagne entourée de sapins et isolée du monde. Les Antonot laissèrent leur chambre aux fiancés et s'attachèrent très vite à ces Alsaciens, notamment à Guillaume.

Là-bas, Guillaume et Marcel aidèrent les paysans dans leurs travaux aux champs ou s'occupèrent de la vingtaine de vaches de l'exploitation. Ils passaient leurs journées libres en réflexion sur cette nouvelle guerre qui ne faisait que commencer, tout en restant sur leurs gardes car l'ennemi demeurait tout proche. Souvent, Guillaume et Julie se promenaient le long de la Mortagne, cette rivière qui lui rappelait tant la Moder, et cheminaient jusqu'au pont des Dames, le rendez-vous des amoureux du coin. Julie travaillait dans le café du village, le café Paternotte, dont le fils unique du patron, Paul, avait péri durant la campagne de France quelques mois plus tôt. Le café

Paternotte, qui jouxtait la ferme familiale des Antonot, constituait le rendez-vous incontournable des habitants du village, mais surtout des ouvriers de l'usine de textiles toute proche, appartenant au magnat du textile et éleveur de chevaux de course, Marcel Boussac. On jouait à la belote en payant des tournées de vin et Julie, devenue très amie avec la patronne, ne laissait pas insensible ces centaines d'ouvriers qui venaient dépenser leur salaire. Arriva alors ce qui devait arriver : Julie succomba aux avances d'un jeune contremaître de l'usine et tomba enceinte. Un fils naquit de cette union en mai 1941, scellant les destins de Julie, qui ne devait plus quitter Saint-Gorgon, et de Guillaume. Leurs fiançailles rompues, Guillaume décida alors, bon gré mal gré, accompagné de Marcel, de prendre le chemin du retour vers l'Alsace.

Revenu des Vosges, Guillaume continua à travailler avec son père dans l'entreprise familiale, qui avait intégré une corporation comme le voulait la loi allemande. Nourrir sa famille demeurant une nécessité, l'entreprise Pfaadt acceptait certaines commandes allemandes même si Guillaume père n'approuvait pas le nouveau régime. Fidèle à l'adage du patriarche, il rappelait souvent à ses enfants qu'ils ne pouvaient changer l'histoire et qu'il fallait bien faire avec cette nouvelle situation. D'autant que l'entreprise Pfaadt, comme la plupart des entreprises alsaciennes, traversait des moments difficiles depuis que l'occupant avait décidé de fixer un taux de change de 20 francs pour 1 mark, le double par rapport à celui qui existait avant la guerre. Cette spoliation contribua chez les Pfaadt, comme dans une grande partie de l'opinion alsacienne, à façonner ou renforcer un sentiment de rejet.

Jean gagnait sa vie comme il pouvait, vivant de petites combines pour quelques marks ou de menus larcins.

Lorsque les lapins qu'il élevait dans la cour de la maison familiale et qui finissaient souvent en civets venaient à manquer, il partait à la chasse aux chats errants. Après leur avoir coupé les pattes et les dents, il les faisait passer pour des lapins. Subtil clin d'œil à son père, qui avait, enfant, gagné un peu d'argent à la chasse aux écureuils avec son frère Charles. De toute façon, en ces temps de guerre, les habitants de Bischwiller devenaient de moins en moins regardants quant à la qualité de la nourriture. On ouvrait les dernières conserves de 1935 ou 1936 et on évitait de recourir trop au marché noir – par peur de l'occupant, qui le réprimait sévèrement, mais surtout parce que les prix restaient trop élevés à moins d'avoir quelque chose à vendre ou à échanger, comme de « faux lapins ». On recourait bien souvent au troc. Quelques travaux de peinture contre un poulet. Des œufs contre du tabac; même si Henri n'était plus là pour en donner à son neveu Jean, qui s'était essayé dès ses 10 ans aux cigarettes et aux cigares. L'instauration du rationnement alimentaire dès l'été 1940 avec l'introduction de cartes d'alimentation participa d'une stratégie mûrement réfléchie de contrôle policier d'une région où les repas constituaient de véritables institutions. Ce rationnement concerna tous les produits de première nécessité et s'étendit très vite à d'autres biens, le tabac ou les pneus par exemple. À Bischwiller, l'*Ortsgruppenleiter* Eugen Braun, l'homme du parti, veillait – au propre comme au figuré – au grain, et s'évertuait à faire comprendre à la population qu'il ne fallait surtout pas mordre la main qui vous nourrissait. Des espions mais surtout des espionnes étaient même chargés d'obtenir de la nourriture sans tickets de rationnement pour ensuite dénoncer, en échange de quelques marks, les commerçants qui s'adonnaient à ce marché noir. Ainsi, tandis que Guillaume continuait à faire tourner l'entreprise, Stéphanie patientait dans ces immenses queues devant les magasins de la ville afin de pouvoir préparer les repas du soir. Dans la vallée de Munster, la route du fromage reprit même du service, celle qui permit aux Alsaciens de la Première Guerre mondiale de fuir l'incorporation dans l'armée allemande, mais cette fois-ci en sens inverse, non pas tant pour se réfugier en France que pour rapporter vers Colmar, Strasbourg ou Bischwiller des meules de contrebande !

Les deux fils Pfaadt affichaient tellement de différences qu'on avait peine à croire qu'ils venaient de la même fratrie. Guillaume était grand et longiligne, sorte d'escogriffe penché en avant, quand Jean était petit et rond. Même chose pour les cheveux : bruns pour le premier, blonds et frisés pour le second. Et leurs caractères les dissociaient encore plus. Tandis que l'aîné affichait politesse et sérieux, le cadet avait, dès cette époque, acquis une réputation de petit voyou, ce qui n'était pas forcément un défaut en ces temps agités. Tout cela sous le regard bienveillant de leur mère, qui les couvait de son amour et passait tout à Jean, au grand désarroi de son père, plus sévère, qui craignait que le comportement de son fils nuisît à son entreprise. Et, après des soirées trop arrosées, l'autoritarisme du père se transformait rapidement en violence.

Quelques semaines auparavant, une nouvelle femme avait fait irruption dans la vie de Guillaume : Emma, la sœur de Julie, qu'il avait aimée jusqu'à Saint-Gorgon. De trois ans sa cadette, menue comme sa sœur, blonde elle aussi, elle se différenciait encore plus de sa sœur par son caractère bien trempé – un véritable bâton de dynamite selon ses proches – et par un visage marqué par des traits fins et une magnifique petite ride entre les deux yeux. Elle séduisit tout de suite Guillaume, qui oublia définitivement Julie. Les deux amoureux aimaient ainsi se promener sur les chemins qui couraient le long de la Moder, à pied ou à vélo, Emma s'asseyant sur le guidon et Guillaume la trouvant si légère et se demandant pourquoi il n'était pas tombé amoureux d'elle en premier. La faute peut-être aux hasards du destin, qui avaient fait sortir sa sœur de la maison familiale plus souvent lorsqu'il travaillait chez elle plutôt qu'Emma, qui, plus jeune, aidait leur père à couper les grandes bandes de tissu à l'intérieur de la boutique. Lors d'une halte au bord de l'eau, Guillaume lui apprit à son tour le baiser des fées tout en sachant pertinemment que la sienne se trouvait devant lui.

« Je souffle par-dessus la rivière et si tu attrapes une aigrette, on se marie », avait coutume de dire Guillaume.

Et chaque fois, de ses fines mains blanches comme du lait, Emma saisissait les aigrettes du pissenlit. Quelques jours, quelques semaines plus tard, Guillaume lui offrit ses tableaux représentant les paysages qui avaient immortalisé leur passion.

L'idylle entre Emma et Guillaume s'interrompit avec l'incorporation de force d'Emma dans le RAD, le service du travail obligatoire, en novembre 1941. Pendant plus de quatre mois, vêtue de son uniforme brun, elle servit le IIIe Reich dans des fermes allemandes comme *Arbeitsmaiden*, à la fois femme de ménage, nounou et aide aux travaux de la ferme. Elle devint l'objet de multiples vexations sur ses origines alsaciennes de la part de ses cheffes lorsqu'elle faisait mal son travail ou ne chantait pas assez juste les hymnes nazis. Libérée de son incorporation, elle revint à Bischwiller au début du mois d'avril 1942 et retrouva Guillaume. Et en ce printemps 1942, alors que la ville subissait des bombardements alliés, Guillaume fut, à son tour, contraint de se soumettre aux obligations décidées par l'Allemagne nazie. Tous les jeunes de Bischwiller eurent ainsi l'obligation de se faire recenser. Les 3 et 4 juin 1942, ils furent donc une vingtaine de la classe de Guillaume à se rendre dans les bureaux de la Wehrmacht. Parmi eux se trouvaient ses amis René Wirth et Marcel Reff, mais également Marcel Wiedemann, un peintre qui habitait près de chez lui, Louis Gsell, le boulanger d'Hanhoffen, le photographe Jules Hauter, qui vivait rue des Écoles, ou le sculpteur sur pierre Jules Vayhinger. Dans le même temps, depuis le 2 janvier 1942, l'adhésion à la *Hitlerjugend*, antichambre de la Wehrmacht et de la SS, devenait obligatoire pour les jeunes de 10 à 18 ans. En théorie, Jean, âgé de 14 ans, devait s'y soumettre. Mais malin comme un singe, il fit tout ce qu'il put pour se soustraire à cette obligation, en évitant surtout de rôder autour de l'Hôtel central de Bischwiller, quartier général des séides nazis. En cet été 1942, l'inquiétude gagnait chaque jour un peu plus la famille Pfaadt.

19 octobre 1942

Drôle de mariage que celui que l'on célébrait en cet automne 1942. Celui de la fille de Charles Pfaadt, Louise, et de Karl Günther. Louise avait, depuis la mort de sa mère, en 1939, arrêté ses études d'infirmière pour rester auprès de son père. Mais l'originalité de l'événement ne tenait pas tant à la saison, ni même à l'environnement, celui de la guerre avec ses restrictions et son antisémitisme, qu'à l'identité du nouveau venu dans la famille Pfaadt. Car Karl Günther n'était autre qu'un membre des forces d'occupation de Bischwiller, simple gratte-papier certes, mais tout de même soldat de la Wehrmacht. Les commentaires ont certainement dû aller bon train pour qualifier ce mariage célébré par le pasteur Strauch dans le temple. Même si ce brave soldat, venu de Silésie et envoyé par le Führer dans cette ville de Bischwiller, n'avait jamais tiré un seul coup de feu, si ce n'est sur des cibles en carton, et n'avait succombé qu'à une seule idéologie, celle des passions du cœur, nombreux furent certainement les Bischwillerois à voir dans cet homme l'incarnation de l'ennemi. Stéphanie ne put que ressentir de l'amertume devant le mariage de la fille de Charles, alors que l'angoisse d'une incorporation imminente de Guillaume ne faisait que grandir. Pour l'occasion, la famille Günther – qui devait certainement, comme les Pfaadt mais de l'autre côté de la frontière, trembler pour la vie de son enfant plongé dans cette guerre – était venue de sa Silésie natale partager ce moment de bonheur, trop rare en ces temps troublés.

Comme un symbole, le mariage de Karl et Louise à Bischwiller intervenait le lendemain de l'incorporation de force des premières classes (1922, 1923 et 1924) d'Alsaciens-Mosellans dans la Wehrmacht. Mais ce mariage contraint célébré la veille entre le IIIe Reich et l'Alsace s'apparentait plus à des noces de sang. Et sans le savoir, Guillaume, le cousin de Louise, venait d'entrer dans le labyrinthe du Minotaure. Sans fil d'Ariane.

6

DANS LE LABYRINTHE DU MINOTAURE

18 mai 1943

La guerre à l'Est nécessitait de plus en plus d'hommes. Toujours plus. La folle épopée de l'été 1941 – lorsque la Wehrmacht, menée par ses Erich von Manstein et Heinz Guderian, renversait une Armée rouge –, paraissait bien lointaine. Depuis le terrible hiver qui leur avait fermé les portes de Moscou en décembre 1941, les troupes allemandes avaient essuyé une contre-offensive soviétique avant que le front ne se stabilisât en cette année 1942. Dans le même temps, des unités de la Waffen SS aidées parfois de supplétifs de la Wehrmacht ainsi que de collaborateurs locaux, et connues sous le sinistre nom d'*Einsatzgruppen*, multipliaient massacres et exactions à l'égard des populations juives et slaves – c'étaient les débuts du génocide, la Shoah par balles. Ainsi, à Babi Yar, non loin de Kiev, ces unités avaient procédé fin septembre 1941 à l'exécution de près de 33 000 personnes. À Moguilev, en Biélorussie, plus de 10 000 Juifs regroupés dans un ghetto furent exterminés entre 1941 et 1942.

Durant l'été 1942, Hitler décida de lancer l'opération *Fall Blau* dans le sud de l'URSS, qui devait opposer deux millions d'hommes et trouver son épilogue dans la titanesque bataille de Stalingrad. Il fallait déverser sur le front russe tous les hommes en âge de porter les armes. Le 7 août 1942, Robert Wagner et Joseph Bürckel, gauleiters d'Alsace et de Lorraine, rencontrèrent Adolf Hitler dans son quartier général de Vinnytsia, en Ukraine, pour le convaincre de les autoriser à mobiliser les Alsaciens et les Mosellans dans la Wehrmacht et les Waffen SS. Dans cette ville où la totalité de la population juive, soit près de 28 000 personnes, avait été exterminée, massacre symbolisé par la photo du *Dernier Juif de Vinnytsia*[1], Adolf Hitler, entouré notamment du *Reichsführer SS* Heinrich Himmler, de Wilhelm Keitel, chef d'état-major de la Wehrmacht, et de Joachim von Ribbentrop, ministre des Affaires étrangères, donna son accord à l'incorporation des Alsaciens-Mosellans. En tant que membres du *Volkssturm* allemand, le Reich réclamait leur sacrifice. Après le RAD, l'incorporation de force devait ainsi parachever l'intégration définitive de l'Alsace-Moselle au IIIe Reich. Ce jour-là, le Führer entérina également les mesures de rétorsion à l'encontre des familles de récalcitrants et de déserteurs,

1. Datée de 1941, cette photographie prise par un soldat allemand inconnu est devenue l'une des images de la Shoah par balles.

notamment la déportation à l'intérieur du Reich. Dès lors, le sort des Malgré-nous était scellé.

De retour dans son fief, Robert Wagner ne traîna pas et décida le 25 août 1942 l'incorporation de force des Alsaciens. Son sinistre décret stipulait notamment que « le service militaire obligatoire dans l'armée allemande est introduit en Alsace pour les jeunes gens de race allemande appartenant à des classes qui seront déterminées par une ordonnance spéciale ». L'incorporation de force concerna près de 130000 hommes de 21 classes nés entre 1908 et 1928 (100000 Alsaciens et 30000 Mosellans nés entre 1914 et 1927), incorporés totalement ou partiellement dans la Wehrmacht et les Waffen SS. Près de 40000 d'entre eux environ ne revinrent pas du front. Ceux que l'on appela plus tard les « Malgré-nous », un terme forgé en 1920 par un ancien poilu de 14 dont la famille était originaire de Lorraine, André Bellar, furent projetés en grande majorité sur le front de l'Est mais également en Italie ou en Yougoslavie, pour les plus chanceux. D'abord réticent, le haut commandement de la Wehrmacht s'accommoda très rapidement de cet afflux de nouvelles recrues pour répondre aux gigantesques saignées subies à l'Est. Ainsi, par la voix de son commandant suprême, le maréchal Keitel, il fut recommandé comme en 1916 de les expédier sur le front de l'Est. L'incorporation toucha également des milliers de femmes, les Malgré-elles, obligées de servir dans le *Kriegshilfsdienst* (le service auxiliaire de guerre) dans des secteurs tels que l'industrie et les transports, les services administratifs de la Wehrmacht et la Luftwaffe, notamment dans la défense antiaérienne, la Flak (*Flakartillerie*).

L'incorporation de force acheva de retourner l'opinion publique alsacienne. Pour de nombreux jeunes hommes, servir dans la Wehrmacht était inconcevable. Les réseaux de passeurs redoublèrent d'efforts pour exfiltrer vers la France de l'intérieur de nombreux réfractaires. En trois mois, ils furent ainsi près de 12000 à s'enfuir. Parmi tous ceux qui refusèrent d'endosser l'uniforme de la Wehrmacht figuraient plusieurs Bischwillerois, dont le joueur de football Oscar Heisserer – lui qui avait alimenté les conversations de Paul Weiss et Henri Pfaadt dans le bureau de tabac de ce dernier en 1934. Après avoir joué la Coupe du monde 1938 avec l'équipe de France, il avait en effet, comme de nombreux autres Alsaciens, pris le chemin de l'exil.

Les classes 1922, 1923 et 1924 furent les premières à être incorporées en octobre 1942. À Bischwiller, la terreur se répandit et les familles priaient pour leurs fils. Pour juguler les désaffections, le IIIe Reich utilisa d'abord la méthode douce en mobilisant ceux qui avaient servi dans l'armée allemande pendant la Première Guerre mondiale, afin de convaincre les jeunes de s'engager. Mais l'opération tourna court et l'occupant passa rapidement à la menace. Ainsi dans le journal *Strassburger Neueste Nachrichten,* Wagner prévint clairement : les parents demeuraient en toutes circonstances responsables de leurs enfants. Si ces derniers venaient à déserter, ils devraient en payer le prix. Le choix de désertion devenait alors un sacrifice familial. Et à ceux qui manifestaient trop ostensiblement leur attachement à la France ou qui tentaient de s'échapper, le gauleiter réserva un sort bien plus cruel : le Struthof, où de nombreux réfractaires furent exécutés – comme ces 13 jeunes du village de Ballersdorf, dans le Haut-Rhin, qui tentèrent de fuir en Suisse avant d'être arrêtés à la frontière et assassinés, le 17 février 1943.

Pour les Pfaadt, le couperet tomba le 15 janvier 1943 lorsque les classes 1920, celle de Guillaume mais également de ses amis René Wirth et Marcel Reff et de tous ceux qui s'étaient fait recenser début juin 1942, et 1921 furent appelées à endosser l'uniforme vert-de-gris de la Wehrmacht. Une semaine plus tôt, Guillaume avait assisté au mariage de René, devenu employé de bureau, avec Liselotte Heil, Lotti, une Allemande à la chevelure noire et aux yeux innocents vivant à Bischwiller depuis son enfance. Guillaume dansa certainement avec Lotti sous les applaudissements de son ami. Derniers moments de bonheur…

Guillaume considéra un instant sa bière. Autour de lui, dans un brouillard de fumée de cigarettes, les conversations allaient bon train, nimbant la brasserie d'un brouhaha agréable. La vie ne s'était pas éteinte avec les nazis. Elle était simplement plus contrôlée. Au fond, dans l'alcôve matérialisée par de fines colonnes et de petits murets en brique, des hommes jouaient aux cartes. Il reconnut l'un d'eux : Hirtler, l'herboriste, dont le crâne quasiment chauve luisait de sueur. Son regard se fixa alors sur la couronne de fleurs de lys rouge et or peinte sur le mur au-dessus d'eux avec la mention « Rinckenberger frères » écrite en dessous. Instinctivement, comme un réflexe pavlovien, Guillaume plongea ses lèvres dans le verre avant que le col de sa bière ne diminuât trop. Une bonne bière fraîche lui faisait du bien. Surtout celle des Rinckenberger. Leur breuvage était connu bien au-delà des frontières de la ville. Parmi la douzaine de brasseries que comptait Bischwiller au début du siècle, et qui nimbait la ville d'une subtile odeur de houblon que décrivit plus tard le poète Claude Vigée, celle des Rinckenberger était une institution. Il n'était pas rare que des habitants comme les Pfaadt cultivassent sur leur petit lopin de terre en dehors du centre-ville quelques perches de houblon pour les revendre aux Rinckenberger. Mais ces derniers étaient également reconnus pour leur maîtrise du ballon rond. Véritables brasseurs-footballeurs, les Rinckenberger étaient aussi adroits devant leurs cuves de malt que dans une surface de réparation. Paul Rinckenberger avait, avant 1914, joué au Bayern Munich alors qu'il faisait ses études brassicoles. Au même moment, son frère Jules, lui aussi footballeur, était allé apprendre son métier aux États-Unis avant de revenir en Europe dans les rangs de l'armée canadienne. Mais l'empereur de la bière Rinckenberger, c'était Robert, qui avait repris en 1919 avec son frère l'entreprise familiale, qui produisait environ 12 000 litres de bière à cette époque. « Rinckes », comme on l'appelait – surnom honorant la tradition des Alsaciens de donner des diminutifs en *es* à tout le monde –, était également le capitaine emblématique des bleus et blancs du FCB conduisant le club au sacre alsacien en 1925 et rejoignant l'équipe de France B. La Couronne était devenue durant l'entre-deux-guerres non seulement le quartier général des supporters du club, où les flots de bière servaient autant à fêter les victoires qu'à noyer les défaites, mais également un lieu emblématique de rencontres et de discussions.

La porte de La Couronne s'ouvrit, laissant apparaître un grand gaillard un peu voûté, une sorte de grande carcasse au visage triangulaire presque trop grand par rapport à son corps. Une grande bouche qui semblait rire, même au repos, et des cheveux bruns aplatis sur son crâne et divisés par une raie au milieu complétaient l'ensemble. Rodolphe Haenel, le fils de la directrice du diaconat, venait d'entrer. D'un geste bref de la tête, il salua Rinckes, qui lui retourna la politesse, tout en continuant à tirer sa bière. Avant même que Guillaume ne relève la tête de son précieux breuvage, Rodolphe était déjà en face de lui.

« Eh bien, tu en fais une tête ! lança le nouveau venu. On dirait que tu as vu le père Adolf.

– Arrête, ce n'est pas drôle, répondit Guillaume d'un air maussade sans regarder son ami.

– Vaut mieux en rire. C'est assez sinistre comme cela. T'as eu ton ordre d'incorporation ?

– Ouais. Avec un peu de chance, on va m'envoyer en Italie. Ou pire en Yougoslavie. Quoique, avec ces partisans, ce n'est pas la joie. »

Guillaume sortit un papier plié en quatre de la poche intérieure de sa veste, le montra au nouveau venu avant de le remettre dans sa poche. Guillaume était de la classe 1920, Rodolphe de celle de 1921, mobilisées en même temps.

« C'est pour quand ? poursuivit Rodolphe.

– Le 23 mai.

– Tu n'as qu'à ne pas y aller. »

Instinctivement, Guillaume leva les yeux de sa bière et fixa ceux de Rodolphe, qui brillaient d'une lueur de défi.

« Mais t'es dingue.

– Pourquoi ? On est français, pas allemands, merde ! » lança Rodolphe.

Certains aux tables voisines relevèrent la tête, notamment Hirtler, qui tenait quelques cartes en main, et regardèrent les deux hommes. Même Rinckes arrêta un instant de servir ses clients pour jeter un coup d'œil au trublion.

« Parle moins fort, Rodolphe. Tu sais ce qu'ils font aux déserteurs. Et à leurs familles. *"Sippenhaft"* », dit Guillaume en faisant allusion aux mesures de rétorsion à l'encontre des familles des jeunes hommes se soustrayant à l'incorporation, ce mot sonnait dans sa bouche comme une torture médiévale. « Je ne veux pas que ma famille soit déportée. Non. Je ne peux pas leur faire cela.

– En tout cas, moi, je ne servirai pas les boches. Tu me vois combattre avec les SS. Ah non, jamais ! »

Rodolphe sortit son ordre d'incorporation et le déchira.

« Arrête, Rodolphe, t'es fou ou quoi ?!

– Pourquoi ? Parce que je ne veux pas aller crever en Russie ? Non. De toute façon, ces cons de Schleus ont perdu la guerre. Tout le monde le dit. Y a que ce trou du cul d'Hitler qui ne le croit pas. »

De timides regards à la fois apeurés et suspicieux continuaient à dévisager Rodolphe Haenel, qui était connu pour son franc-parler et ses « petites affaires », surtout depuis qu'il avait prononcé le nom du Führer. Même si, en ces temps de guerre, tout le monde avait ses « petites affaires ». Mais au moins lui ne commerçait jamais avec l'occupant, avec l'Allemand, le nazi. Guillaume se sentit obligé de changer de sujet.

« Et comment va ta sœur Adèle ? On dit qu'elle va se marier.

– Ouais, avec cet Italien. Tu sais, le photographe… »

À cet instant, la porte du restaurant s'ouvrit, laissant apparaître deux soldats allemands qui plongèrent dans la fumée qui nimbait le lieu. Les deux hommes, un jeune plutôt grand qui portait des lunettes, et un plus âgé, petit et râblé, s'approchèrent du comptoir. Un chevron sur la manche de l'uniforme du plus jeune indiquait qu'il était caporal. L'autre était un simple militaire du rang. Le gradé s'adressa à Rodolphe.

« Eh, toi! Tu sais où se trouve Rudolf Haenel? » demanda-t-il dans un allemand rocailleux. Guillaume remarqua son léger strabisme, qui, certainement, lui avait évité le front russe. « Bientôt tu y auras droit toi aussi », pensa-t-il.

« Rudolf ou Rodolphe Haenel? répondit l'intéressé avec une pointe d'ironie dans la voix, comme il avait l'habitude de le faire, tout en conservant un incroyable sang-froid.

– Fais pas le con avec nous, hein? D'ailleurs, faites voir vos papiers. »

Guillaume sortit les siens et les tendit à l'autre soldat, le vieux, qui affichait un visage adipeux suintant la bêtise. En voyant sa prochaine affectation, le 480e régiment de grenadiers d'Ulm, ce dernier lui tapota le dos d'un geste amical qui voulait dire « Bienvenue chez nous » et qui donna la nausée à Guillaume.

« Alors? insista le jeune en tendant la main comme une injonction.

– Écoutez, je ne voudrais pas vous retarder, messieurs, mais si vous cherchez Rodolphe ou Rudolf Haenel, il vient juste de sortir par là », fit Rodolphe en désignant la porte d'entrée du restaurant.

Le jeune foudroya du regard son collègue et, lui adressant un geste vif de la tête qui signifiait le départ, ils se précipitèrent dehors. Paniqué, Guillaume dévisagea Rodolphe, encore sous le coup de l'incroyable audace de son ami. Celui-ci lui répondit par un clin d'œil.

« Je te l'ai dit, Guillaume. Ils ne m'auront jamais », conclut-il avant de prendre la direction des cuisines et de s'éclipser.

Guillaume ne revit jamais Rodolphe Haenel. Ayant fui l'Alsace grâce au réseau de passeurs qui avait permis à Guillaume et à Marcel de se réfugier un temps à Saint-Gorgon et à des Polonais de quitter l'Alsace, Rodolphe Haenel rejoignit la Résistance à Lyon puis les FFI (Forces françaises de l'intérieur). Un avis de recherche de la police allemande fut même émis contre lui le 2 juillet 1943. Mais à cette date, Rodolphe avait filé depuis longtemps. Devenu agriculteur, il se maria et consacra sa vie à la production de la fameuse tomate de Marmande dans le Lot-et-Garonne. Il s'éteignit à 88 ans, laissant derrière lui enfants, petits-enfants et deux sœurs, dont la fameuse Adèle, ma grand-mère, qui a dépassé les 100 ans.

Après le départ de Rodolphe, Guillaume finit sa bière et sortit de La Couronne. L'air était encore frais en ce mois de mai. Il releva le col de sa veste et se mit en route. Sur son chemin, il jeta un coup d'œil à la plaque qui ornait le mur du bureau de tabac de son oncle, devenu le siège de l'administration allemande. La rue des Pharmaciens était devenue la Joseph-Goebbels *Strasse*. La maison de l'un des Bischwillerois les plus francophiles avait laissé la place à l'épicentre du pouvoir nazi frappé du sceau de l'infâme tribun. À l'intérieur, on n'y feuilletait plus comme dans sa jeunesse *L'Illustration* mais on s'abreuvait plutôt de la propagande du *Völkischer Beobachter*. Alors qu'il remontait la rue en direction de la maison familiale, Guillaume était partagé. Son père avait sans enthousiasme et sans idéologie servi l'armée allemande auparavant. Il n'avait pas déserté et était revenu vivant. Car après tout, qu'est-ce qui devait prévaloir ? La vie assurément. Mais Hitler n'était pas le Kaiser. Et servir ce régime le dégoûtait en même temps que ça le terrifiait. Son père avait toujours été son modèle. Il l'écoutait, le respectait, l'admirait. « Faire son travail avant tout. On verra après », lui répétait-il, comme le lui avait répété le père de son père, Papapa. Il était devenu peintre comme lui et un jour, il le lui avait dit, l'entreprise serait à lui. Mais là, c'était autre chose. Il ne pouvait pas juste « bien faire son travail et après on verra ». Car quel travail l'attendait? Celui de la mort? de l'assassinat? du massacre?

Vint alors l'incorporation. Pour Guillaume, mais aussi pour René et Marcel. Quelles paroles échangèrent les trois amis lors de leur dernière rencontre? On imagine des situations romantiques, épiques, entrecoupées d'yeux embués de larmes, d'embrassades et de « Prends soin de toi ». Mais ignorant le sort qui les attendait, ils ont certainement pensé se revoir le lendemain, la semaine suivante. Ils ont certainement dû se quitter sur un « À bientôt » sans emphase en se serrant la main virilement, comme ils l'ont toujours fait, machinalement. Et puis, chacun est parti de son côté sans se retourner, ne doutant pas une seconde qu'ils se reverraient très vite. Comme le font les jeunes gens normaux, dans une vie normale, avec une banalité rassurante.

À quoi ressembla la dernière nuit d'amour de Guillaume et d'Emma dans la fraîcheur de ce mois de mai 1943, dans l'intimité de ces corps qui se frôlaient, se touchaient et s'enlaçaient une dernière fois? Au détour d'un dernier baiser, d'une dernière caresse dans la chevelure blonde d'Emma ou sur le corps nu de sa bien-aimée, Guillaume sécha-t-il les larmes de cette dernière en lui promettant de revenir sain et sauf et en lui disant que la première chose qu'il ferait à son retour serait de l'épouser? Lors d'une ultime étreinte, traça-t-il les lignes de leur vie future, celle qui verrait leurs enfants courir dans la maison familiale des Pfaadt, celle où il emmènerait ces derniers au bord du Ried pour leur montrer ses oiseaux en compagnie de son propre père qui les aimait tant, celle où il déposerait sur leurs joues tannées par le soleil d'août le baiser des fées et leur apprendrait à dessiner et à peindre, celle qui verrait un nouveau Guillaume reprendre après son père et lui l'entreprise familiale ? Peut-être…

À cet instant, résonnaient peut-être dans son cœur ces vers du « *Wilkommen und Abschied* » (« Bienvenue et adieu ») de Goethe, composés pour Frédérique Brion alors que le poète traversait l'Alsace :

Las, dès le soleil du matin,
Les adieux m'étreignaient le cœur :
Quelle extase dans tes baisers !
Et dans ton regard, quelle douleur !
Je suis parti, tu es restée, les yeux baissés
Et tu m'as suivi, les yeux baignés de larmes,
Quel bonheur, pourtant, d'être aimé !
Et d'aimer, ô dieux, quel bonheur[1] *!*

Guillaume ignorait à cet instant que sa promise allait elle aussi être incorporée. Car Emma fit partie de ces 15 000 femmes, ces Malgré-elles, dont le sort ne fut reconnu qu'en 2008, incorporées dans des formations paramilitaires de l'armée allemande, et servit dans la défense antiaérienne allemande (Flak).

1. Traduit de l'allemand par Jean-Pierre Lefebvre, *Anthologie bilingue de la poésie allemande*, Gallimard, « Bibliothèque de la Pléiade », 1993.

Se battre sous l'uniforme ennemi n'était pas une tradition chez les Pfaadt mais bel et bien une fatalité. *Nomen est omen.* « Le nom est présage », selon le vieil adage latin. Après Henri, Charles, Eugène et Guillaume, voilà que l'histoire se répétait avec les cousins, Guillaume, Marcel et René. Mais ce qui changeait par rapport au premier conflit mondial, c'était que désormais on se battait sous un uniforme qu'on n'avait pas choisi, même à contrecœur, et pour une cause qui n'était pas la nôtre, loin de là. Lors du mariage de son frère Guillaume, en 1912, Henri avait rappelé que « celui qui ne choisit pas son destin est condamné à le subir ». Ses frères avaient souri, mettant cela sur la francophilie de leur frère. Ils ne se doutaient pas que, trente ans plus tard, il aurait terriblement raison. Car alors que Guillaume rejoignait la Wehrmacht, son cousin Marcel, mobilisé dans l'armée française et fait prisonnier le 21 juin 1940 à la Charité-sur-Loire, puis relâché à la suite des dispositions de l'armistice, était revenu à Bischwiller. Expulsé avec ses parents en octobre 1940 vers Chomérac, dans l'Ardèche, il passa une grande partie de la Seconde Guerre mondiale dans les rangs de l'armée de l'air française, étant notamment mis à la disposition du secrétaire général de la défense aérienne. Ayant rejoint la 1re armée du général de Lattre de Tassigny fin 1944, il se battit en Allemagne avant d'être démobilisé à Berlin en 1946. Quant à son frère René, il s'engagea lui aussi dans l'armée de l'air française, mais en Algérie, et rejoignit la France libre avant d'être lui aussi démobilisé en 1946.

Sur le quai de la gare de Haguenau, la grande ville à quelques kilomètres de Bischwiller, une foule immense attendait ses enfants. Des mains se touchaient, s'effleuraient. On entendait les derniers rires mais surtout des pleurs ininterrompus. Parmi l'assistance, Stéphanie, Guillaume et Jean saluèrent une dernière fois Guillaume. Stéphanie, les larmes aux yeux, serra à s'en rompre la cage thoracique Guillaume, comme si elle ne devait plus jamais le revoir. Son père dérogea à la sacro-sainte poignée de main, pour embrasser son fils, ce fils qui lui rendait presque une demi-tête. « Sois prudent. Fais attention aux Russes », lui lança-t-il. Guillaume opina du chef avant de se tourner vers son frère Jean. « Prends soin de maman », lui glissa-t-il lors d'une dernière accolade que les deux frères, jusqu'à leur dernier souffle, ne devaient jamais oublier. Jean refoula ses larmes adolescentes, il ne voulait pas pleurer. Il voulait montrer à son frère qu'il serait fort. L'intrépide adolescent était, à cet instant, redevenu un enfant. Très vite, la foule des incorporés happa Guillaume, qui s'engouffra dans le train de nuit qui partait non pas vers Ulm mais, comme ils allaient tous très vite s'en rendre compte, vers l'inconnu. À travers les vitres et les visages agglutinés des autres soldats, Guillaume chercha du regard une dernière fois les siens comme pour imprimer une image ultime et indélébile dans sa mémoire. Et lorsque le train se mit en mouvement, Guillaume saisit, durant une fraction de seconde, l'étreinte fugace de ses parents. Il ne les avait jamais vus ainsi. On ne faisait pas ça chez nous. Guillaume mesura, à cet instant, l'importance de ce moment. Son père brandit alors son chapeau en guise d'encouragement, aussitôt imité par d'autres hommes présents sur le quai. Progressivement retentit dans l'air une incroyable « Marseillaise », très vite reprise en chœur; chant patriotique lancé à la face de l'occupant, hymne laïc devenu soudain l'armure de cette jeunesse sacrifiée, sous les regards impassibles de soldats allemands occupés à compter les hommes qui montaient dans le train.

Guillaume effectua ses classes à Ulm, dans le Bade-Wurtemberg. Cantonné dans l'abbaye bénédictine de Wiblingen transformée en caserne, il visita certainement son exceptionnelle bibliothèque rococo du XVIIIe siècle, croisa le regard des statues blanches et or, et admira les fresques de Franz Martin Kuen qui rappelaient celles du grand Giambattista Tiepolo. Nul doute qu'il recopia sur son petit carnet tel ou tel ange, ou ce magnifique lion terriblement humain aux pieds de saint Jérôme. Pendant près de trois mois, sous le regard vigilant d'un *Ausbilder*[1], il apprit à tirer, à manipuler une grenade, à démonter et à remonter son fusil les yeux fermés, à se cacher dans un trou aux cris de « Couché ! Debout ! À terre ! Debout ! », à faire face à une attaque de chars, et il effectua des marches de plusieurs dizaines de kilomètres. Bref, on lui inculqua comment être un bon petit soldat allemand. Durant ces moments sur le pas de tir ou dans les dortoirs, il rencontra ceux qui devinrent ses futurs compagnons d'armes, ceux avec qui, quelques semaines ou quelques mois plus tard, il allait affronter les offensives russes, les orgues de Staline, le froid, la faim, la peur, la mort. Chez certains, il remarqua déjà les premiers signes de méfiance, ceux-là qui ne voyaient dans les Alsaciens que des traîtres en puissance, des hommes qui n'avaient jamais vraiment été allemands et qui ne pensaient qu'à une seule chose : trahir le Führer. Lorsqu'une malencontreuse tâche était découverte sur leurs uniformes, que leurs ceinturons frappés du fameux « *Gott mit uns* » (« Dieu est avec nous »)

1. Un instructeur.

n'étaient pas suffisamment polis ou qu'une trace de poussière apparaissait sur une armoire, l'instructeur prenait un malin plaisir à infliger aux soldats alsaciens des punitions comme le parcours du combattant (ramper dans la boue avec ordre de revenir avec son uniforme flambant neuf une heure plus tard) ou la fâcheuse tâche d'astiquer les bottes d'un sous-officier, dont on espérait secrètement qu'il se fasse sauter la cervelle dès son premier jour sur le front. Guillaume, après son père et ses oncles, fit ainsi l'expérience de la discipline militaire prussienne. Lors de ses rares moments libres, le futur soldat de la Wehrmacht visita Ulm, cette ville qui avait vu naître le Juif honni Albert Einstein, et accompagna les premiers pas de Hans et Sophie Scholl, figures de proue du réseau de résistance au nazisme la Rose blanche. Dans les tavernes de la ville, autour d'une bière, il chanta avec ses futurs frères d'armes et rit. Encore.

Les classes s'achevaient avec la prestation de serment. Dans la cour de la caserne d'Ulm, Guillaume, raide dans son uniforme sans pli, casque vissé sur la tête sur lequel tapait un soleil d'été, récita en chœur : « Je jure devant Dieu obéissance inconditionnelle à Adolf Hitler, Guide du Reich et du peuple allemands, commandant en chef des forces armées, et que je serai toujours prêt, comme un brave soldat, à donner ma vie pour respecter ce serment. » Nul doute qu'il dut prononcer ce serment du bout des lèvres, en marmonnant comme tant d'autres, et qu'il effectua le salut hitlérien en levant à peine le bras.

Passé ses classes, Guillaume fut affecté au 480e régiment de grenadiers de la 260e division d'infanterie et embarqua avec d'autres soldats dans un train composé de wagons à bestiaux en partance pour le front russe. Les banquettes du train de Haguenau semblaient bien loin.

De la paille en guise de couchage et ouvrir la porte du wagon pour soulager un besoin naturel, les conditions de voyage étaient plus que spartiates. Guillaume traversa ainsi l'Europe entière, filant toujours plus loin vers l'est, tel un voyage à travers le temps et l'histoire. Les gares se succédaient : Nuremberg, où son cauchemar et celui de l'Europe avaient commencé en 1935, Prague, que cette même Europe avait abandonné en 1938. Wroclaw, Lodz et Varsovie, où le train s'arrêta non loin des ruines encore fumantes du ghetto rétif comme pour se rendre compte que le monde, ici, avait définitivement basculé et ne serait plus jamais le même. Puis le convoi militaire reprit sa route. Il entra en Biélorussie à Brest-Litovsk, où les communistes avaient mis fin à leur Première Guerre mondiale avec l'Allemagne en 1918, celle-là même où s'était illustré son père, puis traversa Minsk et arriva enfin à Smolensk. Drôle de voyage, d'Ulm à Smolensk, où Guillaume inscrivit sans le savoir ses pas dans ceux de l'empereur Napoléon, de sa victoire sur le général Mack en 1805 à celle de Smolensk lors de l'invasion de la Russie en 1812. Tout au long du trajet, les soldats évoquaient cette URSS fantasmée, redoutée, avec son ennemi omniprésent – dans la population, dans les villages, tapi dans la forêt, regorgeant de ces partisans qui harcelaient les troupes de la Wehrmacht et à l'égard desquels il ne fallait manifester aucune pitié, car eux n'en auraient aucune pour vous. Ils évoquaient aussi le Führer, dont il fallait absolument, les armes à la main, promouvoir la vision eschatologique du monde face au péril judéo-bolchevique qui voulait abattre l'Allemagne et l'Europe. « Comment se tirer d'une armée qui n'est pas la mienne, sans me faire pincer, sans provoquer des représailles envers ma mère et ma famille [...] Mais aussi me venait la recommandation de notre voisin de rue, ancien combattant de 1914 : surtout ne pas être fait prisonnier par les Russes ! Certains de ses camarades de guerre en avaient fait l'amère expérience. Que faire alors[1] ? » Durant ce voyage, ces questions assaillirent Guillaume comme elles le firent pour Jean-Pierre Pavie, séminariste de Guebwiller, envoyé dans le même secteur que lui sur ce front de l'Est qui s'étendait sur plus de 2000 kilomètres.

L'immensité russe semblait ne jamais finir. Le train multiplia les haltes dans des bâtiments confisqués et sous bonne garde, pour y passer des nuits de moins en moins sereines au fur et à mesure que se rapprochait le baptême du feu. Cette peur grandissante, annonciatrice de la tragédie à venir, inspira bien plus tard au poète alsacien Claude Vigée, dans son poème « Les Orties noires », les vers suivants :

Au bout de quel pays vous êtes-vous perdus ?
De quel train de minuit êtes-vous descendus ?
Le quai de Nulle-Part fut votre terminus[2].

Le train s'arrêta. Un crépuscule dispensait ses reflets mordorés sur l'horizon. Les portes s'ouvrirent dans un crissement métallique et vinrent taper contre le wagon. Les voix des sous-officiers leur intimant l'ordre de quitter le train demeuraient calmes. Au loin, l'aboiement d'un chien résonna. Il ne semblait pas agressif. Guillaume tendit l'oreille. Pas de bruits de la guerre. Elle était comme absente, et pourtant elle résonnait de toute sa fureur

1. Témoignage écrit de Jean-Pierre Pavie, *J'y ai été… bien malgré moi. Souvenirs de 1940 à 1945*.
2. Claude Vigée, *Les Orties noires : Schwàrzi Sengessle, un requiem alsacien*, Oberlin, 2000.

à quelques kilomètres de là. Avec les autres recrues, Guillaume descendit alors du train, paquetage sur le dos et peur au ventre. Dans l'obscurité naissante, au loin, se fondant dans le paysage comme un caméléon, le Minotaure se tenait là. Affamé. Il observait Guillaume, excité par cette peur.

7

LE JOUR QUI CHANGEA MON DESTIN

27 août 1943

« Il avait déjà rencontré et dépassé des convois et des troupes. En approchant de Smolensk, il entendit les coups de feu éloignés mais n'y prêta que peu d'attention. Ce qui le frappa bien davantage, ce fut de voir un magnifique champ d'avoine où des soldats bivouaquaient[1]. » Tels auraient pu être les mots de Guillaume en arrivant à Smolensk. Guillaume avait-il lu *Guerre et paix*, ce chef-d'œuvre de la littérature russe qui se trouvait à la bibliothèque de Bischwiller, située à l'époque au premier

1. Léon Tolstoï, *La Guerre et la Paix*, traduction Henri Mongault, Gallimard, « Bibliothèque de la Pléiade », 1952.

étage de la mairie ? Probablement pas. Mais s'il l'avait fait, jamais il n'aurait imaginé, même dans ses rêves les plus fous, qu'un jour il participerait à cette nouvelle bérézina de la version contemporaine de la campagne de Russie.

L'histoire était décidément têtue. Près de vingt-six ans après son père, Guillaume, lui aussi revêtu de l'uniforme allemand, se retrouvait à combattre en Russie. Entre-temps, le IIIe Reich avait supplanté le deuxième et un nouveau tsar, rouge celui-là, gouvernait une Russie débarrassée de ses oripeaux sacrés pour devenir l'URSS.

Smolensk, cette ville de près de 157 000 habitants avant le début de la guerre, avait vu, après Napoléon, Adolf Hitler fondre sur elle à l'été 1941 et balayer près d'un demi-million de combattants soviétiques. Smolensk, dont le sacrifice avait peut-être sauvé Moscou, dans cette bataille homérique où les plus anciens de la 260e division d'infanterie à laquelle appartenait Guillaume et placée sous le commandement du général Walther Hahm racontaient qu'ils avaient presque pu toucher les bulbes de la cathédrale Saint-Basile-le-Bienheureux. Avec le petit carnet glissé dans une poche de sa vareuse et un crayon, Guillaume arpentait, lorsque le temps le lui permettait, les rues de la ville et dessinait la forteresse, la cathédrale de l'Assomption, qui dominait fièrement la ville, ou le Dniepr. Majestueux et titanesque, le Dniepr appartenait indiscutablement à la race de ces grands fleuves sauvages russes, ce même fleuve que le père et le fils Pfaadt avaient mis vingt-six ans à descendre dans la barque de l'histoire.

Soldat au 480e régiment de grenadiers dans cette infanterie motorisée de la 260e division d'infanterie, une des quelque 200 divisions engagées sur le front russe en cette année 1943, Guillaume se retrouvait sur une ligne de front qui allait de Smolensk à l'est de la Biélorussie, à une centaine de kilomètres plus au sud. Il fut affecté à l'est de Moguilev, entre Tchavoussy et Krasnapole, dans une compagnie commandée par le lieutenant Hans Reger, un étudiant en sylviculture de 25 ans originaire de Bavière, un amoureux des arbres qu'il allait, dans ces forêts, devoir tailler en pièces. Et c'était à lui, Guillaume Pfaadt, le peintre devenu grenadier, que revenait d'orchestrer ce massacre arboricole. Reger avait été propulsé à la tête de la compagnie un mois plus tôt en remplacement du lieutenant, comment s'appelait-il d'ailleurs ? Guillaume avait déjà oublié son nom – ici les hommes mouraient tellement vite que l'on n'avait pas le temps de retenir leur nom –, un nom d'opéra ou quelque chose comme cela. Siegfried. Oui, c'est cela. Lieutenant Siegfried. Et le prénom ? Il ne l'a jamais su.

Dans le 480e, Guillaume rejoignit ainsi ces hommes mobilisés dans la Wehrmacht et chargés de défendre jusqu'à la mort la vision de leurs chefs. Des hommes de Berlin ou de Basse-Saxe côtoyaient ceux de la Ruhr ou de Hambourg. Des hommes pour qui Hitler n'était qu'un fanatique et d'autres qui voyaient en lui le restaurateur de l'honneur de l'Allemagne. Des fous furieux de la gâchette, lobotomisés par le discours nazi, croyant encore à la victoire du IIIe Reich et bien décidés à faire payer les Slaves et les Juifs, et des pères de famille qui n'aspiraient qu'à passer ce mauvais moment avant de revenir chez eux cultiver leurs terres ou retrouver leurs salles d'école. Des hommes qui ne savaient pas où se trouvait Moscou sur une carte et d'autres qui ne rêvaient que du Reich de mille ans. Des Alsaciens incorporés de force comme lui, et des Hongrois, des Italiens ou des Roumains que leurs gouvernements avaient jetés dans ces plaines enneigées. Le soir autour du feu, un café chaud entre leurs mains engourdies, tandis que brillait dans le ciel une multitude d'étoiles, Guillaume écoutait ces soldats relater les exploits d'une Wehrmacht bousculant tout sur son passage en 1941 ou faisant, en mai 1942, près de 200000 prisonniers à Kharkov sous les ordres d'un général Paulus et d'une VIe armée maintenant sur le point de capituler à Stalingrad. Il ne se reconnaissait pas dans cette hystérie collective tempérée par une amertume grandissante. D'autres ne parlaient pas, regardaient dans le vide avec des yeux qu'aucune flamme ne faisait plus briller. Et puis, les tournées de schnaps ou de vodka aidant, les langues se déliaient progressivement, et Guillaume entendait alors ces histoires auxquelles il ne voulait pas croire et qui pourtant demeuraient terriblement véridiques. Certains soldats racontaient qu'ils avaient dû prêter main-forte à des « opérations de maintien de l'ordre », comme ils les appelaient, mais dont tout le monde connaissait les véritables noms : massacre de Juifs, élimination de prisonniers soviétiques, *Kommissarbefehl* pour exécution immédiate de tout commissaire politique soviétique capturé. Ces hommes confessaient alors qu'ils avaient aidé tel *Einsatzkommando* à exécuter ces quelques Juifs, puis à les enterrer à la hâte avant de rejoindre leurs régiments, ou à déterrer les corps de Juifs dans des villages proches de Moguilev pour les brûler et ainsi effacer les traces macabres de leurs prédécesseurs. D'autres alors, le visage éclairé par des flammes où peur et violence dessinaient le masque de l'inhumanité, poursuivaient ce récit lugubre en parlant de ce village, de ces maisons incendiées au lance-flammes sous les hurlements de leurs occupants, ou de ces prisonniers exécutés sommairement dans les forêts voisines. Il y en avait toujours un qui, par idéologie ou lancé dans une course intellectuelle contre la mort, laissait filer un « Ils l'ont bien mérité », mais il était vite marginalisé par les voix des autres, résignés, qui objectaient des « C'est la guerre » ou « Ce sont les ordres », ou se réfugiaient tout simplement dans un silence qui valait toutes les culpabilités. Durant ces moments où il devait résister de toute son âme pour ne pas, même intellectuellement, face aux horreurs de la guerre et à cette haine de l'ennemi partagé par tous, fraterniser avec le crime, Guillaume repensa certainement à ces Juifs de Bischwiller qu'il voyait tous les jours, au magasin Kammerling, où il achetait, enfant, cette limonade au goût acidulé, aux Uhry, chez qui sa mère se procurait des filets pour les cheveux. Que cette époque paraissait lointaine à présent ! Il ne savait pas d'ailleurs où se trouvaient ces gens.

Pourtant, mis à part ces quelques salopards qui le faisaient vomir, Guillaume éprouvait malgré tout dans cette fraternité qui liait les hommes entre eux dans la guerre et face à l'imminence de la mort une empathie pour la majeure partie de ses compagnons de régiment avec lesquels il partageait les rations infectes, le blizzard mais aussi cette mort que déversaient les orgues de Staline et l'espoir de survivre au lendemain. Il observait sans juger la stratégie de chacun pour survivre à cette guerre où il n'y avait plus de hiérarchie entre le fanatique et le tire-au-flanc, entre celui qui ne disait rien, celui qui courtisait le gradé pour qu'il lui évitât une garde, le simulateur de maladies et le résigné. Et puis peut-être que les jours suivants, les semaines suivantes, ces propos qui devenaient de plus en plus acceptables moralement, soit par répétition, soit confrontés à la réalité du front, soit pour ne pas être exclu du groupe où la banalisation de la mort et la déshumanisation de « ces bêtes sauvages » se répandaient lentement comme un poison insidieux dans l'esprit de chacun, prenaient possession de celui, vaincu, de Guillaume. Peut-être, à cet instant, fut-il saisi d'un sursaut moral et décida-t-il d'user de la seule arme qui lui restait pour demeurer un être humain : la désertion.

Ici, sur le terrain, Guillaume était une recrue comme une autre. Les Alsaciens ne subissaient aucune brimade et n'étaient pas stigmatisés. Mais en haut lieu, comme pour son père en 1916, l'état-major prenait bien soin de ne pas concentrer trop d'Alsaciens dans les régiments de la Wehrmacht. Pas plus de 5 % dans les unités combattantes, prescrivait l'*Oberkommando der Wehrmacht*, le commandement suprême de l'armée allemande. On ne voulait prendre aucun risque avec ces éléments jugés peu fiables. Et bien entendu, il fallait les éloigner autant que possible de leur chère région, si bien que 90 % des incorporés de force se retrouvèrent sur le front russe. Cela n'empêcha pas l'expression d'un défaitisme et d'un ressentiment à l'égard de la Wehrmacht, que parfois la censure laissait étonnamment passer – comme dans cette lettre envoyée du front par Désiré Eiller, jeune facteur de Haguenau qui venait de se marier avec Marthe Heinrich, la fille de l'ancien chauffeur du directeur de l'usine d'électricité de Bischwiller, Albert Blum, et amie d'Emma : « Ils peuvent être fiers les boches et se vanter de leur armée en déroute. Tu sais, les gens d'ici sont mauvais et ils gueulent après la Wehrmacht et s'en fichent pas mal. Le moral est si bas en ce moment et encore tous les faux bruits qui courent, la peur de l'invasion, les Russes qui avancent, etc. » Guillaume, lui, ne laissait rien paraître. Il ne parlait pas ou très peu alsacien avec ceux qu'il rencontrait, ne possédait pas d'accent, si bien que personne ne se doutait qu'il venait de là-bas. Ses plus proches compagnons s'appelaient Manfred, Karl et Erich et étaient originaires de Hanovre, Mannheim et Stuttgart. Erich Bohn habitait de l'autre côté de la frontière, à une dizaine de kilomètres de Stuttgart. Les deux hommes nouèrent très vite une amitié forte comme peuvent en forger les guerres. Ensemble, ils discutèrent durant leurs moments perdus de choses et d'autres, comme la Fête de la bière qui se tenait là-bas, une semaine environ après la gigantesque *Oktoberfest* de Munich, et qui drainait une foule incroyable. Tout en gardant le secret sur son origine alsacienne, Guillaume se hasardait alors à quelques questions périlleuses.

« Erich ? »

Ce dernier tourna la tête, une cigarette pendant à sa bouche. Les deux hommes étaient adossés contre la terre froide et gelée de la tranchée, attendant les ordres pour envoyer une nouvelle salve sur les lignes russes. Erich était plus petit que Guillaume, qui d'ailleurs était l'un des plus grands du régiment. Sur son visage rendu hâve par la guerre brillaient de grands yeux vert foncé, des yeux *Feldgrau,* qui allaient parfaitement avec son uniforme, comme si un créateur de mode avait choisi la couleur spécialement pour lui. Ils lui donnaient une vivacité que sa barbe grise naissante ne parvenait pas à altérer. Erich avait onze ans de plus que Guillaume. Il était outilleur et une femme, dont il gardait toujours la photo sur lui, l'attendait au pays. Il n'appartenait à aucune structure du parti et s'en souciait peu, à vrai dire. Il avait dû servir son pays, et on l'avait expédié ici depuis janvier. Voilà presque dix mois qu'il se gelait les couilles dans ce trou perdu de Russie. Ses cheveux poivre et sel reflétaient plus la quarantaine passée que cette trentaine entamée qu'il avait officiellement. Mais il est bien connu que la guerre vieillit les hommes plus que de raison. En tout cas, Guillaume avait très vite trouvé en Erich un frère d'armes, voire plus. Mais cette fraternité excluait pourtant que Guillaume lui révélât ses origines alsaciennes, même si Erich avait dû se douter que les deux hommes n'étaient pas si éloignés que cela tant leurs mentalités et leurs goûts se ressemblaient. Aux premières questions d'Erich sur ses origines, Guillaume avait soit éludé, soit s'en était tiré d'un « à la frontière française ». Erich en avait conclu qu'il venait de Sarre ou du Bade-Wurtemberg comme lui et n'avait pas insisté.

« Hum ? dit-il en expirant un nuage de fumée qui enveloppa son visage d'un halo.

– Je boirais bien une bière. J'en ai marre de cette putain de vodka ! lança Guillaume.

– Moi aussi. Une Rinckenberger. »

Guillaume sursauta. Le nom du plus célèbre brasseur de Bischwiller le ramena durant une fraction de seconde chez lui. C'était comme s'il avait récité un verset de la Bible. L'espace d'un instant, le mal du pays, ce *Heimweh* qui le tourmentait parfois, disparut. Mais comment connaissait-il cette bière parmi les innombrables bières allemandes ? Un instant, Guillaume fut tenté de tout lui avouer puis se ravisa en adoptant un ton moins enjoué.

« Je la connais aussi.

– *Elsässisches Bier. Wunderbar*[1] *!*

– Oui, tu as raison. Et bien fraîche. Je la boirai même par – 20. »

Erich opina du chef et tira une dernière fois sur sa cigarette avant de l'écraser. D'autres avant lui avaient jeté leurs cigarettes encore rougeoyantes par-dessus la tranchée,

1. « Une bière alsacienne. Merveilleux ! »

entraînant un déluge de feu sur leur position. Erich savait à quoi s'en tenir. Il avait presque un sixième sens pour cela d'ailleurs. Guillaume l'appréciait pour cela : il était certain que s'il venait à déserter Erich ne lui tirerait pas dans le dos. Car c'était aussi cela, la guerre. Disposer des bons compagnons au bon moment.

Durant ces journées passées à monter la garde dans les tranchées, à régler les positions de tir, à partager le *Kriegsbrot* (« pain de guerre » composé majoritairement de seigle), ou à répliquer aux attaques de l'Armée rouge, la vie suivait son cours. Dans les boyaux tombaient parfois du ciel cette neige de papier, ces tracts en allemand lancés du ciel par la propagande soviétique et appelant à la désertion avec la liste des Alsaciens qui s'étaient déjà rendus. Les saisons s'enchaînaient, d'abord l'automne et cette *raspoutitsa*, la « saison des mauvaises routes » en russe, qui transformait les voies de communication en marécages et en torrents de boue. Celle-ci s'infiltrait partout, dans les vêtements, les sous-vêtements, vous collait au sol, vous fatiguait lorsqu'il fallait sortir les blindés de cette merde et pénalisait l'approvisionnement en matériel et surtout en nourriture, si bien que les soldats restaient parfois plusieurs jours sans manger. Puis venait l'hiver, où les organismes, passablement éreintés, subissaient de plein fouet des températures négatives qui provoquaient engelures, amputations et enrayaient les armes. Pisser équivalait parfois à une condamnation à mort par temps de grand froid et perdre un doigt ou un orteil était monnaie courante. Certains y voyaient même une bénédiction dans l'amputation de leur majeur, ce qui leur permettait de ne plus tirer au fusil et de quitter ce front où ils avaient l'étrange impression que les conditions climatiques n'avaient pas de prise sur les Russes tant leurs attaques redoublaient d'intensité.

Dans ces plaines et forêts balayées par un vent tranchant comme un rasoir que son équipement hivernal parvenait tant bien que mal à juguler, Guillaume vivait au rythme des combats et participa certainement à plusieurs d'entre eux. Peut-être se livra-t-il ou fut-il témoin d'exactions commises par son régiment confronté chaque jour à une embuscade, une attaque, une guérilla sporadique qui l'empêchait de dormir, mettait ses nerfs à rude épreuve et peut-être le convainquit un peu plus de quitter cet endroit tandis que d'autres soldats criaient vengeance.

« Notre village a brûlé en 43... Ce jour-là, on ramassait les pommes de terre. Vassili, notre voisin – il avait fait la Première Guerre mondiale et savait un peu d'allemand – a dit : "Je vais aller leur demander de ne pas incendier le village. Y a des enfants, ici." Il y est allé et ils l'ont brûlé vif. Ils ont brûlé l'école. Tous les livres. Incendié nos potagers. Nos jardins[1] », raconta le jeune Sacha, 10 ans à l'époque, sous la plume de la prix Nobel de littérature Svetlana Alexievitch. Oui, nous étions bien en 1943 sur ce front qui courait le long du Dniepr. Guillaume fut peut-être le témoin de ce spectacle. Peut-être prit-il part à l'incendie de ces villages, aux pillages de leurs ressources, à la pendaison de leurs habitants ou à leur abandon dans ces conditions extrêmes, ce qui revenait à les condamner à une mort certaine. Qui sait, le Vassili en question avait peut-être servi à Riga contre le père de Guillaume en 1917. Si ce dernier fut le spectateur ou l'acteur involontaire d'une telle chose, il ne pouvait ignorer la haine qui brûlait dans le cœur de chaque Russe face à tous ceux

1. Svetlana Alexievitch, *Derniers témoins*, Presses de la Renaissance, 2005.

qui, incorporés ou non, portaient l'uniforme allemand. Il ne pouvait ignorer que le prix du sang devrait être payé d'une manière ou d'une autre. Mais peut-être pensait-il aussi naïvement qu'il saurait expliquer aux Russes qu'il détestait comme eux cette Allemagne nazie qui avait répandu, de Strasbourg au Caucase, cette infâme terreur. Durant ces jours de guerre et de solitude, Guillaume repensa certainement aux mots de Rodolphe à la brasserie de la Couronne, qui s'était refusé à servir même inconsciemment, en spectateur désabusé, ou servilement, les crimes de ce régime qu'il réprouvait mais dont il était, bien malgré lui, devenu le complice. Peut-être regretta-t-il de ne pas avoir eu le courage de son ami. Et pourtant si Julie ne l'avait pas trahi à Saint-Gorgon, peut-être ne serait-il pas là aujourd'hui.

Face à ses tourments, Guillaume se réfugiait dans ses souvenirs, dans son Alsace natale, dans sa Bischwiller bien-aimée. Dans les rues enneigées de ces villages, il se revoyait, enfant, couché sur sa luge en bois après l'école, en train de descendre à toute vitesse la rue du Moulin vers le lavoir, celle que les mômes de Bischwiller appelaient *Die Grosse Beri*, « la Grande Montagne », et qui constituait l'Everest de leurs exploits, en devançant ses amis René et Marcel. Il avait toujours été le plus grand de tous les enfants de son âge, ce qui lui conférait un avantage certain dans ces courses. Et lorsque cela ne suffisait pas, Guillaume n'hésitait pas à taper du pied la luge qui arrivait à sa hauteur et lui disputait la victoire. C'était de bonne guerre. Oui, de bonne guerre, à une époque où la guerre se résumait encore à un jeu d'enfant. Malheureusement, depuis quatre ans, les adultes s'en étaient mêlés et celle-ci était devenue terrible, atroce, inhumaine. Il se demandait parfois où ils pouvaient être, René, qui venait de se marier, et Marcel, qui l'avait accompagné à Saint-Gorgon. Et la réponse tombait tel le couperet de l'évidence : eux aussi étaient certainement mobilisés, quelque part ailleurs sur ce front gigantesque. Il les apercevait encore durant cette chaude matinée de juin 1942 lorsque, ensemble, ils s'étaient fait recenser, scellant sans le savoir le destin qui allait être le leur quelques mois plus tard.

En plus, Guillaume savait pertinemment que ce confetti d'occupation ne comptait pas, ou si peu. Il n'y avait rien à défendre ici, sauf peut-être une illusion. Il n'était ni l'infime rouage d'une bataille titanesque ni le pion essentiel d'un combat décisif. La seule chose qui se jouait ici était sa vie. Avec ses camarades, mis à part les quelques imbéciles qui croyaient encore aux mythes du péril judéo-bolchevique ou du Reich de mille ans, ils n'étaient que des proies offertes à l'ogre russe, au Minotaure soviétique, en espérant le rassasier quelques heures. Ici, Guillaume n'était rien et il le savait. Un soldat anonyme, à peine un matricule, un nombre non pas tatoué sur le bras mais imprimé dans l'esprit du Führer et dont le sacrifice serait oublié sitôt effectué. Il n'aurait servi à rien sauf à tenir une position qui serait reprise dès le lendemain, dès les minutes mêmes qui suivraient sa mort. De la chair à canon. Nazie de surcroît. Pas même un mot du dictateur. D'ailleurs, Hitler ignorerait tout de lui, de sa vie, de son destin. Un mort noyé dans cette mer où flottaient déjà des milliers, des millions de cadavres. Un anonyme mort pour rien. Un anonyme qui finirait par disparaître de la mémoire des hommes et de sa famille. Comme son oncle Eugène.

Quelle était donc cette mission qu'on lui avait confiée ? Tenir cette tranchée. Était-ce donc cela, la guerre ? Donner un fusil à un garçon de 23 ans et lui dire : « Tiens ce trou pour l'honneur de l'Allemagne. » Comme son père, qui avait tenu la rive de la Daugava en 1917. Mais au moins lui s'était lancé à l'assaut de Riga. Voilà toute la différence. Son père avait été le temps de quelques heures un héros. Lui ne l'avait jamais été et s'apprêtait même à devenir un traître aux yeux de ses compagnons d'armes et de ce Führer qui le méprisait. Car comment expliquer le fait d'envoyer à la mort des milliers d'êtres humains autrement que par une forme de mépris ? Et placé entre les mains d'un tyran, celui-ci décimait l'humanité tout entière.

En pensant à cela, au milieu de cette nature hostile, dans cette tranchée qui ressemblait à un tombeau de glace, Guillaume sourit. Parmi tous ces hommes que les chefs de la Wehrmacht envoyaient chaque jour à la mort pour une portion de route, ou comme lui pour tenir une ligne factice dans ce rêve dément démarré un 22 juin 1941, lui, au moins, l'Alsacien, l'incorporé de force, était méprisé pour ce qu'il était : un Alsacien forcé de servir un régime honni. Et d'une certaine manière, ce mépris lui faisait du bien, le rassurait car il le confortait dans son identité alsacienne. Car les autres, tous les autres, venus de Berlin, de Stuttgart ou des campagnes de Hesse et du Schleswig-Holstein, Allemands de pure souche, étaient également méprisés mais ils représentaient le peuple allemand. Ils étaient le peuple allemand. Pas lui. Et il était plus facile d'accepter d'être détesté par un ennemi ou même par un ami que par ses parents. Après tout, l'Alsacien n'avait été qu'un ami lointain de l'Allemagne, une connaissance mais jamais son fils. Et lorsque l'amitié cessait, on restait le même, on ne changeait pas. Alors que si vous étiez détesté par vos parents, il y avait de quoi devenir dingue, surtout quand ce mépris ne se justifiait pas, ne s'appuyait sur aucune raison valable. La guerre? Peut-être. La volonté du Führer et le serment que chaque soldat prêtait à la fin de ses classes? D'accord. Mais toutes ces considérations apparaissaient bien futiles lorsqu'il fallait résister aux assauts de l'hiver russe ou aux attaques de l'Armée rouge. Guillaume, lui, était là parce qu'il était un Alsacien, un Bischwillerois, et on avait considéré que leurs habitants étaient justes bons à crever ici. Certainement, à ce moment-là, il laissa échapper un *« Arschloch »*, « trou du cul », plein de détachement qui sonna dans cet air glacial comme la plus belle des victoires, comme la réponse la plus éclatante lancée à la face de ses bourreaux.

9 novembre 1943

Les combats résonnaient dans leurs têtes, dans leurs cœurs, dans leurs esprits, même quand ils n'avaient pas lieu. Les contre-attaques russes étaient incessantes. Les « Hourra! » lancés par les Russes au moment de l'assaut glaçaient le sang des soldats allemands, surtout des jeunes recrues. Les orgues de Staline chantaient. Le mortier sifflait. Les prisonniers crevaient. Une lutte à mort se jouait ici. Aucun vainqueur possible. Que des vaincus. Guillaume et les autres soldats de la Wehrmacht affrontaient une Armée rouge déchaînée. Comme lui, d'autres grenadiers accompagnaient les Panzers face aux T-34 soviétiques. Chaque jour, ils s'en remettaient à la chance – soit leurs grenades atteignaient les chenilles du monstre d'acier qui se dressait devant eux, soit, en cas d'échec, le monstre vous écrasait – et aux officiers qui donnaient la bonne position aux Stukas venus bombarder ces mêmes chars qui fonçaient sur eux quand le *Panzerfaust* avait raté sa cible. Les forêts déchiquetées par leurs balles de mitrailleuses ou les obus des canons antichars qui projetaient mille poignards de bois ressemblaient à des cimetières à ciel ouvert. Parfois, la nuit, lors de ses gardes, Guillaume surprenait un loup venant dévorer tantôt un Allemand, tantôt un Russe. Il avait appris à reconnaître le bruit de la chair déchiquetée, du cartilage broyé par les crocs de la bête mais aussi le râle d'un soldat égorgé dans sa tranchée par des partisans ou pendant qu'il satisfaisait un besoin naturel. Chaque jour, pour continuer à se battre, Guillaume effaçait de sa mémoire ses compagnons d'armes morts ou disparus, comme un lent compte à rebours qui voyait la mort se rapprocher inexorablement de lui : Fritz, le mécanicien de Thuringe fauché par un obus de char, Konrad, d'Augsbourg, avec son accent rocailleux de paysan, atteint d'une balle dans la gorge par un tireur d'élite et que Guillaume avait vu se vider de son sang sans qu'il pût lui venir en aide. Anton, employé de poste à Kassel qui ne rêvait que d'une chose : revoir ses quatre enfants. Il recevait régulièrement des biscuits par la poste qu'il partageait avec ses compagnons. Il ne revint jamais de sa garde et ne sut jamais que ses enfants avaient péri dans le bombardement de la ville le 3 octobre. Fritz, Konrad, Anton et les autres – en tout cas ceux qu'on avait pu récupérer – reposaient ici, enveloppés dans du papier, dans le cimetière attenant à l'école où logeait une partie de son régiment. Leurs noms avec leurs matricules avaient été gravés sur des croix en bois qui en côtoyaient d'autres, orthodoxes celles-là, rejoignant ainsi les quelque 700000 soldats de la Wehrmacht morts sur le front russe en cette année 1943. Chaque semaine, Guillaume se livrait à cette liturgie macabre qui consistait à poser le casque d'un camarade sur des croix de fortune et à chanter en chœur *« Ich hatt' einen Kameraden »* (« J'avais un camarade »). Car ici la mort ne se reposait pas la nuit. Elle ne se reposait d'ailleurs jamais.

Cette nuit, pourtant, exempté de garde par Reger, il pouvait souffler. Comme de nombreux soldats de son régiment, il logeait dans cette vieille école à moitié détruite réquisitionnée au moment d'une énième offensive. Elle se trouvait au milieu d'un petit village isolé dans la forêt dont il ne restait que ruines et cendres et où flottait encore une odeur de bois et de chair brûlés. Des lits superposés en bois avaient été confectionnés avec les rondins des maisons alentour dont les occupants avaient, depuis longtemps, fui ou succombé. La lumière d'une bougie éclairait faiblement la pièce de sa lueur jaune qui dessinait un clair-obscur réconfortant, chaleureux. Sur le mur, un soldat bavarois avait accroché un christ en croix. Le régime anticlérical tolérait ces entorses. C'était bon pour le moral des troupes, disait le haut commandement. Assis à une table où traînait un *Ostfront Illustrierte*, le journal de propagande destiné aux soldats, qu'il repoussa de la main, Guillaume écrivait à ses parents. Les rares soldats qui rentraient de garde prenaient bien soin de ne jamais déranger ceux qui correspondaient avec leur famille. Cela représentait un moment sacré pour tous et une règle implicite respectée scrupuleusement. Celui où on reprenait contact avec l'humanité. Ce moment où les mères et les femmes demandaient s'ils avaient bien chaud, si les colis avec du saucisson étaient bien arrivés, si les lits n'étaient pas trop inconfortables. Ce moment fugace où l'humanité zigzaguant à travers les cadavres et les explosions entrait dans leur cœur. Cette humanité venue des milliers de cœurs de Bischwiller qui battaient au rythme des lettres, lues devant des cartes de l'Europe où chaque jour fils et mères mesuraient l'immensité qui les séparait.

De toute façon les soldats étaient bien trop fatigués pour se soucier de lui et allaient directement sur leurs paillasses. Les autres, réveillés ou non, buvant un café ou discutant, ne prêtaient guère attention à Guillaume. On laissait tranquille celui qui écrivait mais en même temps, on l'enviait, on jalousait ce pouvoir presque magique dans ces ténèbres, celui de pouvoir jeter des mots par-delà le temps et l'espace, cette arme grandiose plus forte que toutes les grenades et les bombes de la guerre, parce qu'on savait qu'à des milliers kilomètres d'ici une famille, une femme, serrerait cette lettre contre son cœur et verserait des larmes de joie sur cette encre à peine sèche en sachant que celui qui écrivait était vivant. Le pire était de voir ou de savoir que son auteur, après avoir écrit cette lettre, venait de mourir. La lettre et ses espoirs partaient vers les êtres aimés, qui s'en réjouissaient alors que son auteur reposait là, sous cette terre gelée et inhospitalière. Tous ici savaient alors qu'une autre lettre arriverait, celle du lieutenant Reger affirmant que leur fils ou leur mari s'était battu avec courage pour le Reich.

D'autres, qui savaient à peine tenir un stylo mais suffisamment un fusil pour être expédié dans cette boucherie, demandaient aux « intellectuels », comme ils les appelaient, d'écrire une lettre d'amour à leur femme, partageant ainsi leur intimité avec eux – on partageait bien la mort, alors quoi de plus facile que de partager l'amour – et lorsque leur femme leur écrivait, les « intellectuels » leur lisaient leur réponse, pleine d'espoirs et de tendresse. Guillaume avait ainsi écrit plusieurs lettres pour ses compagnons et chaque fois, sous la dictée de Jürgen ou de Friedrich, il revoyait ses derniers instants avec

Emma, leurs derniers moments d'intimité, sa magnifique chevelure blonde qui tombait en cascade sur son corps nu.

Posant son stylo, Guillaume fouilla dans la poche intérieure de sa vareuse. Il sortit son carnet à dessins. À l'intérieur, bien protégée, se trouvait une lettre d'Emma. Il la déplia et la lut. Celle-ci devait probablement ressembler à celle qu'écrivit Marthe Heinrich, cette fille de Bischwiller, à son mari, Désiré Eiller, qu'elle appelait affectueusement en alsacien *« Mein Biewele »*, « Mon petit garçon » :

Mon amour, j'ai reçu ce matin ta lettre du 17, donc pas de nouvelles bien fraîches. Mais cela est égal, pourvu que je puisse lire quelques lignes de toi et je suis heureuse pour toute la journée. Je viens de penser en regardant ta photo que malgré la guerre, malgré notre séparation pourtant bien dure et bien longue, je suis heureuse, heureuse de savoir que tu m'aimes et que la guerre finie nous ne nous quitterons plus jamais.

Repliant délicatement la lettre comme s'il manipulait une relique sacrée, Guillaume poursuivit sa rédaction. Plusieurs fois, en entendant un obus siffler au loin, il s'interrompit et releva la tête. L'habitude d'être toujours aux aguets. Ses yeux vinrent alors se poser sur le crucifix. Dieu. Il aurait aimé qu'il soit là. Ici. En cet instant. Pour le guider, le conseiller, comme le lui avait appris sa mère ou le pasteur Strauch à l'Union chrétienne des jeunes gens. Pour lui montrer le chemin à suivre. Pour lui dire que le choix qu'il s'apprêtait à faire était le bon. Pour lui dire qu'il l'accompagnerait dans cet inconnu qui s'ouvrait devant lui. Mais Dieu s'était retiré de cet endroit. Il avait détourné son regard, sinon pourquoi aurait-Il laissé faire cela ? Pourquoi avait-Il abandonné l'Alsace ? Pourquoi avait-Il laissé arrêter les Juifs de Bischwiller et incendier leur synagogue ? Pourquoi les avait-Il livrés à Hitler ? Pourquoi avait-Il laissé massacrer tous ces gens ici ? Guillaume se revoyait encore à la confirmation de Jean, dix-huit mois auparavant, entonnant divers cantiques. Tout avait disparu maintenant et les orgues de Staline avaient remplacé celui du temple.

Revenant à sa feuille, Guillaume se remit à écrire.

Russie, le 9 novembre 43
(8 heures du matin)

Chers parents !!!
Et Jean !!!

J'espère que vous avez réceptionné ma lettre d'avant-hier, envoyée par poste aérienne, et que le contenu y était intact. Elle contenait des cartes de congé de dix jours que j'ai emmenées et quatre timbres pour affranchir des paquets. J'espère vraiment que tout y est toujours ! Les affranchissements sont valables pour deux mois, ceux de novembre et de décembre. Il faudra gérer les timbres selon les paquets. Certaines années, nous en recevions un peu davantage, mais cette année, ce n'est plus le cas. Mais je veux rester optimiste…

Je pense que la semaine prochaine nous recevrons de nouveau du courrier car certains du Reich en ont déjà reçu. Dans le prochain paquet mettez-moi aussi une ampoule de lampe de poche car la mienne est cassée, comme aussi la montre. Mais emballez-la bien. C'est à peu près tout.

Dans la nuit d'avant-hier, il a neigé pour la première fois. Nous avons attendu toute la nuit dans la neige. Mais hier, elle avait déjà fondu, et maintenant il y a une grosse gadoue. Nous sommes sales comme des cochons. On ne voit presque plus rien de vert sur nos vêtements à cause de la crasse. Surtout dans ces tranchées étroites.

Jusqu'à présent, nous sommes avec Bohn dans le bunker. Nous sortons la nuit et rentrons à l'aube. Cette nuit, nous avons servi de fossoyeurs car nous avons enterré dix Russes. En effet, partout les fosses sont pleines. Lucien est au quartier des malades et nous ne savons plus rien de lui, s'il est effectivement encore là-bas ou s'il est retourné à la compagnie. Avant-hier j'ai aussi rencontré un autre Haguenovien. Il y a des Alsaciens partout. Mais c'est tout pour le moment.

Je vous salue et vous embrasse à nouveau du fond du cœur,
Guillaume

Il posa son stylo, plia la lettre et la mit dans une enveloppe. Puis il écrivit l'adresse et, en traçant les lettres de Bischwiller, il ressentit une nostalgie, celle des jours heureux, et presque de la culpabilité face au geste qu'il s'apprêtait à commettre. Celui de toute une vie. Celui qui changerait à jamais son destin. Car Guillaume avait décidé de déserter l'armée allemande. Demain, après-demain, dans une semaine, un mois. Dès que l'occasion se présenterait. « Quels sont les éléments qui annoncent ce geste ? » se demanda-t-il. Il ressortit la lettre de son enveloppe et la relut. Une fois. Deux fois. Trois fois. Rien. Il n'y avait rien qui laissait deviner une quelconque intention de rejoindre les lignes russes. Car il savait pertinemment que sa lettre serait ouverte, inspectée, analysée par la censure nazie. Qu'elle n'arriverait peut-être jamais à ses parents. En tout cas, celle-ci devait être une simple lettre d'un soldat à sa famille leur disant que tout va bien, qu'il défendait avec courage le Reich et son Führer face au péril bolchevique. Non pas parce qu'il avait peur de représailles contre lui s'il venait à être découvert ou si sa désertion devait échouer. Non, il avait surtout peur des conséquences de sa désertion pour sa famille. « S'ils me croient mort, au moins seront-ils en sécurité. Tristes mais en sécurité », pensa-t-il.

16 novembre 1943

Il neigeait. Guillaume regardait les flocons tomber. Aujourd'hui, pas de front ni de combat. Il avait prévu d'écrire à sa famille. Mais en milieu d'après-midi, de nouveaux ordres tombèrent. Bohn, Pfaadt et quelques autres furent appelés en renfort dans une tranchée nouvellement occupée sur la ligne de front. On avait besoin de sentinelles. Guillaume fit part de son mécontentement au lieutenant Reger. Sans succès. Alors, avec ses compagnons d'armes, il prit position dans ce boyau de 450 mètres. Erich se trouvait tout près. Il était 17 heures et on attendait l'ennemi.

Dix minutes plus tard, à environ 150 mètres sur sa droite une patrouille de soldats russes lança une attaque. Des coups de feu furent échangés, des grenades à main lancées de part et d'autre. Pendant près de deux heures, Guillaume, à l'abri dans la tranchée, répliqua comme il put. Explosions. Coups de feu. Gerbes de terre et de neige. Le silence pendant plusieurs minutes avant de nouvelles escarmouches.

À 19 h 15, Reger déboula dans la tranchée comme un mort-vivant sorti d'un tombeau. Le lieutenant représentait l'archétype du nazi aryen : grand, svelte et blond. Il ressemblait à un héros allemand, un héros wagnérien. Seuls de grands yeux bruns mettaient à mal le modèle racial qu'il était censé personnifier. D'ailleurs, Guillaume s'était demandé pourquoi ses parents, de braves commerçants bavarois catholiques, ne l'avaient pas baptisé Siegfried, comme son prédécesseur. Avec ses biceps saillants façonnés à force de manier une hache, qui avaient dû faire de lui un héros précoce non seulement dans les Jeunesses hitlériennes mais aussi au RAD, le lieutenant Hans Reger avait cependant un corps trop grand, trop massif pour une tête qui apparaissait trop petite. Si bien que son casque lui tombait toujours sur les sourcils. Il l'avait alors abandonné pour un calot, à ses risques et périls.

« Grenadier Pfaadt. Au rapport.

– Aucune perte à déplorer, mon lieutenant. Pas de destruction, si ce n'est, comme vous pouvez le constater, de la terre suite aux explosions, répondit Guillaume en ôtant son casque afin de le nettoyer des gravats projetés par les grenades russes.

– Très bien. Restez vigilant. Les Russes peuvent revenir. Et surtout pas de quartier.

– À vos ordres, mon lieutenant. »

À peine avait-il prononcé ces mots que le lieutenant disparut dans l'obscurité comme un cerf se fondant dans une épaisse forêt. Durant ces quelques instants, le silence se fit autour de lui. Tenant son casque dans les mains, aucun son ne lui parvint. Ni celui des autres soldats, ni même celui de la nature environnante. Dans cette tranchée, Guillaume demeurait seul, livré à lui-même. Il ne voyait même pas Erich, qui devait se trouver à une vingtaine de mètres de lui tout au plus.

« Le moment est venu », pensa-t-il. Celui-ci dura une éternité. Comme une invitation à partir. Comme une unique chance de se sauver, cette chance qu'il avait si longtemps attendue. Comme d'une certaine manière… un appel fugace de Dieu lui-même à suivre le chemin de sa conscience. Guillaume se débarrassa de son fusil, retira ses surgants et les mit à l'intérieur de son casque, qu'il posa par terre. Il eut la présence d'esprit de vérifier qu'il avait bien dans sa poche un mouchoir blanc qu'il pourrait agiter devant les Russes. Puis, il grimpa hors de la tranchée. Il aurait pu être fauché par une rafale de mitrailleuse ou par un tireur d'élite soviétique qui n'attendait que cette offrande pour augmenter son palmarès et glaner une décoration mais ne rencontra que le vent hivernal qui soufflait sur la ligne de front. Bizarrement, celui-ci ne fut pas aussi glacé que d'habitude. Peut-être parce qu'il avait le goût de la liberté. Il inspira profondément, jeta un coup d'œil à droite et à gauche, et à son tour pénétra dans l'obscurité de cette nuit d'hiver.

« Ai-je déserté par amour de ma patrie. Je le prétends. L'ai-je fait par bravoure, pour rester fidèle à mes sentiments ou tout simplement pour sauver ma peau ? C'est difficile à dire. Peut-être, tout compte fait, c'était de la lâcheté[1] », estima Paul Pierre, un autre Malgré-nous. Dans sa précipitation, Guillaume perdit son carnet et son crayon, avalés par la neige soviétique. Son père s'était promis de revenir de ces terres russes pour revoir Stéphanie et sa fille de 5 ans. En désertant la Wehrmacht, Guillaume, son fils, fit le même pari plutôt que de mourir ici, seul et loin de ses proches.

Avait-il fait le bon choix ? Tandis qu'il courait droit devant lui, il en était persuadé. Ne plus servir un régime criminel et survivre à cet enfer qui allait bientôt prendre fin valaient finalement de prendre tous les risques. Car en

1. Pierre Rigoulot, *op. cit.*

cet hiver 1943, la Wehrmacht ne faisait que retarder l'inévitable. Il n'était plus question de gagner, murmurait-on dans les rangs du 480e. Bientôt Staline serait à Berlin pour l'ultime souper d'Hitler. Ces bruits couraient tel un poison dans les rangs tout en évitant de parvenir aux oreilles des officiers, qui étaient à cran et avaient comme consigne de réprimer sévèrement tout propos défaitiste. Mais ils ne pouvaient empêcher les hommes de parler, le soir venu, l'arme au poing durant leur tour de garde, où l'on évoquait volontiers les terribles combats de Stalingrad, les orgues de Staline, la capitulation du maréchal Paulus, vaincu par la dysenterie et les armées de Joukov et ces soldats faméliques qui s'accrochaient aux avions comme à des étoiles pour ne pas tomber en esclavage.

Comme il regrettait à présent que son père, qui avait lui aussi combattu les Russes à Riga en 1917, ne lui ait pas appris quelques rudiments de la langue de Tolstoï. Grâce à ses autres camarades de régiment, il avait glané quelques mots comme *« Franzuski »* mais il demeurait prudent pour ne pas éveiller les soupçons quant à sa prochaine désertion. Les Russes connaissaient le sort des incorporés de force dans la Wehrmacht et s'employaient à les inciter à la désertion, à rejoindre leurs lignes. Depuis Moscou, le 7 mars 1943, un appel à la désertion avait été lancé sur les ondes : « Si vous ne pouvez échapper à cette mobilisation, il vous restera toujours une ressource : tâchez de vous évader et de gagner l'Union soviétique. L'Union soviétique, notre alliée, l'alliée de la France combattante, vous accueillera tous en alliés, en compagnons d'armes, quelles que soient vos opinions, vos origines : elle accueillera tous les Français qui veulent se battre pour la France contre l'ennemi commun. » Des tracts en français lancés tous les jours au-dessus des lignes allemandes proclamaient « Qui restera aux rangs de l'armée allemande, ne retournera pas vivant chez lui ». Le 10 juillet 1943, l'écrivain Ilya Ehrenbourg avait signé un article intitulé « La voix de l'Alsace » dans la *Pravda*. Son entame présentait quelques éléments troublants avec la situation de Guillaume : « La nuit était noire, une vraie nuit du Sud. Un soldat allemand passa le fleuve. Il rampa jusqu'à nos combattants et, leur tendant son fusil, il dit "Je suis français". Il était né en Alsace. » Puis l'auteur avec Vassili Grossman du *Livre noir*[1] poursuivait ainsi son récit : « Après Stalingrad, Hitler dut diriger sur le front est les Alsaciens mobilisés. Les esclaves devaient défendre les maîtres, les prisonniers devaient sauver leurs geôliers. C'est ainsi que se retrouva en Russie lui aussi, ce jeune Alsacien dont j'ai parlé », avant de conclure que « l'Alsace faisait partie, fait et fera partie indéfectiblement de la République française. Les Français sont nos alliés[2] ».

Quand avait-il pris sa décision ? Avant d'arriver ici ? devant l'absurdité de cette guerre perdue, au milieu des soldats allemands et russes tombés pêle-mêle ? devant l'horreur des exactions des sinistres commandos des *Einsatzgruppen* dont il avait peut-être été le témoin ou, pire, le complice forcé ? Personne ne nous relatera jamais ces autres nuits qui précédèrent sa désertion, où les spectres des morts qu'il avait vus, ou dont il avait peut-être été responsable, vinrent le hanter. Ou peut-être déserta-t-il

1. Vassili Grossman et Ilya Ehrenbourg (dir.), *Le Livre noir sur l'extermination scélérate des Juifs par les envahisseurs fascistes allemands dans les régions provisoirement occupées de l'URSS et dans les camps d'extermination en Pologne pendant la guerre de 1941-1945*, 1993.

2. Article reproduit dans Pierre Perny, *Vivre avec les nazis, la vie civile entre 1940 et 1945*, Société d'histoire et d'archéologie du Ried-Nord, 2010.

juste parce qu'il ne voulait pas mourir ici, sur cette terre lointaine et gelée, loin des siens. Déserter constituait alors la solution à toutes ses inquiétudes. Déserter permettrait de survivre. Simplement. « L'homme meurt et passe du royaume de la liberté à celui de l'esclavage. La vie, c'est la liberté, aussi le processus de la mort est-il le processus de l'anéantissement progressif de la liberté; la conscience faiblit puis s'éteint; les processus vitaux de l'organisme continuent un certain temps après la disparition de la conscience; la circulation sanguine, la respiration, les échanges cellulaires continuent à s'effectuer. Mais c'est un recul irréversible vers l'esclavage : la conscience s'est éteinte, la flamme de la liberté s'est éteinte », écrivit plus tard Vassili Grossman, présent en tant que correspondant du journal *Étoile rouge* lors de la bataille du Dniepr en octobre 1943, dans *Vie et destin*, cet autre chef-d'œuvre de la littérature mondiale. Car après tout, Guillaume désertait peut-être simplement pour ne plus être esclave, esclave de la mort comme tous ces soldats, esclave de l'histoire comme tous ces Alsaciens. Pour être libre de choisir enfin son destin. Aurait-il commis ce geste incroyable s'il avait été incorporé dans une armée qui, comme en 1940-1941, volait de victoire en victoire? Peut-être pas. Il se serait alors peut-être résigné à servir sans se poser de questions, comme son père, et à revenir tranquillement chez lui. Bien faire son travail et après on verra. Sans passion mais aussi avec lâcheté.

En désertant, Guillaume jouait un pari risqué, car il avait vu comme d'autres le sort que les Russes réservaient aux Allemands qu'ils attrapaient : membres amputés, corps mutilés, émasculés, têtes coupées. Ils étaient également nombreux, ces types que l'on n'avait plus revus quand les troupes se retiraient. Et Guillaume savait pertinemment

– les autres le disaient aussi – que ces gars avaient pris la poudre d'escampette et avaient disparu dans la nature. On ne se souciait pas d'eux, sauf lorsqu'on les voyait se diriger vers l'ennemi. Là, certains officiers n'hésitaient pas à leur coller une balle dans le dos. Une autre fois, on avait retrouvé l'un de ces types dans un fossé avec sa bite dans la bouche. « Bien fait », avait alors lancé en crachant le lieutenant. Et tous ces autres qu'on n'avait plus jamais revus, qui sait ce qui leur était arrivé. On les considérait juste morts pour le Reich. Point. Et on passait à autre chose, surtout à sauver ses fesses. En tout cas, il fallait absolument que ses compagnons d'armes le crussent mort car, ainsi, sa famille n'aurait pas à subir les mesures de rétorsion à l'égard des déserteurs. Guillaume pensa alors à sa mère. Apprendre sa mort l'anéantirait, mais il voulait avant tout la protéger et protéger son frère qui n'avait que 16 ans. Et puis, de toute façon, cette douleur serait de courte durée, car bientôt il reviendrait chez lui, à Bischwiller, et attendrait patiemment la fin de cette sale guerre. Puis, il se marierait avec Emma et reprendrait l'entreprise de son père.

Ce cauchemar ne serait bientôt plus qu'un lointain souvenir. Oui, aucun doute là-dessus.

8

L'ENQUÊTE

16 novembre 1943

Une lune d'hiver éclairait de sa face blafarde les forêts enneigées russes. On y voyait presque comme en plein jour. Un homme courait vers la liberté, vers son destin. L'armée, le régime qu'il avait laissés derrière lui couraient, quant à eux, à leur perte. Guillaume ne regardait pas derrière lui. Il avançait, toujours plus loin. Déjà, les détonations se faisaient moins intenses. Déjà, le calme revenait sur cette partie du monde. Guillaume était seul. Face à lui-même. Face à l'histoire.

Les autres soldats signalèrent rapidement sa disparition. Était-il mort, étendu sous ce manteau neigeux qui en recouvrait tant d'autres ? Avait-il été fait prisonnier ? Personne ne le savait. Il avait disparu, voilà tout. Les hommes de la compagnie étaient habitués à ces situations devenues quotidiennes. Chaque jour ou presque, celui qui partageait café et souffrances ne revenait pas. On passait alors à autre chose, on oubliait pour mieux se concentrer sur sa propre survie. Guillaume l'avait fait pour d'autres. D'autres le firent à cet instant pour lui.

Seuls les hommes de la police militaire de la Wehrmacht n'oubliaient pas. Et l'affaire ne traîna pas car dès le lendemain de sa disparition – les archives de la Wehrmacht l'attestent – la police militaire diligenta une enquête pour absence non autorisée ou désertion, à l'encontre du caporal Guillaume Pfaadt. Ce dernier n'avait laissé rien paraître de ses intentions. Il n'était pas connu par la police pour des attitudes antiallemandes ou des velléités de désertion, comme l'atteste son casier, vierge. Guillaume Pfaadt y est décrit comme quelqu'un de calme, lucide, éveillé. C'est un camarade obéissant, dévoué, serviable, ayant adopté une bonne conduite au sein de son régiment et dont les connaissances du service et les performances sont jugées bonnes. Le bon gars sans histoire, quoi.

Dans ce poste de campagne de la Wehrmacht au milieu de l'immensité soviétique s'ouvrit alors le procès de Guillaume. Là, en l'absence du principal accusé, dans cette pièce sans chauffage et zébrée de langues noircies, rythmée par le cliquetis d'une machine à écrire, se tint en réalité le procès de près de 130000 incorporés de force, le procès inique de toute l'Alsace depuis 1940, surtout depuis ce sinistre jour du 25 août 1942 lorsque le gauleiter Wagner avait décrété l'incorporation de force.

Le rapport des faits ne présentait aucune ambiguïté :

> Le grenadier Guillaume Pfaadt se tenait le 16.11.43 vers 17.00 à son poste sur la ligne principale de front. Vers 17.10 heures, une patrouille de reconnaissance russe, forte de

> 3-4 hommes, s'approcha de la clôture barbelée érigée devant la tranchée, lança quelques grenades à main et disparut aussitôt après le déclenchement de nos tirs de riposte et lancers de grenades à main. Cet événement se déroula dans l'obscurité totale environ 150 m à droite du grenadier Pfaadt.
>
> Vers 19.15, Pfaadt fut vu pour la dernière fois à son poste par le lieutenant Reger du 480e régiment de grenadiers qui lui parla. Vers 19.30, le chef de troupe signala au caporal Brigel au poste de commandement que Pfaadt ne se trouvait plus à son poste. Le sous-officier Hille rapporta immédiatement ce fait au poste de commandement de la compagnie[1].

La suite ne laisse aucun doute car il est dit que « vu que Pfaadt est resté introuvable malgré d'immédiates recherches, il faut croire qu'il est passé à l'ennemi ou qu'il s'est éloigné sans autorisation à l'arrière du front ». Pourquoi l'enquête s'orienta-t-elle immédiatement vers des soupçons de désertion ? Guillaume était peut-être mort. Pourtant, la conclusion du rapport claqua avec ces trois mots, comme un implacable réquisitoire : « Pfaadt est alsacien. »

Donc forcément un déserteur. Donc assurément un traître.

Des témoins se succédèrent à la barre de ce tribunal symbolique. Le premier à se présenter devant les juges fut bien évidemment le lieutenant Hans Reger, le chef de la compagnie, l'homme qui avait vu Guillaume pour la dernière fois. Le dernier visage d'une Wehrmacht combattante :

> Environ 20 minutes après l'attaque de la patrouille russe le 16.11.1943 aux environs de 19.15, le grenadier Pfaadt m'a fait son rapport concernant sa position d'artillerie, alors

1. Ce témoignage ainsi que tous les suivants sont tirés des archives militaires de la Wehrmacht, Bundesarchiv.

que je parcourais la tranchée, et m'a laissé une impression éveillée et militaire. Quelques minutes plus tard, il fut signalé manquant à son poste de tir, lors d'un contrôle de son chef de groupe.

Depuis, il n'y a plus aucune trace de Pfaadt.

Puis, ce fut au tour du sous-officier Hille de déposer :

Le 16.11.1943 vers 19.25 le chef de groupe, caporal Brigel, m'a informé que le grenadier Pfaadt avait disparu sans laisser de trace de sa position de tir. Seuls son casque et ses surgants se trouvaient encore dans la position de tir. Avec le chef de groupe, j'ai immédiatement inspecté les alentours de la position de tir, qui se trouve à environ 20 m du poste d'écoute, mais sans succès. J'ai immédiatement rapporté les faits à mon chef de compagnie. De nouvelles recherches menées aussitôt sont également restées sans succès. Pfaadt avait été intégré à ma section, en tant que fusilier.

Pfaadt est décrit par ses camarades comme un bon soldat, sur lequel on peut compter. Pour la courte période de son appartenance à ma section, je ne peux pas émettre de jugement concernant Pfaadt. J'ignorais également que Pfaadt était alsacien. Je ne suis pas en mesure de faire d'autres déclarations.

Troisième témoin auditionné, Erich Bohn, le frère d'armes de Guillaume, celui qui le connaissait peut-être le mieux dans le régiment. Entrant dans la pièce, Bohn se mit immédiatement au garde-à-vous après avoir retiré son casque. Sans effectuer le salut hitlérien. On n'était plus à cela près ici. Les types donnaient leur vie, alors pinailler sur le salut, y avait que ces connards de Prussiens qui y attachaient encore de l'importance, pensa le major.

« Repos, soldat. Asseyez-vous. »

Erich Bohn regarda un instant le greffier qui prenait des notes sur sa machine à écrire puis s'installa à la table en bois en face du commandant du régiment. Uniforme impeccable, croix de chevalier avec feuilles de chêne, glaives en or et brillants, rasé de près, le major Kurt Wallerstein apparaissait pourtant usé. Sa chevelure noire partagée par une raie sur le côté où pointaient les premiers signes d'une calvitie et son nez légèrement aquilin témoignaient encore d'une élégance passée que la vie sur le front russe avait définitivement fanée. Même ses décorations paraissaient ternes. Voilà plus de deux ans qu'il traînait ses guêtres ou plutôt ses bottes dans cet enfer. Il avait été de presque tous les combats : devant Moscou en décembre 1941, la Crimée en 1942, et plus récemment Voronej, où il avait échappé de peu à la mort. On lui promettait depuis plusieurs mois qu'il passerait colonel mais il savait pertinemment qu'il finirait par ne commander qu'une armée fantôme engluée dans cette foutue *Rattenkrieg*, cette guerre des rats. Car les officiers étaient logés à la même enseigne que les troufions. Ils avaient faim et froid, et tombaient malades comme eux. « Paulus chiait du sang à Stalingrad. Mais à la différence du soldat de base, nous, on ne laisse rien paraître. Sinon, c'est la débandade assurée. Surtout qu'elle n'est pas loin », pensait souvent le major. Wallerstein était las et semblait avant tout se soucier de clore ce dossier. Le huitième en quatre jours. Tous pour désertion. Cela s'apparentait à une hémorragie. L'officier tapota son paquet de cigarettes sur le coin de la table et le tendit à Erich. Des Salem. Cela changeait de celles, infectes, que les hommes recevaient dans leurs rations. Puis il ouvrit son briquet rond frappé de l'aigle nazi. Bohn remarqua les initiales E. M. en dessous. E. M. pour Erich von Manstein, le héros de la

Wehrmacht. Wallerstein plongea ses yeux vitreux dans ceux de Bohn, anticipant ainsi les interrogations de ce dernier.

« Un cadeau du *Feldmarschall* après Sébastopol. J'ai servi dans la 22e. C'était l'époque où on gagnait encore des batailles, lança le major en allumant la cigarette de Bohn.

– Merci, major.

– Soldat… »

Il chercha dans son dossier.

« Bohn, major. Erich Bohn.

– Oui, soldat Bohn. Vous savez pourquoi vous êtes là ?

– Oui, major. Pour Pfaadt.

– C'est exact. La police militaire mène une enquête sur sa disparition. »

Le major ouvrit la chemise cartonnée devant lui. Erich reconnut sa photo.

« Bon. Erich Bohn, né le 1er mars 1909 à Bad Cannstatt. Hum… J'avais un sous-officier qui venait de là-bas. Il était sous mes ordres à Voronej… » Ce qui arracha un sourire à Erich, vite dissipé lorsque Wallerstein poursuivit : « Il a sauté sur une mine… que voulez-vous ? Bon. Marié, protestant… C'est bien, des gens sérieux… Parents décédés, pas d'adhésion aux Jeunesses hitlériennes ni au parti. A rejoint la Wehrmacht le 27 janvier 1943 et le 480e régiment de grenadiers le 8 septembre. Bon. » Le major referma le dossier. « Alors, Bohn, qu'est-ce que vous avez à me dire à propos de Pfaadt ? demanda Wallerstein en tirant sur sa cigarette, le coude appuyé sur la table.

– Eh bien, pas grand-chose, major. Simplement que je me tenais le 16 novembre de 17 à 20 heures au poste d'écoute, à environ 20 mètres de la tranchée, et je n'ai ni entendu ni vu que Pfaadt s'était éloigné de son poste. Je ne suis pas en mesure d'apporter d'autres éléments. »

L'officier expira. De lassitude. Visiblement, il avait hâte que cela se termine. Putain, il avait autre chose à foutre que se prendre pour un chien enchaîné, comme on appelait les mecs de la *Feldgendarmerie*, la police militaire. Mais le général lui avait refilé les cas de désertion, alors il fallait bien faire le boulot.

« Alors, comme cela, il a disparu ? »

Les mains posées devant lui sur la table, Erich haussa les épaules.

« Disparu, je ne sais pas. Peut-être. Simplement je n'ai rien vu. J'ai juste constaté qu'il n'était plus là quand nous avons été relevés. Je suis désolé mais je ne peux pas en dire plus.

– Bon. »

Le major, voûté sur la table, fit, sans le regarder, un signe à Bohn qui voulait dire qu'il pouvait disposer. Le soldat écrasa son mégot parmi des dizaines d'autres dans une coupelle qui faisait office de cendrier et se leva.

« Herr Major ? »

Ce dernier, qui venait d'allumer une nouvelle cigarette, plissa les yeux à travers la fumée.

« Oui, soldat ? Autre chose ?

– Oui, pardonnez-moi, major. Mais Pfaadt était un chic type. Serviable. Un bon camarade. J'espère qu'il ne lui arrivera rien si on le retrouve. *Heil Hitler*, lança-t-il sans emphase, comme s'il pensait que l'excitation de la fibre patriotique pourrait attendrir le jugement de l'officier, et merci pour la cigarette.

– On verra », lui répondit le major sans trop y croire et sans le saluer.

Erich Bohn a-t-il dit la vérité ? Ou bien tassé lui aussi dans cette obscurité qui les recouvrait tous les deux ce 16 novembre en début de soirée, avait-il vu Guillaume quitter sa position et déserter en lui souhaitant du bout des lèvres un « Bonne chance, mon ami » ? Peut-être. Se doutait-il que pour l'Alsacien qu'était Guillaume, aucune alternative n'était envisageable ? Certainement.

Un dernier témoignage versé au dossier, celui d'un officier précisait enfin que :

> Soit Pfaadt erre à l'arrière des lignes, soit est passé à l'ennemi. Ses connaissances concernant le tracé de nos positions sont faibles, car nous n'avons occupé cette section que dans la nuit du 15 au 16.11.43. Il n'a pas non plus de connaissances concernant les postes de commandement, nos moyens, positions, magasin de réserves, ni au sujet de l'aménagement des positions arrière. Tous ceux qui ont connu le grenadier Pfaadt tiennent une désertion pour hautement improbable, car il s'est toujours montré bon soldat et camarade serviable.

Donc pas moyen de prouver la désertion. Plutôt la mort.

Dans son rapport à la cour martiale rédigé deux jours après la désertion de Guillaume, le major Wallerstein rendit son avis. Il estimait que :

> Le grenadier Pfaadt se tenait le 16.11.43 depuis 17 heures sur la ligne de front principale sur un poste isolé. Devant lui se trouvait à 20 m de distance, un poste d'écoute également isolé. Tous deux étaient en mesure de s'apporter à chaque instant un soutien mutuel suffisant.
>
> Pfaadt, qui a encore été vu vers 19.15, a probablement profité ensuite de l'exceptionnelle obscurité pour se glisser

vers la gauche, car là s'arrêtait à 25 m l'obstacle de la clôture de fil de fer barbelé, et est passé à l'ennemi.

Dans ce sens, que Pfaadt soit passé à l'ennemi, parce qu'il a appartenu un mois et vingt et un jours, en tant qu'Alsacien, à l'armée française, et qu'il ne trouvait plus l'attitude combative nécessaire dans l'armée allemande est probable. L'idée de la désertion est encouragée en masse chez les Alsaciens par la propagande aérienne russe qui s'adresse tout particulièrement à cette peuplade.

Au vu de tous ces éléments, il convient de penser que Pfaadt est passé à l'ennemi.

Un croquis de sa position au moment de sa disparition, ce 16 novembre 1943, fut même joint comme pièce à conviction. Trois jours plus tard, le 21 novembre 1943, le dossier d'accusation, transmis par la cour martiale, arriva au service des désertions de la Kommandantur de la Wehrmacht à Berlin, complété par la dernière lettre envoyée par Guillaume à ses parents et à son frère, le 9 novembre, et interceptée par la Wehrmacht. Ces derniers mots de Guillaume ne parvinrent jamais à Stéphanie, à son mari et à Jean, confisqués par la censure militaire le 26 février 1944. Seul l'auteur de ces lignes les lira quelque soixante-quinze ans plus tard. Qu'il aurait aimé que Jean, son grand-père, puisse tenir entre ses mains les derniers mots adressés par son frère avant sa désertion.

En tout cas, pour la Wehrmacht, la culpabilité de Guillaume ne faisait donc aucun doute et son verdict était sans appel : condamné à mort par contumace.

Tandis que l'affaire suivait son cours, les combats continuaient à faire rage sur le front russe. Un mois plus tard, le lieutenant Hans Reger succomba en Biélorussie, peut-être d'une balle dans cette tête qu'aucun casque n'avait pu parer. Il avait rejoint la Wehrmacht à 20 ans en rêvant de se couvrir de gloire sur le champ de bataille. Il fut enseveli sous ce dernier à 25. Le major Wallerstein passa bien *Oberst*, c'est-à-dire colonel, dans les derniers mois de la guerre. Prisonnier des Américains, il revint à la vie civile et devint cadre dans l'industrie automobile. Nul ne sait s'il conserva son briquet. Quant à Erich Bohn, blessé et capturé devant Arnhem, aux Pays-Bas, en avril 1945, il retrouva les siens et pendant longtemps, il raconta à ses enfants et petits-enfants ce soir du 16 novembre 1943 où il vit Guillaume pour la dernière sans savoir ce qu'il advint de lui.

Au même moment, Guillaume errait dans les forêts soviétiques. Heureusement qu'il avait conservé ses vêtements d'hiver – passe-montagne, chaussettes en laine, gants, bottes de feutre, veste et pantalon blancs doublés, reçus quelques semaines auparavant – car le vent soufflait et la neige tombait dru. En voyant ces rivières gelées qu'il traversait après avoir mesuré la solidité de la glace et où de l'autre côté se trouvait un ennemi qu'il croyait allié, Guillaume se souvenait de ses jeux d'enfant lorsque la Moder débordait dans le Ried en automne et que, l'hiver arrivant, elle gelait. On s'amusait alors sur la glace, les plus agiles zigzaguant même en patins. Quelquefois, la glace se rompait, mouillant ses pieds, que sa mère frictionnait devant le poêle à faïence, le *Kachelofe*, qui réchauffait toute la maison et sur lequel on faisait griller des châtaignes. D'autres fois, en voyant ces oiseaux survoler les plaines russes, il repensait à son père, qui lui avait appris à les reconnaître. Il se souvenait aussi du baiser des fées. Mais ici, dans ces forêts de trembles et de hêtres, il s'attendait plutôt à recevoir l'étreinte de l'ours soviétique.

Au matin, de l'autre côté d'une petite rivière qu'il aurait pu presque enjamber en prenant son élan, Guillaume croisa la route de partisans qui le menacèrent de leurs armes. Ceux qui n'étaient pas complètement des soldats et celui qui n'en était plus un se regardèrent pendant un bref instant, interloqués, presque tétanisés. En d'autres temps, d'autres lieux, ils auraient pu appartenir à la même armée. Mais là, une rivière à la surface gelée et fragile les séparait. Fragile comme cette frontière séparant la France de l'Allemagne. Et la fuite était impossible. Durant ce bref moment où tout pouvait se décider, la survie comme la mort, Guillaume leva alors les bras vers le ciel et s'écria : *« Franzuski ! Franzuski ! »* « Français ! Français ! » Fait prisonnier par des gamins d'à peine 20 ans qui avaient certainement quelques soldats allemands à leur compteur, Guillaume se mit à genoux, les mains derrière la tête. L'hallali du martyr de l'Alsace était bel et bien arrivé à son terme, ici dans le gué d'une rivière.

Conduit sous bonne garde à travers un dédale de forêts et de marécages, Guillaume devint le prisonnier de la 6e brigade de partisans de Moguilev, placée sous le commandement d'un certain Konstantin Mihajlovic Belousov, soldat de l'Armée rouge depuis 1929. Avec sa gueule d'ange, sa trentaine d'années et ses cheveux gominés, Belousov passait pour un dur. Sa témérité à Minsk en 1941 lorsque la Wehrmacht encercla la ville et son inflexibilité lui avaient valu le respect de tous. Parmi ces dizaines de partisans, Guillaume rencontra aussi de nombreuses femmes, les *Partizanka*, ces amazones rouges qui participaient au combat un fusil à la main ou s'infiltraient comme espionnes derrière les lignes ennemies. Il prit à cet instant un peu plus conscience que ces mythes de femmes tireuses d'élite ou pilotes de char de l'Armée rouge que l'on se racontait dans les camions de transport de troupes étaient bel et bien réels et qu'il avait en face de lui – que l'Allemagne avait en face d'elle – une véritable nation en armes. Peut-être croisa-t-il sans le savoir la route d'Aleksandra Zakharova, l'une des six femmes commissaires des partisans de Biélorussie, qui raconta plus tard qu'elle « avait dans les premiers jours de la guerre tout perdu : mon travail, mes amis et mon bien le plus précieux : mon fils tout juste diplômé ». Zakharova s'était engagée corps et âme dans la résistance à l'envahisseur nazi, en formant les plus jeunes et en participant activement aux actions contre les troupes allemandes. Ainsi paysans, intellectuels, artistes, ouvriers, hommes, femmes, enfants et même prêtres formaient ici cette armée de libérateurs. Et malgré les menaces allemandes, celle-ci bénéficiait du soutien d'une population qui l'hébergeait, la nourrissait, lui réparait ses armes et lui fournissait chaussures et vêtements.

Belousov, fidèle à lui-même, n'eut aucune pitié pour ce prisonnier qui portait l'uniforme de la Wehrmacht. Après l'avoir dépouillé du peu de ce qui lui restait et surtout de ses bottes, Belousov lui fit comprendre qu'il n'était plus qu'un esclave entre ses mains féroces qui lui assénèrent quotidiennement ces coups forgés par une haine consécutive à deux ans d'occupation allemande. Comme tant d'autres Malgré-nous tombés entre les mains de partisans ou d'éléments réguliers de l'Armée rouge, Guillaume fut ainsi dévalisé et battu. Dans un document retrouvé après la guerre, le bilan d'une autre brigade, la brigade Za Rodinu (« Pour la mère patrie ») opérant elle aussi en Biélorussie, faisait état de 730 soldats et officiers allemands tués, 557 blessés et seulement 40 soldats allemands faits prisonniers. Quelque 3 % échappèrent à la mort ou à une blessure entre leurs griffes. Guillaume avait donc de la chance d'être encore en vie. Et même s'il répétait à grand renfort de gestes qu'il était français, qu'il avait dû servir malgré lui cet uniforme qu'il n'aimait pas, qu'il était l'ami des Russes, pour Belousov, Guillaume demeurait avant tout un ennemi, un « *Germanski* » venu sur sa terre pour tuer, piller, violer et exterminer les siens. Comment l'en blâmer ? Il s'agissait d'un partisan, pas d'un diplomate. D'ailleurs, Guillaume faisait-il la différence dans cette Armée rouge entre un Kirghiz et un Letton, entre un Moscovite fervent communiste et un Ukrainien dont la famille avait été affamée par Staline lors de la grande famine de 1932-1933, entre un Juif, un orthodoxe et un athée lorsqu'il tirait sur eux ? Non. Belousov aurait pu l'abattre immédiatement ou le faire exécuter, comme tant d'autres tombés sur la mauvaise personne, celle qui avait une vengeance personnelle à régler ou celle désireuse d'apparaître comme un communiste zélé ou un chef implacable. Son tortionnaire a-t-il envisagé de le tuer, comme ceux qui jouèrent à la roulette russe avec certains de leurs prisonniers, façon *Voyage au bout de l'enfer* ? Dans ce cas, je n'aurais eu, comme tant d'autres avant lui et tant d'autres après, qu'une date de disparition, approximative et pas de lieu de décès. Un peu comme son oncle Eugène. D'ailleurs, encore aujourd'hui, on connaît assez peu le nombre de Malgré-nous ayant déserté qui sont morts avant d'arriver en captivité. Peut-être des milliers.

Belousov lui réserva un sort bien plus cruel. Alors même qu'à quelques kilomètres de là se tenait devant la cour martiale de la Wehrmacht son procès par contumace, Guillaume Pfaadt affrontait un autre procès, sommaire celui-ci, devant le tribunal du peuple en armes soviétique où il n'y avait que deux possibilités : la réduction en esclavage ou la mort. Jugé et condamné par les deux totalitarismes du XXe siècle, Guillaume se vit ainsi accusé de ne pas être assez allemand d'un côté et d'être trop allemand de l'autre.

Ici, le calvaire de Guillaume ne faisait que commencer. À cette époque entre septembre et la fin de l'année 1943, de nombreux Malgré-nous comme Guillaume furent capturés par les partisans soviétiques et enrôlés de force par ces derniers. Ce fut notamment le cas de Jean-Jacques Remetter, officiellement le dernier Malgré-nous revenu du camp de Tambov, en 1955, enrôlé de force par des partisans dans les marais du Pripiat, en Ukraine. Certains combattirent même de plein gré leurs anciens maîtres. En août 1942, alors qu'Hitler donnait son aval à l'incorporation de force des Alsaciens-Mosellans, le Führer affirmait également par le biais de sa décision n° 46 que la lutte contre les partisans soviétiques relevait du commandement suprême de l'armée de terre dans les zones contrôlées par cette dernière. Des *Jagdkommandos* (« commandos de chasse ») avaient même été institués pour traquer les partisans. Peut-être que Guillaume participa à l'un d'eux sans se douter qu'il allait, quelques mois plus tard et pendant plusieurs semaines, servir d'appât pour capturer un maximum de soldats allemands dans cette chasse inversée.

Pendant quelques semaines, il demeura le prisonnier de ces corps francs, de ce peuple libre des forêts soviétiques. Il mangea les restes qu'on voulait bien lui donner dans sa prison de fortune, un cachot dans les bois. Il les suivit, d'isbas en bois dissimulées dans les forêts en usines désaffectées de villages repris aux Allemands, en passant par les hôpitaux clandestins où on opérait les blessés avec les moyens du bord et où les plus chanceux restaient handicapés. Il entendit leurs violons, leurs balalaïkas et leurs accordéons lors de leurs rares moments de répit. Il affronta les regards de haine des uns qui ne voyaient en lui qu'un ennemi de plus, responsable de la destruction de leurs villages et du massacre de leurs familles, et la compassion de ces quelques autres qui le considéraient comme un être humain avant tout et lui donnèrent un quignon de pain supplémentaire lorsque Belousov avait le dos tourné.

Bientôt, Guillaume n'eut plus d'utilité pour le chef de la 6e brigade. Était-il devenu trop faible ou ne convenait-il plus à ses plans ? Personne ne saurait le dire. Si bien qu'un matin les partisans l'abandonnèrent après avoir renoncé à l'exécuter d'une balle dans la nuque – peut-être qu'une once d'humanité durant ces brefs instants de la part d'un partisan ou d'une partisane ému(e) par son visage qui lui rappelait quelqu'un le sauva – et le confièrent à des éléments de l'armée qui passaient par là. Durant cette marche de la mort où tous ceux qui retardaient le rythme en payaient le prix fort, le moral de Guillaume oscilla certainement entre le bien-fondé de sa désertion et l'espoir secret que sa qualité d'Alsacien serait enfin découverte. Car beaucoup de Malgré-nous regrettaient déjà leur geste. Ils ne se doutaient pas combien la suite des événements allait leur donner raison.

23 décembre 1943

Sale, en haillons et certainement affamé, Guillaume rejoignit d'autres colonnes de prisonniers qui s'ébranlaient vers des camps provisoires. La neige tombait à nouveau. Dans une clairière, on le conduisit dans une datcha. Ses pieds emmaillotés dans des bottes de fortune crissaient sur le tapis neigeux. À l'intérieur, consultant une carte du front posée sur une table, se tenait un colosse de 2 mètres. Une armoire à glace dotée d'une tête de taureau et de cheveux blancs coupés ras. À son arrivée, l'homme releva la tête. Guillaume frémit en voyant le visage de ce dernier. Une partie allant de la pommette à la base de son cuir chevelu avait subi les ravages du feu, emportant son œil droit qui brillait de sa lueur morte bleu clair. Sur son cou épais palpitait la veine jugulaire, comme si elle tentait d'injecter en vain de la vie dans cet œil crevé. Guillaume s'attendait à voir, à tout moment, ce dernier changer de couleur et reprendre sa vivacité d'antan. Des galons sur les épaulettes de l'homme indiquaient sa condition d'officier. « Il doit s'agir du commandant », pensa-t-il. Un pistolet, rangé dans son étui en cuir, pendait à sa ceinture. L'homme toisa Guillaume pendant un instant puis sourit, dévoilant quelques dents en or. Le soldat russe qui accompagnait Guillaume et qui était resté sur le seuil rappela que Guillaume était alsacien ou en tout cas ce fut ce qu'en déduisit ce dernier en entendant *« Franzuski »*. Dans un allemand approximatif, le commandant proposa alors à Guillaume de conduire, en compagnie de soldats russes, une mission pour capturer un maximum d'Allemands de l'autre côté du front avant d'ajouter : « C'est ce que font les alliés. S'entraider. »

Guillaume déglutit un instant. « Non, je ne peux pas faire ça », pensa-t-il. L'appât chez les partisans passait encore mais de là à conduire une mission avec un uniforme étranger, non. Car s'il ne se faisait pas tuer, il risquait d'être capturé et fusillé après avoir été passablement torturé. Reger s'en donnerait à cœur joie, il en était sûr. Et puis, en repensant à tous ces hommes qu'il avait côtoyés dans le régiment, ceux dont il avait partagé les peines, les doutes, ceux dont il avait écrit les lettres, Erich et les autres, il ne pouvait faire cela. Il n'avait pas déserté pour ça. L'homme en face de lui pouvait sortir son arme et l'abattre là, maintenant, de sang-froid. Il l'avait certainement déjà fait. Personne n'en saurait jamais rien. Il ne serait jamais jugé pour ce crime et serait même décoré pour cela. Peu importe. Mais non, il ne pouvait pas faire cela. Tant pis.

« Non, c'est impossible. »

Le sourire de l'homme s'élargit, dévoilant d'autres dents en or. Il porta la main à hauteur de sa ceinture, et pendant un instant, Guillaume crut sa dernière heure arrivée. Mais l'homme se massa la hanche sans se départir de son sourire.

« Haracho. Haracho[1] *»*, se contenta-t-il de répondre avant de reprendre l'examen de sa carte comme si Guillaume n'était jamais entré dans cette datcha.

Le soldat russe l'escorta alors jusqu'à un petit bunker. Arrivé devant le seuil, il ouvrit la porte. À l'intérieur, deux fenêtres donnant sur l'extérieur apportaient un peu de lumière et des planches recouvertes de paille faisaient office de lits. Sur l'un d'eux se tenait un autre homme dont il distinguait mal les traits et qui s'était redressé de

1. « Bien. Bien. »

sa couche. En entrant dans le bunker, Guillaume passa la main devant ses yeux pour habituer ces derniers à la pénombre de la baraque.

« Salut, Français ! » lança alors le soldat russe derrière lui.

Guillaume tourna la tête vers ce dernier, qui le poussa doucement en souriant puis son regard revint sur l'homme à l'intérieur. La porte de la baraque se referma dans son dos et le bruit métallique de la chaîne passée dans un cadenas lui rappela, une fois de plus, sa condition de prisonnier et non d'allié. Pour l'heure, Guillaume restait préoccupé par son futur compagnon de cachot. Ce dernier se leva alors et avança lentement vers lui, sortant progressivement de la pénombre. « D'où vient-il ? Que fait-il ici ? Que va-t-il me faire ? » se demanda alors Guillaume, qui craignait que le commandant ne lui ait réservé un châtiment bien pire que la mort.

« D'où viens-tu ? » dit alors l'homme dans un français impeccable lorsqu'il arriva en face de lui. Plus petit que Guillaume, il arborait un sourire plutôt sincère et des yeux clairs. Guillaume soupira de soulagement. Visiblement, l'homme n'avait pas de mauvaises intentions à son égard.

« Je suis alsacien ! répondit tout de go Guillaume, sans trop savoir pourquoi, un peu comme on brandit un bouclier face à l'imminence du danger.

– Et d'où ?

– De Bischwiller !

– Oh, moi aussi ! » s'écria l'homme, la voix mêlée de joie, comme si d'un coup un soleil venait de déchirer un ciel d'orage et dissiper la peur.

Fou de joie, les deux hommes se donnèrent l'accolade. « Qu'il est bon de retrouver quelqu'un de chez soi, qui nous rappelle les heureuses années d'avant-guerre, notre famille. C'était Guillaume Pfaadt! Nous nous sommes serrés, nous embrassions et pleurions comme des enfants, tellement nous étions heureux de nous voir! C'était incroyable! Mais peut-on appeler ceci un hasard[1]? » raconta ainsi l'homme qui poursuivit son récit :

« Le gardien revint, portant deux repas. Guillaume avait tant de choses à me raconter, je le laissais parler, je l'écoutais, quel moment de bonheur!

"Il y a six mois, j'ai atterri ici, au front. Plus tard, ils m'ont constamment employé comme appât et lorsqu'ils n'avaient plus besoin de moi, ils m'ont relâché! Et aujourd'hui le 23.12.1943, je me retrouve ici, avec toi!"

Les jours passaient et j'avais l'impression d'entendre les épopées de Guillaume le jour d'avant, tellement elles étaient intéressantes! À présent, nous étions à six dans notre petite baraque. Nous partagions notre quotidien avec quatre prisonniers allemands. » Nous étions deux jours avant Noël, le premier que passait Guillaume sur le front mais également son premier en captivité.

Guillaume venait en réalité de rencontrer Paul Rebmann, qui habitait lui aussi à Bischwiller. Employé de bureau, Paul Rebmann avait été incorporé de force le 22 mai 1943 et envoyé sur le front russe, lui aussi dans le secteur de Moguilev, en Biélorussie. Les deux hommes échangèrent longuement sur leurs expériences du front. Paul Rebmann lui relata ainsi la prise d'un village non loin de Moguilev, vers la fin octobre, début novembre 1943, sous le feu roulant des orgues de Staline. « Nous étions très tôt le matin, à une centaine de mètres

1. Paul Rebmann, *Mes mémoires de guerre 1940-1945*, traduction de l'alsacien Claudine Drago.

d'un village. Tout le monde courait, je me sentais terriblement seul. J'entendais les balles siffler. On tirait de partout, à gauche, à droite. Il y avait des corps allongés au sol. Nos supérieurs ne se préoccupaient pas des corps, de toutes ces vies perdues, l'essentiel pour eux était de prendre d'assaut le village ! Des Russes occupaient les maisons et mouraient sous nos yeux. Malgré l'horreur, nous étions affamés, mais aucun ordre n'était donné pour pouvoir manger nos rations. J'avais tellement faim que je ne pouvais m'empêcher de fouiller le sac à dos d'un Russe mort pour y dénicher le moindre morceau de pain sec. J'avais honte mais on ne peut pas s'imaginer de quoi l'être humain est capable dans un moment pareil[1] ! »

À son tour, Guillaume lui relata son expérience dans la Wehrmacht, les combats, sa désertion, les partisans et son arrivée ici.

« Tu as de la chance qu'ils t'aient laissé la vie sauve, car généralement ils ne font pas de prisonniers, rétorqua Paul.

– Peut-être que tu as raison. Ici les conditions de captivité sont encore acceptables. En tout cas, j'ai l'impression que le plus dur est derrière nous. Ça s'est passé comment pour toi ? »

Paul Rebmann se gratta la tête.

« C'était lors de mon tour de garde. Ludwig, un Autrichien, était déjà là et m'attendait. Lorsqu'il neigeait, nous devions partir un peu plus tôt. Et comme il avait beaucoup neigé, nous avions du mal à marcher. La neige était lourde, compacte, et craquelait sous nos pas. Ce paysage enneigé était si beau, si calme, qu'il nous apportait, malgré la guerre, un peu de réconfort. Lorsque nous

1. Paul Rebmann, *op. cit.*

nous approchions de notre abri, les deux autres nous attendaient. Et comme d'habitude, on entendait : "Rien à signaler." Nous ne respections pas vraiment les règles! Nous avions pris l'habitude de nous relayer toutes les dix minutes, ainsi chacun d'entre nous pouvait en profiter et prendre un peu place sur la botte de foin. Le temps passait plus vite et l'on avait moins froid. Subitement, j'ai entendu un bruit. C'était Ludwig qui ronflait!!

« Mais tout de suite après, dans la seconde, il m'est arrivé un truc difficilement descriptible. Plus de témoins, deux dehors, un qui ronfle, et... un ange gardien, un complice qui me crie : "Dépêche-toi, cours, pars!" Sans réfléchir, j'ai fait ce que l'on me disait de faire. Comme si j'avais eu un ordre! J'étais terrifié et je courais en zigzag dans la neige; tout effort était difficile, pénible, mais il n'y avait plus de retour possible!

« De part et d'autre, je voyais des feux illuminer le ciel et j'entendais le sifflement des mitrailleuses. Je marchais comme ivre, j'étais en danger de mort, je pouvais me faire tuer d'une balle, d'une seconde à l'autre. Combien de mètres avais-je déjà derrière moi, une centaine? Je voyais des fantômes autour de moi; en fait, c'était des hommes en chemise blanche. C'était une unité spéciale russe. Désormais, les coups de feu ne venaient plus que du côté allemand[1].

– C'est incroyable! répliqua Guillaume.

– Oui, à qui le dis-tu! Mais tu sais ce qui est le plus incroyable?

– Non.

– C'est qu'avant de déserter j'ai rencontré dans une autre compagnie un autre Bischwillerois. »

1. Paul Rebmann, *op. cit.*

Guillaume le fixa, excité. Une intense curiosité brillait dans ses yeux.

« Ah oui, et qui ?

– Welsch Marcel.

– Sans blague, celui qui sort avec la fille de Louis Gucht ?

– Lui-même.

– Pas possible. »

Guillaume se tapa la jambe pour marquer sa surprise, un sourire au bord des lèvres. Bien sûr qu'il connaissait Marcel Welsch, qui fréquentait la fille d'Auguste Louis, le fameux « Louis Gucht ». Combien de fois était-il allé avec son père dans son salon de coiffure, non loin de chez lui, rue Française, pour, outre se faire couper les cheveux – si l'on pouvait appeler un bol sur la tête et un coup de rasoir tout autour se faire couper les cheveux –, prendre connaissance des derniers potins de la ville ? Qu'il était bon d'entendre ici parler de chez soi, de se souvenir de visages connus ou même de connaissances, et d'habitudes insignifiantes à l'époque et qui, dans cette prison, devenaient mythiques. Et à l'écoute de ces jours heureux, des sourires illuminèrent les visages des deux hommes tandis qu'ils poursuivaient le récit de leurs aventures respectives.

Janvier 1944

À la Kommandantur de la Wehrmacht à Berlin, l'instruction du cas Guillaume Pfaadt suivait son cours. Sur le front russe, la situation de l'armée allemande, qui entamait son « année terrible » et repoussait déjà de multiples offensives soviétiques qui allaient culminer avec l'opération *Bagration*, ne tenait plus qu'à un fil. Le

21 janvier 1944, le gauleiter Wagner écrivit au chef de la Wehrmacht, Wilhelm Keitel, pour exiger la peine de mort à l'égard de tout déserteur alsacien qui serait repris. Cela n'empêcha nullement les désertions de se multiplier. Dix jours plus tard, à Bischwiller, la police locale nazie interrogea l'oncle de Guillaume, Charles, qui assura à cette dernière qu'il n'avait pas échangé avec son neveu et qu'il ne savait pas où se trouvait ce dernier. Dans son rapport, la police politique assura que « la recherche du grenadier Guillaume Pfaadt est engagée et sera poursuivie ». « Recherche » se dit *Fahndung* en allemand mais peut aussi vouloir dire « chasse à l'homme ». On n'en était pas loin. Puis vint le tour des parents. À l'inquiétude de Stéphanie disputait la perplexité de Guillaume. Bien sûr, au détour d'une discussion, ce dernier avait entendu que dans telle famille le fils avait déserté la Wehrmacht pour rejoindre les Russes mais le père restait persuadé qu'il fallait supporter sa condition, faire le dos rond et laisser passer l'orage. Pourtant, au fond de lui, il ricanait, content que son fils ait fait la nique à ces foutus *Schwowe*. Guillaume et Stéphanie confirmèrent ainsi que leur fils ne leur avait pas écrit depuis la date de sa disparition et qu'ils ignoraient le lieu où ce dernier se trouvait. Et pour cause, Guillaume n'avait pas quitté l'URSS. En ce mois de janvier 1944, avec Paul, il s'apprêtait à arriver à Tambov, leur lieu de captivité. Tous les espoirs étaient donc permis.

Et pourtant… La grande roue de l'histoire qui s'activait à broyer l'Alsace depuis 1940 venait de croiser le destin des Pfaadt. Cette roue allait être brune pour eux. Et rouge pour Guillaume.

9

UN GOULAG ALSACIEN

Janvier 1944

Lorsqu'on le fit descendre du wagon en compagnie de Paul et d'autres prisonniers à la gare de Rada, Guillaume découvrit une forêt profonde, impénétrable. Rada, première étape du camp de Tambov dans l'*oblast*[1] du même nom, se situait en Russie centrale, à environ 450 kilomètres au sud-est de Moscou, au sein d'une région connue pour la fertilité de sa terre noire riche en humus (cette matière noire organique décomposée), le *tchernoziom*. Les températures y oscillaient entre 35 degrés l'été sous un soleil de plomb et une humidité insupportable avec ses innombrables moustiques et – 35 degrés l'hiver. Dans les wagons, ils laissèrent ceux qui n'avaient

1. Terme utilisé pour désigner les régions en Russie.

pas survécu au voyage. « À l'arrivée à Rata (Rada), le 23 décembre, il y avait des dizaines de morts de faim, de froid, de soif. Des loques humaines entrèrent au camp[1] », raconta ainsi un autre détenu arrivé quelques semaines plus tôt.

Après plusieurs heures de marche, Guillaume, Paul et les autres prisonniers arrivèrent devant la lourde porte qui marquait l'entrée du camp. Face à eux, de drôles d'habitations, des *zemlianka*, émergeaient du sol à environ une cinquantaine de centimètres de hauteur. Le camp n° 188 de Tambov était constitué d'environ 100 baraques enterrées dans le sol. Seules de petites lucarnes d'une trentaine de centimètres et des toits recouverts de roseaux offraient un peu de lumière aux détenus. Long de 800 mètres et large de 500 mètres, le camp était délimité par plusieurs rangées de hauts barbelés, éclairées la nuit par une vingtaine de lampes et entrecoupées de miradors dans lesquels de nombreux soldats veillaient à ce qu'aucun prisonnier ne s'échappât. Sur ces terres humides et marécageuses, les baraques étaient régulièrement inondées, entraînant la prolifération de maladies, comme la pneumonie, qui fit des ravages parmi les détenus, notamment durant l'hiver 1943-1944. « Avec Guillaume, nous décidons de faire le tour des baraques pour voir à quoi ressemble le camp. Un grillage, trois fois aussi haut que les baraques, entourait le camp. Des petites tours surmontaient certaines baraques et dans chacune d'entre elles, se trouvait une sentinelle. Nous reprenons le même chemin pour le retour. Pour notre première sortie, c'était suffisant. Comme il faisait froid, c'était un bonheur de retrouver notre baraque.

1. *Saisons d'Alsace*, revue trimestrielle, « 1943, la guerre totale », n° 121, automne 1993, La Nuée bleue.

Dans chacune d'elles, il y avait un poêle. Il se trouvait à l'entrée, à côté de la porte. Il était constitué de briques et de deux orifices, un pour faire du feu et un autre pour vider les cendres[1] », se souvint ainsi Paul.

Principal camp ayant abrité des incorporés de force en URSS au sein d'un système qui en compta près d'une centaine, le camp n° 188 de Tambov dépendait du NKVD, la police politique du régime, dirigée par le tout-puissant Lavrenti Beria, qui, ici, avait délégué son pouvoir au colonel Leschouk. L'un de ses subordonnés, Ivan Illarionovitch Evdokimov, dirigeait le camp. Il était secondé de plusieurs commissaires politiques, un certain Olari, membre du Komintern, et Maria Gerő, épouse de l'un des futurs cadres du parti communiste hongrois après 1945, Ernő Gerő. Cette hiérarchie se doublait d'une seconde, propre au camp, faisant de Pavel Antonov, un ancien aviateur roumain, le véritable chef administratif du camp. Il était entouré de trois hommes originaires de Mulhouse, des anciens gradés de l'armée française prisonniers, dont Joseph Fortmann, qui devinrent très vite impopulaires en raison de l'arbitraire qu'ils firent régner dans le camp et des avantages outranciers dont ils disposaient.

Divisé par nationalités, le camp était constitué en grande majorité de déserteurs de la Wehrmacht. Très vite, Guillaume et Paul constatèrent des différences notamment entre les Allemands de la Wehrmacht – plus favorisés – et les incorporés de force. Tout le monde n'était pas logé à la même enseigne. Mais pour l'heure, direction la salle de désinfection puis le coiffeur, qui leur rasa le crâne afin d'éliminer la vermine, notamment les

1. Paul Rebmann, *op. cit.*

puces et les poux qui harcelaient les détenus et s'étaient transformés en un puissant agent de propagation du typhus, qui avait décimé leurs rangs. À cet instant Guillaume apprit le nom du camp – Tambov –, qui allait symboliser pendant longtemps le martyr des Malgré-nous. Accompagné de Paul, il se rendit ensuite en quarantaine. Ils y restèrent deux semaines environ et rencontrèrent, pour la première fois, ces hommes tentant de survivre et dont ils ne connaissaient ni le nom ni la nationalité. Dès ces premiers instants dans le camp, Guillaume déchanta. Il prit conscience à cet instant qu'aucun traitement de faveur ne lui serait accordé. Il avait quitté un enfer pour en rejoindre un autre. Le repas symbolisa d'ailleurs cette désillusion. Il s'agissait d'une soupe tirée d'un grand fût. Elle était si claire qu'on avait l'impression de boire de l'eau. Quant au pain qui accompagnait cette soupe, il n'était, hélas, jamais suffisant.

Passé la période de la quarantaine, Guillaume se rendit dans sa baraque – l'une des 80 que comptait le camp et qui regroupaient les prisonniers –, avec deux objets qui ne devaient plus le quitter : une boîte de conserve et une cuillère pour la soupe. Dans ces baraques au sol de 30 à 40 mètres carrés, recouvert de sable, et nettoyées par des prisonniers victimes de punitions, les détenus dormaient sur des planches si exiguës – 5 hommes sur un bat-flanc de 1,80 mètre – que lorsqu'un détenu souhaitait se retourner la nuit, il obligeait tous les autres prisonniers de sa rangée à faire de même. Les plus chanceux possédaient un matelas rempli de foin, mais ils étaient rares... ceux qui avaient de la chance. La grande majorité dormait donc à même le bois. Environ 250 hommes logeaient ainsi dans chaque baraque. À ces baraques d'habitation s'ajoutaient celles qui abritaient les structures nécessaires à la logistique du camp : magasins, buanderie, état-major du camp, *Kommandantura*, le « Club » où étaient dispensés les cours de propagande par les commissaires Olari et Gerő, le réfectoire et bien entendu un pôle sanitaire avec pharmacie, centre de soins, dispensaire et morgue, dirigé notamment par des médecins, parmi lesquels quelques Malgré-nous étudiants en médecine au moment de leur arrivée au camp.

Commença alors pour Guillaume une vie de survie faite de souffrances, de solidarité et où, chaque jour, chacun se demandait comment augmenter sa ration de pain ou comment se procurer des chaussures dignes de ce nom. Très vite, Guillaume se familiarisa avec le règne de la débrouille, en confectionnant un outil à partir de rien ou en trouvant en lui-même une ingéniosité qu'il ne se soupçonnait pas jusqu'alors.

Dès 1943, il y eut une volonté délibérée des autorités soviétiques de regrouper tous les Français à Tambov. Mais si le camp n° 188 abrita une grande majorité d'Alsaciens-Mosellans, devenant ainsi *le* camp emblématique des Malgré-nous, d'autres nationalités (Italiens, Roumains, Hongrois, Danois, Polonais, Belges, Luxembourgeois) cohabitèrent avec ces derniers. Au début de l'année 1945, des volontaires français de la LVF (Légion des volontaires français contre le bolchevisme) et de la division SS Charlemagne arrivèrent également à Tambov et furent logés dans une baraque spécifique. Il ne s'agissait pas de les mêler aux incorporés de force ; même si, après la guerre, nombreux furent les Français à faire l'amalgame. Des Alsaciens-Mosellans engagés aux côtés de partisans russes rejoignirent également le camp à cette époque.

Guillaume continuait de croire qu'une issue favorable aux Alsaciens interviendrait bientôt. La France n'était-elle pas l'alliée de l'URSS ? Le soir, dans les baraques du camp, Guillaume écoutait les récits des soldats arrivés avant lui et notamment ceux faits prisonniers lors de la bataille de Stalingrad et emprisonnés dès décembre 1942. Leurs récits de la fureur des combats et de l'absence de pitié des troupes de l'Armée rouge lui semblaient si familiers. Alors, dans son for intérieur, il se persuadait qu'il avait pris la bonne décision, qu'il avait eu raison de déserter. Car il serait peut-être mort à présent. Tout en restant convaincu que la vérité sur les Malgré-nous finirait par éclater. « Je ne suis pas comme eux. Nous, les Alsaciens, ne sommes pas comme eux. Nous sommes français. Ils finiront bien par comprendre qu'ils ont fait une erreur et ils nous libéreront. Oui, c'est certain », pensa-t-il. Les jours se succédaient et les espoirs de Guillaume s'évanouissaient lentement, notamment lorsqu'il entendait les autres prisonniers allemands dire que les Russes ne faisaient pas de différence. Pour eux, ils étaient tous des Allemands car ils avaient porté l'uniforme de la Wehrmacht, de l'ennemi. Donc, les Alsaciens allaient payer comme les autres.

Ces soldats de la Wehrmacht avaient bel et bien raison car à Moscou, sous les ors du Kremlin, Staline et son âme damnée Lavrenti Beria, chef du NKVD, cette Gestapo soviétique, n'avaient jamais eu l'intention de faire preuve de la moindre mansuétude à l'égard des Malgré-nous qui désertaient la Wehrmacht et se rendaient à l'Armée rouge, et ce malgré l'intense propagande déployée par leurs services.

Ici aussi « le travail devait rendre libre[1] ». Enfin, le croyait-on. Des détenus travaillaient dans ce que l'on appelait des « *kommandos* » pour récupérer du bois, aider les paysans d'un kolkhoze, réparer des écluses ou chercher de la tourbe. Ces travaux devenaient vite pénibles, car il fallait faire plusieurs kilomètres à pied pour se rendre sur les lieux de travail, où des efforts physiques importants – porter plusieurs stères de bois ou des mottes de tourbe, demeurer dans l'eau glaciale de la rivière – étaient demandés à des hommes fortement affaiblis par des conditions d'incarcération difficiles, qui diminuaient ainsi *de facto* leurs chances de survie. Quelquefois, il était possible de voler quelques pommes de terre dans un champ, des orties ou des champignons en forêt ; sans compter l'humanité inespérée d'un paysan russe qui vous offrait un verre de lait. D'abord employé dans l'un de ces *kommandos,* celui du bois pour alimenter les différentes installations du camp, Paul trouva très vite d'autres occupations, dans les cuisines d'abord, puis comme tailleur dans la troupe du théâtre du camp. Le travail dans les *kommandos* ne concernait cependant pas la grande majorité des détenus du camp de Tambov, qui demeurait un camp de concentration, où l'on passait son temps à des tâches internes au camp mais surtout à ne rien faire, à ressasser l'injustice dans laquelle on se trouvait et à espérer qu'elle prendrait bientôt fin. Si le travail à l'extérieur du camp restait rare, celui nécessaire au bon fonctionnement du camp ne s'arrêtait jamais. Ceux qui exerçaient un métier spécifique ou recherché avant

1. Citation en référence à l'inscription *Arbeit macht frei,* « Le travail rend libre », marquée aux portes du camp de concentration et d'extermination d'Auschwitz.

la guerre pouvaient envisager un traitement de faveur, comme les tailleurs ou les cuisiniers. Les autres, comme Guillaume, dont le métier de peintre était répandu parmi les détenus – 165 sur plus de 8000 détenus en 1945 – ne pouvaient rien espérer.

Les prisonniers se réveillaient généralement vers 5 heures. Après une toilette sommaire et un petit-déjeuner – mais pouvait-on appeler quelques rasades de thé un petit-déjeuner ? –, le premier appel se tenait généralement pendant une heure et demie, souvent entre 7 et 8 h 30. Il s'avérait pénible, très pénible, surtout quand les températures descendaient en dessous de zéro. Une journée de travail entrecoupée d'un déjeuner frugal se terminait toujours par un nouvel appel et une séance de « rééducation soviétique » de deux heures. Un dernier repas et les hommes se couchaient, généralement vers 21 heures.

Selon le capitaine Schwing, auteur en août 1945 d'un rapport sur les prisonniers de guerre alsaciens-mosellans en URSS, les détenus du camp n° 188 de Tambov se classaient en trois catégories : ceux qui étaient « en bon état », ceux – la grande majorité – qui survivaient et ceux qui étaient considérés comme convalescents. La plupart d'entre eux avaient droit à 750 grammes de pain noir, trois soupes et une portion de *kacha*, sorte de bouillie de pomme de terre ou de chou. Les convalescents avaient un régime légèrement amélioré avec 500 grammes de pain noir ou 400 grammes de pain blanc, 20 grammes de beurre et 20 grammes de sucre, une soupe et trois *kachas*. En termes de calories, cela représentait environ 1340 calories par jour. À titre de comparaison, en 1944, le régime d'un détenu de Buchenwald s'établissait à 1750 calories par jour et à 2000 calories par jour à Auschwitz. On était donc en dessous des camps nazis même si, toutes proportions gardées, il n'y avait pas de volonté d'extermination ou en tout cas pas de système organisé à cet effet. Lors des repas – moments stratégiques de la journée –, qui ne duraient en général qu'une dizaine de minutes, les prisonniers avançaient en file indienne avec leur boîte de conserve et leur cuillère, objets dont dépendaient leur vie et bien souvent… leur mort.

À cela s'ajoutait la soif en été puisque le camp, dont l'effectif total avoisinait régulièrement les 10000 prisonniers, atteignant même 15000 hommes en février 1945, ne comptait qu'un seul point d'eau, non potable. Il fallait ainsi attendre plusieurs heures en été pour étancher sa soif. En hiver, si la conduite était gelée, il n'y avait d'autre solution que de se rabattre sur la neige. Ce problème en entraînant souvent d'autres : ceux de l'hygiène et de la propagation des épidémies. La diarrhée d'abord, qui toucha la quasi-totalité des détenus, mais également les œdèmes, la dystrophie, l'avitaminose, le déchaussement des dents, une vision altérée, la perte de poids. De nombreux survivants de Tambov ne pesèrent à leur retour de captivité que 35-40 kilos tout au plus. Avec ces conditions d'hygiène déplorables, les poux, les puces et les rats se multipliaient. Ils harcelaient les détenus de jour comme de nuit, tapissaient leurs vêtements et transmettaient de nombreuses maladies comme le typhus exanthématique ou la gale, qui toucha, selon un médecin à Tambov, 80 % des détenus, maladies auxquelles vinrent s'ajouter des cas de pleurésie et de pneumonie en hiver, consécutifs à ces appels sous des températures négatives, et de paludisme en été dans ces contrées marécageuses.

Les latrines constituèrent assurément l'épicentre de la souffrance concentrationnaire. Elles se trouvaient dans une baraque de 10 mètres sur 5 environ, construite entièrement en bois avec une dizaine d'orifices percés dans un plancher couvert de planches non fixées entre elles. Ces dernières recouvraient une fosse de 3 mètres de profondeur et étaient séparées par une autre planche d'environ 50 centimètres de hauteur qui permettait aux détenus de s'adosser, souvent dos à dos, pour effectuer leurs besoins naturels. Sans aucune intimité. Tout camp commençait par tuer cela.

Malades, les prisonniers étaient admis soit à l'hôpital du camp, soit à celui de Kirsanov, dépendant du camp, dans une ville distante de 90 kilomètres. Mais ils n'étaient pas sauvés pour autant, car se rendre à Kirsanov revenait bien souvent à entrer dans l'antichambre de la mort. Certes, l'endroit était un peu mieux chauffé que les baraques du camp, mais le régime alimentaire amélioré promis là-bas s'apparentait bien souvent à un vœu pieux. Le sauna de la quarantaine du camp servait à désinfecter les détenus mais, pour atteindre cet objectif, ces derniers se voyaient appliquer par des infirmières hilares un liquide qui les torturait. Et à peine sortis de la quarantaine, ils subissaient à nouveau les assauts de la vermine. Le matériel du personnel médical était plus que rudimentaire : une vieille table d'opération, des seringues et des pansements en quantité largement insuffisante – si bien qu'une même aiguille servait pour plusieurs patients, des instruments étaient réemployés, comme une pince à ongles pour amputer (bien entendu sans anesthésie, ou avec un peu d'éther si ce jour-là il y en avait), des ciseaux pour couper des hémorroïdes ou des lames de rasoir pour pratiquer tous types d'incision. Les malades reposaient côte à côte dans les lazarets, peu importe leurs pathologies, favorisant ainsi les contagions, notamment la propagation de la tuberculose. « J'ai bien sûr compris que ceux qui se faisaient admettre pour trouver du secours s'exposaient au pire s'ils ne quittaient pas rapidement les lieux[1] », se souvint Robert-Jean Klein, étudiant en cinquième année de médecine devenu médecin au camp à partir de fin août 1944 et affecté au lazaret n° 8.

Le soir, à la lumière des lampes à pétrole qui éclairaient faiblement l'intérieur des baraques, Guillaume et Paul discutaient avec d'autres Alsaciens-Mosellans. Ils leur demandaient s'ils avaient vu des types de Bischwiller. On leur répondait que oui, dans telle baraque, on avait entendu un type dire qu'il venait de là-bas mais sans plus. Alors ils se mettaient à la recherche de ceux qui avaient été leurs connaissances. À Tambov, Guillaume chercha en vain ses amis René Wirth et Marcel Reff. Mais ces hommes de Strasbourg, de Colmar ou de Rosheim, comme Victor Muller, ce jeune homme qui avait écrit à la craie des slogans hostiles aux nazis sur la porte de l'église en 1941 avant d'être incorporé de force et de se rendre aux Russes après la bataille de Koursk en octobre 1943, secouaient la tête. Ce dernier se souvenait d'ailleurs qu'« à peine arrivé, tout le monde voulait savoir s'il y avait un frère, une connaissance, un type du pays dans le camp[2] ». Mais non, ils n'avaient jamais entendu parler de ces noms. D'autres fois, on lui répondait que oui, il y avait dans telle baraque un type qui s'appelait Wirth. Guillaume, réjoui, partait dans ladite baraque pour découvrir que le type s'appelait en réalité Robert Wirth et venait d'un autre village. Car René se trouvait toujours sur le front russe.

1. Robert-Jean Klein, *Médecin à Tambov, mouroir des Alsaciens-Mosellans*, deuxième édition, Hirlé, 2002.

2. Entretien avec l'auteur, 10 juillet 2000.

À Tambov, Guillaume rencontra néanmoins d'autres Bischwillerois et avec eux, grâce à eux, la vie du camp devint moins difficile. « La première nuit, j'avais l'impression d'être à la maison ! Le bonheur de vivre avec des personnes du même village me rendait heureux », se souvint Paul. Outre ce dernier, Guillaume rencontra dans le camp Fernand Hirtler, l'herboriste qui tenait avec sa sœur Berthe la droguerie la plus réputée de la ville, et qu'il avait vu à la brasserie de la Couronne. Avec sa calvitie avancée, sa petite taille et presque la trentaine, Fernand était le plus âgé des trois. Il avait servi dans l'armée française au début de la guerre pour terminer sergent-chef. Il était bien loin le temps où sa sœur conseillait aux femmes de Bischwiller une gaine Reinabel pour trouver l'âme sœur au prochain bal du restaurant Au bœuf. Maintenant, Fernand Hirtler mettait plutôt son expertise des plantes au service de ses compagnons en leur donnant des tuyaux pour utiliser le charbon afin de combattre leurs maux de ventre incessants, et leur urine pour soulager les démangeaisons des puces. Ici, à Tambov, durant ces instants de souffrance et de doute, en voyant Fernand préparer baumes et remèdes, l'esprit de Guillaume revenait, comme devant une madeleine de Proust, dans l'herboristerie de la rue Poincaré à Bischwiller que tenaient les Hirtler. Il revoyait ces innombrables pots contenant sauge, valériane et autres plantes sur les étagères couleur miel du magasin et dans ces armoires à tiroirs en bois verni, d'où l'herboriste tirait quelques remèdes miraculeux pour lutter contre les rhumatismes et les congestions. Évoquer les gens que l'on connaissait, les rues traversées, la bière de chez Rinckes, les sucreries de Gutekunst et les bons petits plats que l'on dégustait chez les uns ou les autres faisait du bien à Guillaume. Parfois même, il en riait. Toutes ces discussions dans un alsacien qui n'était plus banni et qui ici, dans cet enfer, n'était plus la langue de l'opprimé mais celle du captif, lui redonnaient du courage. Tout cela lui permettait ainsi de se raccrocher à un espoir, celui d'une patrie qu'il avait dû quitter malgré lui, et à un rêve, celui de revoir ses proches, dont il était sans nouvelles.

Ensemble, les trois amis de Bischwiller s'entraidèrent et entretinrent l'espoir. Plus tard, à l'été 1944, ils croisèrent une autre connaissance de Bischwiller, Désiré Eiller, facteur de la ville voisine de Haguenau qui s'était marié avec une fille de Bischwiller, Marthe Heinrich, une amie d'Emma. Mais ils n'eurent que peu de contacts avec lui car l'ancien soldat de l'armée française en 1940, incorporé de force dans la Wehrmacht en mai 1943 et resté très francophile, intégra l'encadrement français du camp pour en devenir, après l'éviction du Roumain Antonov, en mai 1945, le responsable administratif. Surnommé « l'Ingénieur » par les Russes pour sa capacité à additionner de tête plus de cinq chiffres et à calculer sans l'aide d'un boulier, Désiré Eiller, grand et charismatique, avait déserté la Wehrmacht en juillet 1944 en Lituanie avant d'atterrir ici, à Tambov. Il avait laissé sa femme et sa fille de 1 an, qui étaient, comme les Pfaadt et d'innombrables familles, sans nouvelles de lui.

Pour occuper leur temps libre, les Soviétiques avaient tout prévu : une baraque abritant le fameux « Club » où des activités culturelles et des discussions sur les bienfaits du communisme étaient organisées sous la responsabilité du *politrouk*, le commissaire politique Olari, vétéran espagnol de la guerre d'Espagne et francophone. On pouvait même emprunter des livres en français, en allemand ou en roumain. Mais ces ouvrages ne brillaient pas par leur diversité. Ils vantaient surtout le système soviétique. « J'ai pris deux ou trois livres. Ce n'était pas la peine d'en prendre davantage car ils traitaient tous du même sujet, celui du travailleur soviétique[1] », affirma, lucide, Victor Muller. Dans un amphithéâtre, des représentations théâtrales glorifiaient l'*Homo sovieticus*. Grâce à son travail de tailleur – véritable planque –, Paul glana quelques avantages dont il fit aussitôt profiter ses amis Guillaume et Fernand. Une fois de plus, à la guerre comme en captivité, disposer des bons compagnons pouvait vous sauver la vie mais pour des raisons différentes. Enfin, lorsque la propagande ne suffisait pas, il restait les bureaux du NKVD où on recensait tous les prisonniers afin de recruter les futurs espions de l'après-guerre, après avoir enrôlé ceux du camp. Car le NKVD installa dans les baraques des « moutons », comme on les appelait, des taupes qui, en échange d'une soupe supplémentaire ou d'une corvée en moins, rapportaient au commissaire politique et aux chefs les conversations entendues. La perversité du système était telle que le personnel soviétique du camp lui-même était surveillé par des agents infiltrés et que les gardes étaient remplacés régulièrement pour éviter toute contagion idéologique. Enfin, question temps libre, il y avait bien un terrain de football où l'on pouvait croiser quelques internationaux étrangers, mais l'affaiblissement des corps obligea très vite les détenus à renoncer à cette activité.

« Ici, on ne regarde pas plus loin que le bout de son nez. Et il n'y a pas le temps de penser, de se demander comment vous avez fait pour en arriver là et comment vous en réchapperez[2] », écrivit quinze ans plus tard

1. *Ibid.*

2. Alexandre Soljenitsyne, *Une journée d'Ivan Denissovitch*, Robert Laffont, 2010.

Alexandre Soljenitsyne dans son roman *Une journée d'Ivan Denissovitch*. D'Ekibastouz à Tambov, où l'on croisait cette même *kacha*, ces mêmes *politrouks* et ces mêmes « moutons » infiltrés, de cet uniforme allemand revêtu sous la contrainte à celui, invisible, de prisonnier politique, Guillaume Pfaadt n'était pas si différent d'Ivan Denissovitch Choukhov. Guillaume avait lui aussi, d'une certaine manière, été prisonnier des Allemands et comme lui, mis à part son identité alsacienne, il ne savait plus vraiment qui il était. L'un et l'autre se rejoignaient dans ce système carcéral soviétique qui broyait les individus sans les exterminer en les conduisant au bord de cet abîme mental qui les déshumanisait et les réduisait à l'état de choses. À la différence des camps d'extermination nazis, le système soviétique n'assassinait pas mais poussait les détenus à se laisser mourir en brisant leur volonté. Comme Ivan Denissovitch Choukhov, Guillaume Pfaadt avançait sur le chemin d'une souffrance physique et mentale toujours plus grande. Ici, l'avilissement de la condition humaine était chaque jour plus avancé et l'anéantissement de l'espoir et de la résilience de chacun, chaque jour plus entamé. Comme Choukhov, Guillaume Pfaadt devint l'une des innombrables victimes des totalitarismes du XXe siècle. Comme tous les autres détenus, Guillaume passa très vite, durant ces six premiers mois de captivité, de la vie à la survie. Comme Choukhov, Guillaume fit le difficile apprentissage du mal, de la souffrance, de l'incompréhension, de l'humiliation, de l'injustice, de l'arbitraire et, pire que tout, de la résignation.

La comparaison entre le camp de prisonniers de Tambov et le goulag « traditionnel » n'est pas dénuée de fondements, puisque le Gupvi[1], mis en place en 1939 pour gérer les prisonniers polonais, et qui s'élargit ensuite à tous les combattants militaires et civils se battant contre l'URSS, avait été institué sur le modèle du goulag, système d'internement créé en 1934. Le Gupvi était placé sous la responsabilité du colonel Piotr Soprunienko, l'un des responsables du massacre des 15000 officiers polonais à Katyn, et qui livra au IIIe Reich, en vertu du pacte germano-soviétique de 1939, de nombreux opposants au nazisme réfugiés en URSS. Les deux systèmes étant régis par le NKVD, la police politique soviétique appliquait le même fichage administratif. L'URSS, devenue un État policier avant la guerre, confia ainsi au NKVD la gestion du système concentrationnaire des prisonniers militaires. Selon l'historien Régis Baty, le Gupvi, cette « nouvelle création du NKVD, se vit imposer un carcan idéologique et administratif qui l'empêchera d'évoluer et de s'émanciper par rapport au modèle "goulaguien" dont elle était dérivée[2] ». D'ailleurs, le camp de Tambov, comme de nombreux autres camps, avait été, au départ, conçu pour accueillir les soldats de l'Armée rouge ayant été en contact avec l'ennemi. Et puis, comme dans les goulags, de nombreux prisonniers furent employés à des travaux dans l'industrie ou dans l'agriculture, comme dans les kolkhozes de la région de Tambov.

Au final, sur le terrain, dans les camps, en quoi un prisonnier militaire se différenciait-il d'un « zek », nom habituellement donné aux prisonniers du goulag ? Pas

1. Direction centrale des prisonniers de guerre et des internés qui géra à la fin de 1945 plus de 400 camps que certains historiens n'hésitèrent pas à qualifier d'« archipel du Gupvi ».

2. Régis Baty, *Tambov, camp soviétique, 1942-1946. Les archives soviétiques parlent*, © Régis Baty, 2011.

grand-chose si ce n'est que la libération d'un prisonnier militaire était soumise à un accord entre nations belligérantes ou à la fin des hostilités quand le zek, lui, dépendait du bon vouloir de Staline. Mais dans les deux cas, qu'il fut ancien koulak, ennemi de classe, représentant d'une minorité, militaire ayant critiqué le régime ou son chef, comme Alexandre Soljenitsyne, ou incorporé de force, comme Guillaume Pfaadt, la vie quotidienne restait la même puisqu'il fallait survivre, lutter contre le froid, la faim, la vermine et suivre des cours de rééducation politique.

Ceux qui ne se pliaient pas à cette logique en subissaient les conséquences. Elles portaient un nom : corvée de chiottes. Celle-ci consistait à descendre jusqu'à la taille dans la fosse des latrines et à la vider dans d'immenses fûts qu'il fallait ensuite transporter dans les bois. « Deux hommes devaient transporter un lourd fût qu'ils remplissaient de merde ensanglantée, où surnageaient des pansements pleins de pus que l'on avait récupérés pour s'essuyer. On transférait le fût vers une fosse dans la forêt[1] », se souvint un détenu. Souvent, ces voyages entraînaient des projections de déjections sur leurs maigres vêtements, déjections qui gelaient en hiver et propageaient des maladies aux transporteurs. Et bien souvent, ces derniers regroupaient les têtes de Turc de chefs haïs. « Pourquoi désigner les prisonniers – trop souvent les mêmes souffre-douleur – pour presque les tuer ? » poursuivit ce même détenu. Oublier le salut réglementaire vous condamnait à quinze jours de corvée de chiottes, obtenir une ration de soupe supplémentaire, cinq jours, dormir par terre, trois jours. Ainsi, ceux qui

1. Pierre Rigoulot, *op. cit.*

avaient leurs « têtes » pouvaient facilement s'acharner sur des hommes fatigués par d'autres tâches ou harcelés en les envoyant dans la baraque 21, le *« karzer »*, sorte de prison et antichambre de la mort qui se trouvait à côté de la 22, la morgue. Car la captivité révélait vite la nature de chacun. Tous avaient été incorporés de force dans la Wehrmacht, certes. Mais tous n'usaient pas de la même stratégie pour s'en sortir, pour survivre. Ainsi l'homme affable se révélait ici, dans ces conditions extrêmes de captivité, quelqu'un de différent. Certains décidèrent donc de franchir la frontière, celle qui traversait le champ de l'honneur, pour passer du côté des tortionnaires. Comment des hommes qui étaient vos voisins, vos amis, vos connaissances, que vous côtoyiez tous les jours se transformaient-ils en implacables geôliers qui s'octroyaient des rations doubles quand d'autres mouraient de faim ? Par quel mécanisme intellectuel un homme ordinaire devenait-il un bourreau ? Pas forcément un criminel de guerre, non. Mais un bourreau du quotidien dont l'instrument de torture résidait dans un zèle sciemment ou involontairement utilisé pour sauver sa peau. Sans savoir que l'individualisme mis dans les mains d'un homme de pouvoir et sans règles pour le canaliser pouvait se révéler meurtre. Avait-il conscience de ce qu'il faisait ? Peut-être. Mais sa conscience affranchie de toute humanité et mue par son instinct primaire de survie, agrégée à celle de dizaines, de centaines d'autres, conduisait inévitablement et invariablement à la destruction du plus faible, de celui qui ne pouvait que compter sur l'empathie des autres pour se protéger et survivre. Et la distance, la complexité d'une telle chaîne de malheurs et de responsabilités dont les auteurs n'avaient pas ou peu conscience se transformaient en une mécanique sournoise et bien huilée conduisant au crime parfait. La répétition de ces punitions, venant souvent d'ailleurs de compatriotes alsaciens, brisait ainsi les plus vaillants et tuait à petit feu, à coups de corvée de chiottes, de bastonnade et de cachot – autre punition maniée avec sadisme par certains chefs français sous le regard amusé des Russes – ceux qui ne pouvaient se défendre.

L'hygiène devint ainsi vite une question centrale dans la vie du prisonnier. Se rendant au sauna tous les mois environ, il lui fallait entre-temps trouver d'autres solutions. La neige en hiver et une file d'attente de plusieurs heures en été devant le seul point d'eau du camp pour réaliser un brin de toilette. D'autant plus que les conditions de vie empiraient. Il n'était pas rare qu'un prisonnier fût mordu par des rats grands comme des chats et que leurs habits grouillent de puces. La faim et la soif poursuivaient leurs incessantes guérillas. « Ce camp est maudit », pensa certainement Guillaume en voyant ces hommes, devenus des spectres, arpenter les allées du camp pour aller péniblement aux latrines quand ils y parvenaient, ou se tenir difficilement debout pendant les appels. Son moral commença certainement à vaciller au fur et à mesure que les mois de captivité s'enchaînaient et qu'il comprenait à présent qu'il était certes un Alsacien, mais avant tout un prisonnier. Écrasé par le poids de la fatalité, lui qui n'aspirait qu'à devenir peintre comme son père compta sur les soutiens merveilleux de Paul et de Fernand, qui représentèrent pour lui une bouée de sauvetage dans cet océan de détresse. Ceux qui n'y parvenaient pas, se laissant submerger par le désespoir, se transformaient en ombres, le regard vide, et finissaient dans la baraque 22, cet antre de la mort. « Vais-je devenir comme eux ? » « Trouverai-je suffisamment de forces physiques et psychiques pour ne pas me laisser entraîner ? » furent probablement les questions qui l'assaillirent durant ces premiers mois, avant qu'elles ne fussent remplacées par une autre : « Combien de temps, de semaines, de mois s'écouleront avant que je ne devienne comme eux ? » Au début, Guillaume se battit contre lui-même pour s'empêcher de penser à cela en secouant la tête, lors de ses discussions avec ses amis de Bischwiller, ou en étouffant des refus de rage qui ne sortirent jamais de sa gorge. Puis l'affaiblissement, l'avitaminose et la déshumanisation effectuant leur travail de sape, il commença, certainement sans s'en rendre compte, à glisser, lentement, sur cette pente qui ne se remontait jamais.

7 juillet 1944

Le premier hiver, terrible, était passé. Puis la fonte des neiges inonda le camp. Les mois de captivité s'enchaînaient, et devant les morts que l'on sortait chaque jour de sa baraque, les désillusions de Guillaume se muèrent en désespoir. Il comprit progressivement que personne ne viendrait le sortir d'ici. Personne ? Peut-être pas. Car entre la France libre et l'URSS, des tractations avaient débuté pour aboutir à la reconnaissance du général de Gaulle comme seul représentant de la France. La question des Alsaciens et Lorrains incorporés de force dans la Wehrmacht avait été soulevée par Roger Garreau, futur ambassadeur de France en URSS. Ainsi, dès 1942, il avait été question de regrouper ces derniers dans un camp en URSS pour les mettre à disposition du Comité français de libération nationale, officiellement reconnu le 26 août 1943 par un Staline plus préoccupé par sa nouvelle offensive contre la Wehrmacht sur le Dniepr. Alors que le camp n° 188 accueillait de plus en plus de détenus ayant déserté l'armée allemande, les négociations étaient entrecoupées d'espoirs brisés et de folles rumeurs, comme l'annonce du procureur général, Andreï Vychinski, l'artisan des Grandes Purges de 1936-1938, le 9 septembre 1943, d'un prochain rapatriement des Malgré-nous[1]. Finalement ce ne fut qu'au mois de mai 1944 que le gouvernement soviétique accepta le principe d'une libération d'un contingent de 1 500 prisonniers, prévue pour le mois de juillet 1944. Les premières sélections débutèrent au printemps. Des centaines de détenus, dont Victor Muller, se préparèrent. Leurs tâches furent allégées et leur alimentation améliorée. Il ne fallait surtout pas que les Alliés puissent découvrir la vérité. Libéré, Victor Muller s'engagea dans la 1re armée du général de Lattre de Tassigny avant de revenir chez lui. Il reprit l'activité de son père, marchand de porcelets, et décéda soixante-dix ans après son incorporation de force, en 2013, non sans avoir témoigné auprès des jeunes générations de son expérience et de sa captivité.

Pourquoi Guillaume n'intégra pas les 1 500 ? Selon quels critères ? Encore aujourd'hui, personne ne peut apporter de réponse claire à cette question. Guillaume était-il malade à ce moment ou pas suffisamment en forme pour faire partie des élus choisis pour servir une propagande visant à montrer que les conditions de détention étaient décentes ? Des inimitiés au sein du camp lui ont-elles barré le chemin d'un retour en Alsace ? Ou avait-il refusé de devenir un agent de renseignement soviétique après son entretien avec le NKVD dans les

1. Pierre Rigoulot, *op. cit.*

bureaux du camp? Car si Staline considérait les Alsaciens comme des traîtres et avait exigé qu'ils soient traités avec la plus grande sévérité, sans égard pour leur désertion, le dictateur accepta en revanche qu'ils deviennent « ses » traîtres. Après tout, la liberté n'avait pas de prix et, pour certains, devenir un espion dormant en France constitua certainement un moindre mal, surtout s'il vous permettait de sortir de cet enfer. Les trois Bischwillerois ne furent donc pas sélectionnés pour faire partie de ce premier convoi de prisonniers libérés ce 7 juillet 1944 en présence des généraux Ernest Petit, chef de la mission militaire française en URSS, et Ivan Petrov, commandant de la IIIe armée d'Ukraine qui avait remplacé Soprunienko à la tête du Gupvi. Au milieu de l'allégresse générale célébrant l'alliance franco-russe contre le fascisme, les officiels et les heureux élus avalèrent un dernier repas alors que derrière ce macabre village Potemkine, d'autres détenus continuaient à mourir – même si on avait tout de même pris soin de vider la morgue avant l'arrivée des généraux...

Les portes du camp s'ouvrirent et les 1 500 prisonniers sortirent en rang vers la liberté. Après un périple qui les mena de Téhéran à Alger en passant par Bakou et Bagdad, ils changèrent plusieurs fois d'uniforme et retrouvèrent leurs parents, leurs amis. D'autres ayant eu enfin, et pour la première fois, l'occasion de choisir leur cause, celle de leur Alsace chérie, participèrent à la libération de leur région, notamment dans la poche de Colmar.

Alors que se refermaient les portes du camp et que disparaissaient à l'horizon ses anciens compagnons d'infortune, Guillaume se demandait bien comment il allait faire pour ne pas crever ici. Car en cet été 1944, nombreux étaient les fils de l'Alsace qui continuaient à mourir sur le champ de bataille ou dans les camps de concentration soviétiques. Ils furent ainsi cinq, cinq fils de Bischwiller nés en 1920 comme Guillaume – sur les 12 durant la totalité de la guerre – à mourir durant cette période, en Lettonie, en Pologne ou en Biélorussie. Parmi eux, plusieurs camarades de classe de l'école protestante avec qui Guillaume joua certainement dans la cour de récréation. Parmi eux, René, son ami de toujours, tué le 27 juillet 1944 près de Brest-Litovsk, la veille de la reprise de la ville par les Soviétiques. Après une première blessure, il était parti en convalescence à Trèves, en Allemagne, avant de revenir sur le front. René avait décidé de jouer ce jeu macabre, celui de servir le IIIe Reich sans chercher à le fuir, sans chercher, comme Guillaume, à déserter. Et il en était mort. Une semaine après son décès, le 5 août, une lettre apprenait la terrible nouvelle à sa femme, Lotti.

Chère Madame Wirth,

Il m'est pénible de vous informer du décès de votre mari devant Brest-Litovsk le 27 juillet 44 causé par des éclats d'obus à l'arrière de la tête. Il est tombé dans l'accomplissement de son devoir, conformément à son engagement envers le Führer et la patrie.

Au nom de ses camarades je vous adresse ma plus chaleureuse compassion. La compagnie honorera sa mémoire à jamais. Puisse la conviction que votre époux a donné sa vie pour la grandeur, la pérennité du peuple allemand et du Reich, être une consolation dans cette lourde peine qui vous affecte.

Je vous salue avec mes sincères condoléances.

Greib
Lieutenant et commandant de compagnie

René et Guillaume. Deux enfants riant en alsacien à la vue d'un cochon dans la maison familiale des Pfaadt, la bouche maculée du sucre des tartines de Stéphanie. Deux adolescents comparant leurs dessins de nature, d'oiseaux, de rivières. Deux adolescents devenus trop vite adultes avec la guerre. Deux jeunes hommes qui, à l'image de tous ces Alsaciens, choisirent, au carrefour de l'histoire entre deux directions, entre deux possibilités : combattre sous un uniforme honni ou déserter pour être libre. René avait payé de sa vie ce choix cornélien. Quant à Guillaume, il était toujours en vie. Mais pour combien de temps ? Car une chose était certaine : à Tambov, la mort attendait son heure et, de son regard acéré, elle guettait Guillaume.

10

REDEVENIR ALLEMAND

6 juin 1944

Le jour n'était pas encore levé lorsque, sur les plages de Normandie, débarquèrent des milliers de troupes américaines, anglaises, canadiennes ou australiennes. À l'autre bout de la France, une heure plus tard, on frappa à la porte de la maison de la rue Française.

« Qui est là ? » demanda Guillaume, qui venait à peine de se lever. Derrière lui, Stéphanie, vêtue d'une robe de chambre, regardait, apeurée et une main sur la bouche, la porte. Jean, leur fils de 16 ans, se tenait à ses côtés.

« Gestapo, ouvrez ! » vociféra l'homme de l'autre côté de la porte tout en continuant à tambouriner dessus.

Guillaume lança un regard à sa femme et à son fils, un regard presque de défi mais qui, dans cette situation, rassurait. Son fils ne devait jamais oublier ce regard qu'il fit sien en toutes circonstances, celui d'un homme qui n'a peur de rien ni de personne. Au contraire de sa mère, dont la main saisit l'épaule de son fils et la pressa comme une serre d'aigle, obligeant ce dernier à la regarder. Jean surprit alors dans les yeux de sa mère quelque chose qui ressemblait à l'instinct d'un animal puisant dans ses forces les plus profondes matière à sa survie. Car Stéphanie avait peur. Peur qu'ils viennent pour Jean, pour l'enlever, comme ils l'avaient fait pour Guillaume. « Ils ne me le prendront pas », se promit-elle.

Guillaume déverrouilla le loquet de la porte d'entrée et celle-ci s'ouvrit aussitôt sur deux hommes, habillés en civil avec deux longs manteaux en cuir. L'un d'eux, se souvint Jean, avait de magnifiques yeux verts. Clairs comme des lacs de montagne. Brillants comme ceux d'un fauve.

« Vous êtes Wilhelm Pfaadt ?

– Oui, c'est moi. Pourquoi ?

– Au nom du Führer, vous êtes en état d'arrestation.

– Et pour quels motifs ? demanda Guillaume.

– Attitudes antiallemandes. »

Son père réprima un sourire que l'homme aux yeux verts ne manqua pas de remarquer. Défait, il lui répondit par un rictus. La lutte contre l'occupant était aussi faite de ces moments furtifs, subreptices, qui ne duraient qu'une seconde ou deux et où on se sentait libre. Il faut dire que depuis près d'une année, depuis que son fils aîné était parti pour le front russe, Guillaume forçait un peu trop sur la bière et le schnaps et laissait échapper quelques critiques sur Hitler et son régime, quand il ne leur vomissait pas dessus. D'ailleurs, à Bischwiller, tout le monde n'en pensait pas moins. Même les familles des incorporés disaient que la Wehrmacht passait un sale quart d'heure en Russie, allant de défaite en défaite, et que la fin était proche. On s'en foutait. Qu'elle se fasse laminer par les Russes ou les Américains, peu importe, tant que nos fils revenaient à la maison.

Derrière lui, Stéphanie laissa échapper un soupir. Elle était presque soulagée. « Ils viennent pour nous et pas pour Jean. » Peu importe où ils les emmèneraient, elle et les siens, Stéphanie resterait avec son fils. Elle pourrait le protéger. Et même si Jean devenait un homme et se révélait du haut de ses 16 ans bien plus malin que nombre de ses aînés de Bischwiller, elle devait encore veiller sur lui parce qu'elle n'avait pas su veiller sur Guillaume, son fils aîné.

« Allez ! Prenez quelques affaires et en route ! *Schnell !* lança l'autre gestapiste.

– Attendez..., coupa calmement l'homme aux yeux verts en levant une main qu'il plongea dans son manteau pour y chercher un papier qu'il déplia. Vous êtes bien les parents de Guillaume Pfaadt, mobilisé le 23 mai 1943 au sein du 480e régiment de grenadiers ? »

En entendant le nom de son fils, Stéphanie releva ses yeux angoissés dans lesquels son interlocuteur trouva sa revanche.

« Oui, c'est mon fils. Notre fils. Que se passe-t-il ? » demanda-t-elle, la voix tremblante et redoutant une terrible nouvelle.

Les lèvres de l'homme aux yeux verts tracèrent un sourire carnassier sur son visage. Il regarda Guillaume. Sa revanche était totale. « Décidément, ils ne mettent pas longtemps à s'effondrer », pensa-t-il. Il replia alors la feuille et la remit dans sa poche.

« Des traîtres, de père en fils. Allez, en route. »

Alors c'était cela. La *Sippenhaft*. La « responsabilité de la parenté », cette pratique du Moyen Âge germanique qui rendait responsable la famille d'auteurs de crimes contre l'État, que le IIIe Reich avait rétablie pour punir les familles des déserteurs de la Wehrmacht en les condamnant à la déportation à l'intérieur du Reich et en incitant la population à la délation. Il ne s'agissait pas de lui mais de son fils. Guillaume avait déserté la Wehrmacht et errait quelque part en URSS. Ce qui expliquait la visite de la police quelques mois plus tôt. Guillaume n'avait pas été tué. Il avait déserté et était vivant, son père en était certain. La première pensée qui vint à l'esprit de Guillaume concerna le calendrier. On était en été. Guillaume ne risquait pas de souffrir du froid. Mais pour le reste…

Guillaume se tourna vers Stéphanie, toujours aussi inquiète. Il sourit à sa femme. Mais elle ne le regardait pas. Tout son être semblait focalisé sur cet homme et cette feuille. Elle ne partageait pas la confiance de son mari. Certes, Guillaume avait déserté. Mais était-il vivant ? Et où se trouvait-il ? Tant de questions qui l'empêchaient de se réjouir. De sourire. Même cyniquement.

Arrêtée, la famille Pfaadt fut conduite en train jusqu'à Colmar puis envoyée dans un camp de rééducation nazi, de l'autre côté de la frontière, à Schelklingen, dans le Bade-Wurtemberg.

Rééduquer, voilà le maître mot. Un frère devait devenir un bon nazi tandis que l'autre était contraint d'apprendre à faire siennes les vertus du communisme. Une famille écartelée entre les deux totalitarismes du XXe siècle, qui avaient cherché à en faire leurs modèles d'hommes nouveaux. Pris en tenaille entre deux ennemis. La famille Pfaadt vivait cette situation depuis près d'un demi-siècle. On avait appris à leur père à être un bon Allemand puis à devenir un bon Français. Et voilà que maintenant ses fils devaient devenir comme tant d'autres Alsaciens de bons nazis ou de parfaits communistes, capables même d'être, sitôt libérés, des agents dormants de l'Union soviétique. Pas étonnant que les Pfaadt, à l'image de nombreux Alsaciens, résistent à cela en brandissant leur identité régionale.

Une nouvelle fois, l'histoire se répétait chez nous. Coincés entre le marteau allemand et l'enclume française en 1914, voilà que deux frères Pfaadt se retrouvaient une nouvelle fois écartelés entre les deux grandes puissances ennemies de cette Europe qui avait renoué avec la guerre. Tandis que Guillaume tentait de survivre dans un goulag soviétique, son frère Jean prenait le chemin d'un camp nazi. Et en ce 6 juin 1944, premier jour du commencement de la fin, que tout le monde, y compris les Pfaadt, ignorait, Stéphanie n'imaginait certainement pas que la malchance de l'un de ses fils entraînerait la chance de l'autre dans ce sinistre jeu à somme nulle auquel avait joué et perdu bien malgré elle sa belle-mère, Fredericke, près de trente années plus tôt. Maudite histoire.

Schelklingen n'était pas Auschwitz. Ni Buchenwald, ni Dachau, ni le Struthof. Non, dans ce camp situé en plein centre de cette petite ville de moins de 10000 habitants du *Land* du Bade-Wurtemberg, insérée dans une vallée tapissée de conifères, on rééduquait, on pliait les récalcitrants au nazisme : ceux qui, en Alsace, soit avaient trop manifesté leur francophilie, soit devaient payer comme les Pfaadt pour la désertion de leur fils. Cependant, selon la volonté d'Heinrich Himmler, on ne pliait que ceux qui possédaient du « sang allemand » et qui avaient été diagnostiqués comme tels. Car avant d'arriver au camp, les Pfaadt, comme tous les Alsaciens envoyés là-bas, furent analysés par un inspecteur du RuSHA, acronyme de *Rasse- und Siedlungshauptamt*, le Bureau pour la race et le peuplement, chargé de contrôler leur pureté raciale avant que leur pureté idéologique ne soit restaurée dans ce camp. Batterie d'examens et mesures anatomiques en tout genre donc.

Ancien camp de prisonniers de guerre polonais après l'invasion de la Pologne par la Wehrmacht en 1939, Schelklingen était un *Umsiedlungslager SS-Lager*, un camp de transplantation réquisitionné par Heinrich Himmler en octobre 1942 et dirigé majoritairement par des SS, qui s'employaient donc à faire rentrer dans le droit chemin ces Alsaciens qui s'étaient « égarés » de la nation allemande. Cette politique procédait donc de la volonté du *Reichführer* SS de ne pas laisser de citoyens de « sang allemand » aux mains d'ennemis potentiels. Et au sein du RuSHA, cette politique était plus spécialement coordonnée par le *Volksdeutsche Mittelstelle* ou VoMi, agence de rapatriement des « Allemands de race » créée en 1937. Cette agence fut responsable du déplacement de près d'un million de personnes dans les territoires occupés, dont 30000 Alsaciens et Lorrains, et fut jugée pour crimes de guerre et crimes contre l'humanité lors du huitième procès de Nuremberg entre octobre 1947 et mars 1948. Si le commandant du camp était un nazi médiocre de 66 ans dénommé Richard Wetzel, *Untersturmführer* SS (lieutenant), ancien marchand de textiles et membre du parti depuis 1931 et de la SS depuis 1935, le véritable chef du camp se prénommait Otto Hofmann, *Gruppenführer* SS (général SS) ayant participé à la conférence de Wannsee le 20 janvier 1942, où se décida la solution finale du génocide des Juifs, ancien chef du RuSHA, et qui gérait pour la VoMI le sud-ouest de l'Allemagne. Dans la région du Wurtemberg et plus particulièrement à Schelklingen, il détacha un conseiller, l'*Obersturmführer* Hermann Grotz, un homme d'affaires qui avait rejoint le parti nazi en 1929 puis la SS en 1934. C'est auprès de ce dernier que Jean allait jouer son destin.

Le camp de Schelklingen, qui accueillait ces « Allemands de race » non fiables comme les Pfaadt, constituait l'un des maillons d'un vaste réseau de camps de rééducation et de regermanisation estimés à environ 1 500, majoritairement en Allemagne, en Autriche et en Pologne. Schelklingen était situé à une vingtaine de kilomètres d'Ulm, cette même ville où Guillaume effectua ses classes avant d'être envoyé sur le front russe. En voyant le Danube, cet autre fleuve majestueux, Stéphanie repensa certainement à son fils qui l'avait traversé une année plus tôt, avant de se retrouver sur les rives du Dniepr.

Les Pfaadt ne furent pas les seuls Bischwillerois à être envoyés dans ce camp puisque s'y trouvèrent également les Zimmermann, la famille du directeur de l'école élémentaire qui servit dans l'armée française en 1940; Henri Ganière, horticulteur de la ville, surnommé « Vive la France Henri » pour avoir refusé de faire le salut nazi et avoir crié « Vive la France », avec sa femme et ses trois enfants dont le dernier, Jean-Louis, n'avait que quelques mois; Joseph Stuertzer, employé de bureau avec sa femme et ses deux enfants et Léo Methia, un ouvrier d'usine, lui aussi envoyé là-bas avec sa famille. Et si Schelklingen n'était pas Auschwitz et qu'on n'y mourait pas, ce qui constituait une différence de taille, il n'en demeurait pas moins que les Pfaadt devenaient eux aussi, à cet instant, des déportés – que le ministère des Anciens Combattants qualifia plus tard de « déportés patriotiques » et qui valut à mon grand-père sa carte de déporté –, avec leur lot d'angoisses, de déracinement et d'oppression.

À leur descente du train, valises à la main, les Pfaadt furent accueillis par des SS dans leurs uniformes à tête de mort qui leur hurlèrent dessus. Ces hommes n'avaient aucun respect pour ces Alsaciens, ces « traîtres » qui, bien qu'étant de souche allemande, bien qu'appartenant à ce que l'on appelle les *« Volkdeutsche »* (« Allemands par le peuple »), tiraient dans le dos de leur patrie. Le camp étant situé à l'intérieur de la ville, les déportés, hommes, femmes, enfants et vieillards confondus progressèrent en file indienne dans les rues, passant devant commerces et restaurants et croisant alternativement les regards suspicieux, méprisants ou éberlués des habitants. Au mieux des silences. Au pire des insultes et des crachats. Ironie de l'histoire, les fils de ces mêmes familles trop françaises ayant fui la Wehrmacht en Russie récoltèrent à leur retour de captivité, à Chalon-sur-Saône, à l'automne 1945, des crachats d'une population française les considérant comme des nazis. Et en ce mois de juin 1944, il faisait chaud et le soleil de plomb accablait un peu plus cette colonne de prisonniers humiliés qui s'ébranlaient vers leur lieu de détention sous l'ombre d'un château en ruines. Les cloches de l'église Jésus-Christ résonnèrent comme le glas de leurs espérances et les maisons à colombages leur rappelaient peut-être leur Bischwiller qu'ils avaient quitté le cœur lourd. La frontière avec l'Alsace n'était pas loin. Si proche et pourtant si lointaine…

« Umsiedlungslager SS-Lager » s'affichait en grand sur le panneau qui marquait l'entrée du camp fermé par un haut mur surmonté d'une rangée de barbelés. Le camp était constitué d'un grand bâtiment de trois étages, le Konradihaus, autour d'une grande place où il fallait

chaque jour se soumettre à l'appel, sous l'ombre du drapeau nazi qui vous rappelait que vous étiez, avant tout, la créature du Führer. En entrant, Guillaume, Stéphanie et Jean se posèrent, consciemment ou inconsciemment, la question qui anima chaque prisonnier des nazis depuis 1933, peu importe le camp : « Vais-je un jour sortir d'ici ? »

Passé l'enregistrement, on amena les Pfaadt dans leur cellule, un dortoir d'une quarantaine de châlits en bois avec des matelas en laine de verre où les familles pouvaient rester ensemble. Le mobilier était sommaire : quelques armoires, une table et des tabourets. Puis vint, sous les figures tutélaires du Führer et du *Reichsführer* SS, le discours du *Lagerführer*, le commandant du camp, sur les vertus du nazisme, de l'Allemagne éternelle et sur leur devoir de servir leur véritable patrie. On promit aux membres des familles que s'ils manifestaient de la bonne volonté ils pourraient rentrer chez eux. En plus de leur déportation, tous leurs biens avaient été confisqués par le Reich. Certains eurent cependant le droit de faire venir une partie de leurs meubles de Bischwiller. Mais la promiscuité des lieux contraignit très vite les autorités régionales nazies à limiter dès août 1943 les transplantations aux seuls cas de familles de réfractaires et de déserteurs. Environ 700 personnes furent ainsi accueillies dans ce camp prévu pour 500 personnes au maximum, si bien que nombre d'entre elles logèrent chez des habitants de Schelklingen qui manifestèrent bien souvent sympathie et bienveillance à l'égard des prisonniers.

Après l'appel quotidien qui se tenait à partir de 7 heures sur la place du camp, tout le monde devait travailler, soit à l'intérieur du camp, soit dans les fermes ou les usines alentour. La plupart d'entre eux exercèrent leur métier au camp. Ainsi, les Ganière, horticulteurs à

Bischwiller, s'occupèrent du jardin du camp. Les Pfaadt n'échappèrent pas à cette règle. Le père travailla dans une usine tandis que Stéphanie faisait le ménage dans les locaux des SS et nettoyait leurs beuveries. Jean, de son côté, retrouva très vite sa capacité à tirer avantage des situations les plus inextricables. Il remarqua que le conseiller Grotz possédait un berger allemand. Par l'intermédiaire de sa mère, il devint ainsi le responsable d'Hasso, le plus fidèle compagnon de l'*Obersturmführer*. Une fois de plus, Jean louvoyait avec le nazisme. Un louveteau parmi les loups. En 1942, il avait évité les Jeunesses hitlériennes en se soustrayant à leur emprise, peut-être en donnant quelques gages pour éviter d'adhérer à l'organisation nazie tout en décrochant en secret le drapeau à croix gammée de la mairie de Bischwiller. Ici aussi s'occuper du chien d'un des responsables nazis de la région lui permettait non seulement d'obtenir quelques avantages mais surtout de lui éviter l'incorporation dans la SS. D'ailleurs, aucun membre de la famille, ni leur père ni son frère Guillaume – les archives l'attestent –, n'adhéra à une organisation nazie. Être toujours à la frontière entre le bien et le mal puis plus tard entre la légalité et l'illégalité, s'arranger avec la réalité devinrent pour lui des règles de vie qu'il suivit jusqu'à sa mort.

Le soir, après le travail, les familles alsaciennes où se mêlaient paysans, instituteurs, médecins ou ouvriers se retrouvaient dans les dortoirs ou le réfectoire autour de soupes communes à base de légumes et de pommes de terre, ou de bouillies de millet, et discutaient de leurs amis, de leurs maisons mais surtout de cette province perdue qu'ils avaient laissée avec leurs fils partis sur le front de l'Est ou, comme ceux de Ballersdorf, assassinés en février 1943 au camp du Struthof, et dont les familles furent expédiées à Schelklingen. Les séances de lessives collectives avec leurs grands baquets en métal émaillé posés sur de longues tables en bois se transformaient bien souvent en agoras alsaciennes.

Les conditions d'hygiène étaient plus que rudimentaires. On se lavait avec de l'eau glacée aux lavabos communs et il ne fallait pas espérer de douche. Ces conditions entraînèrent bien évidemment le développement de la vermine, qui harcelait, de jour comme de nuit, adultes et enfants. Ainsi, cafards, punaises, puces et poux devinrent le lot quotidien de tous, notamment des enfants, dont il fallut raser la tête. Les médecins de Schelklingen et des villages voisins assuraient tout de même les soins nécessaires aux détenus et des sages-femmes procédaient aux accouchements. Enfin, les déportés étaient autorisés à se rendre au temple de Schelklingen et à fréquenter le culte protestant. Stéphanie, qui n'avait pas abandonné sa foi, s'y rendit régulièrement pour prier pour son fils qui subissait au même moment les pires tourments en Russie. Tous ces éléments firent dire à Hermann Grotz, lors de son témoignage au huitième procès de Nuremberg, le 5 janvier 1948, que « les Alsaciens étaient traités avec beaucoup de décence[1] ».

Très vite les Alsaciens côtoyèrent d'autres brebis égarées de la famille allemande, notamment des Polonais, des Baltes ou des Slovènes qui se distinguaient par leur profonde religiosité. Avec toutes ces nationalités se posèrent très vite des problèmes de communication, car les SS ne parlaient la plupart du temps que le souabe, un

1. *Nuremberg Military Tribunal, Trial 8, testimony of Hermann Grotz, 5 Jan. 1948*, p. 3120-3143, *accessed from Harvard Law School Library Nuremberg Trials Project*, trad. Laurent Pfaadt.

dialecte allemand peu compréhensible, même pour les Alsaciens, qui qualifiaient ces derniers du terme péjoratif de *Schwowe*, sorte de « boches » en alsacien.

Les Pfaadt, comme de nombreuses familles, reçurent là-bas des vêtements ayant appartenu à d'autres prisonniers. Parfois, sur l'un d'eux subsistait une étoile jaune qu'il fallut découdre. À Schelklingen, il n'y eut pas de Juifs. Il n'y en a jamais eu. Seulement les effets personnels de victimes des camps de la mort, attribués à ceux qu'il fallait rééduquer. Des morts sans cadavres. Les adultes enfilaient ainsi les habits des déportés assassinés, leurs enfants jouaient avec les jouets d'enfants gazés. Redevenir allemand avec les oripeaux du nazisme après avoir enfilé les vêtements de ceux qui avaient été chassés puis exterminés de la nation allemande. Après coup, on se rend compte que la Shoah ne fut pas qu'un génocide, qu'un massacre industrialisé, qu'une politique d'extermination sciemment menée mais un poison diffus, une peste intellectuelle qui toucha vivants et morts, Juifs et non-Juifs.

Moi qui connais l'histoire, qui l'ai étudiée, je ressens une gêne à l'évocation de la déportation de mes arrière-grands-parents et de leur fils, mon grand-père. Mais si je sais qu'il ne doit pas y avoir de hiérarchisation entre les souffrances, entre les totalitarismes, entre les génocides, comment puis-je dire que ces conditions de vie étaient horribles au regard de ce que d'autres ont vécu à quelques rues d'intervalle à Bischwiller ? Comment puis-je écrire que les conditions de vie étaient spartiates, que la promiscuité était omniprésente à Schelklingen au regard de ce que les Weinberg, qui possédaient le magasin de tissus au coin de la rue, ont vécu à Buchenwald, à Ravensbrück ou à Bergen-Belsen ? Que les appels étaient longs et pénibles au regard de ceux que subissaient les Alsaciens dans les camps de prisonniers soviétiques, par – 25 degrés ? Comment puis-je dire qu'ils furent nombreux à Schelklingen à perdre l'espoir quand celui-ci était exterminé à Auschwitz et à Sobibor ? Et même si un historien américain, Bradley J. Nichols, professeur invité à l'Institut Virginia Tech qui travaille sur ces questions de regermanisation, estime que « l'extermination et l'assimilation furent les deux faces de la même pièce », il n'en demeure pas moins que je me sens presque honteux à exposer cette souffrance, à employer, à usurper jusqu'au terme même de « déportation », pourtant consacré par le droit français, tellement il semble attaché à ces hommes, à ces femmes, à ces personnes âgées et à ces enfants dont la mort avait été décidée notamment par cet homme, le *Gruppenführer* SS Otto Hofmann, qui dirigeait Schelklingen. Il est ainsi intéressant de voir les variations de la mémoire historique, de celle qui après-guerre a voulu garder le silence sur la Shoah et les Malgré-nous alors que tout le monde savait, que les témoins existaient par centaines de milliers. Et qu'aujourd'hui, alors que tout le monde sait et témoigne, on se censure tandis que les derniers témoins disparaissent. Continuer à raconter sans se censurer, sans faire d'amalgames, sans hiérarchiser et sans omettre ce qui a été doit constituer pour nous, générations du XXIe siècle, le fil rouge à suivre ; car se censurer revient à condamner à l'oubli ce qui s'est passé, revient à oublier les morts et leurs combats, leurs souffrances. Et à l'heure de l'uniformisation du monde, qui possède, comme jamais il ne l'a eu, tous les instruments nécessaires pour éviter cette uniformisation et dont les prémices sont déjà à l'œuvre, notamment dans la connaissance par les jeunes générations de la Shoah, se censurer, c'est oublier, et oublier, c'est offrir à l'histoire, celle qui a écrasé les Pfaadt, les Weinberg et tant d'autres, la possibilité de se répéter.

Le père de Jean, Guillaume, avait beau se répéter l'adage familial qui voulait que l'« on fasse d'abord bien son travail et après on verra », il ne pouvait plus conserver de distance protectrice pour lui et les siens. Guillaume, son aîné, avait été incorporé de force dans la Wehrmacht et envoyé sur le front de l'Est, qu'il ne connaissait que trop bien. Et voilà que lui, l'ancien *Feldgrau* qui avait fini plus gradé que ce maudit Führer, se voyait humilié, dépossédé de ses biens et déporté avec sa femme et son fils ici, en Allemagne. Si la transplantation avait aussi pour but revendiqué de briser moralement tous ces Alsaciens rétifs, pour Guillaume comme pour une grande majorité d'Alsaciens, elle eut l'effet inverse en faisant d'eux des ennemis irréductibles du IIIe Reich. Cependant, Guillaume Pfaadt ne manifesta jamais ouvertement son opposition et le « après on verra » demeura solidement ancré en lui. À l'inverse d'autres, comme les Zimmermann, sa résistance ne dépassa jamais sa conscience, sa haine resta enfouie. Comme son fils dans la Wehrmacht, il ne se fit jamais remarquer, répondant par exemple en allemand quand on l'interpellait et non en alsacien comme certains. C'était le prix à payer pour la sécurité de sa famille.

Bien évidemment, le retour des Alsaciens dans le giron allemand, cette germanisation à marche forcée, s'accompagna d'un intense effort de propagande. Outre les discours lénifiants des responsables du camp, les enfants étaient soumis à d'incessantes leçons de glorification du passé païen de l'Allemagne avec ses héros comme Arminius, vainqueur des légions romaines d'Auguste, ou ses prétendues valeurs telles que le travail et son sinistre « *Arbeit macht frei* ». Quant aux adultes, ils subissaient les brimades et la violence physique, les cris et les abus des gardes SS qui ne brillaient pas par leur finesse d'esprit.

Noël 1944

Un grand sapin trônait dans la salle commune du camp de Schelklingen. Des chansons allemandes fusaient dans l'air. Des guirlandes de croix gammées, ces barbelés de papier, couvraient les murs. Le commandant du camp souhaita à toutes et à tous un joyeux Noël mais les esprits étaient ailleurs. Ceux des déportés erraient dans leurs villages abandonnés ou dans les plaines de Russie, comme celui de Stéphanie, qui se demandait si son fils fêtait Noël au chaud, sans se douter du sort que les Soviétiques avaient réservé à Guillaume. Leurs oppresseurs tentaient encore de se persuader du bien-fondé de leur régime malgré le suicide de leur maréchal Rommel à quelque 70 kilomètres de là, et poursuivaient la germanisation de l'Alsace alors qu'ils s'apprêtaient à entonner leur chant du cygne lors de l'opération *Nordwind*, qui allait voir l'Alsace et la Lorraine libérées du joug nazi par les Français du général de Lattre de Tassigny, et des Américains qui avaient d'ailleurs, depuis quelques jours, rendu à Bischwiller sa liberté. Mais cela, les Pfaadt ne le savaient pas encore.

Au début de l'année 1945, munis de laissez-passer, Guillaume et Jean furent envoyés sous contrôle policier à Reutlingen, à une dizaine de kilomètres du camp, pour travailler dans l'entreprise de peinture d'Anton Geiselhart, qui existe toujours. Ainsi, comme de nombreuses entreprises allemandes, Anton Geiselhart bénéficia de travailleurs bon marché. Confrontée à une pénurie de main-d'œuvre, l'entreprise avait émis une demande, satisfaite assez rapidement. Sans avoir été nazi, Anton Geiselhart rejoignit ainsi très certainement cette majorité silencieuse de *Mitläufer*, ces « personnes qui marchent avec le courant », comme l'a parfaitement explicité Géraldine Schwarz dans son livre *Les Amnésiques*[1]. Lors de son audition à Nuremberg, à la question de savoir si les détenus du camp de Schelklingen étaient forcés à travailler, Hermann Grotz répondit sans ambages : « Non. Ces gens étaient très bien payés pour leur travail, autant que les Allemands[2]. » On a cependant du mal à le croire, car même s'il ne s'agissait probablement pas d'un travail gratuit, en tout cas à l'extérieur du camp, les détenus devaient difficilement percevoir une indemnité plus que symbolique.

La déportation au camp de Schelklingen évita très certainement à Jean une incorporation de force, comme de nombreux jeunes Alsaciens nés en 1928, dans la SS et dans la *Volksturm*, cette milice populaire censée défendre le territoire du Reich et dans laquelle périrent de nombreux adolescents durant les derniers mois de la guerre. Cela lui évita ainsi de servir de chair à canon aux derniers soubresauts du rêve millénaire du Führer, dans les forêts des Ardennes ou dans les ruines sanglantes de Königsberg et de Berlin. Consciemment ou inconsciemment, son sens de la débrouille, sa rapide analyse de la situation, une forme d'instinct grégaire et peut-être une dose d'inconscience propre à sa jeunesse le poussèrent à se rapprocher du pouvoir pour survivre en s'occupant du chien d'Hermann Grotz et lui évitèrent peut-être la mort dans

1. Flammarion, 2017.
2. *Nuremberg Military Tribunal, Trial 8, testimony of Hermann Grotz, op. cit.*

les rangs de ces armées fantômes. C'est ce que sembla confirmer Grotz : « Dans bien des cas, j'étais en capacité de différer la conscription dans le service militaire et dans tous les cas de les tenir en dehors de la *Volksturm*[1] », confia ainsi Grotz. Mais pour l'heure, en ce début d'année 1945, Jean avait rendez-vous avec son histoire dans une autre ville allemande : Dresde.

À partir du 13 février 1945 et pendant deux jours, l'aviation britannique placée sous le Royal Air Force Bomber Command du *marshal* Arthur Harris déversa près de 7000 tonnes de bombes incendiaires sur la ville de Dresde, en Saxe, que l'on surnommait la « Florence de l'Elbe ». Les bombardements des villes allemandes s'inscrivaient dans une stratégie visant à créer un climat de terreur favorable, selon les concepteurs du bombardement stratégique, au retournement d'une opinion allemande acquise aux nazis et à précipiter la fin de la guerre. Ainsi, durant près de trois années de bombardements et 400000 vols, 131 villes allemandes avaient été touchées par plus de 1 million de tonnes de bombes causant plus de 300000 morts au total, que beaucoup qualifièrent de « crimes de guerre ». Les historiens estiment aujourd'hui qu'au début de l'année 1945 les bombardements tuaient autour de 1000 personnes par jour. Si bien qu'au printemps 1945 le Premier ministre britannique, Winston Churchill, devant le peu de résultats stratégiques, ordonna la fin de ces bombardements à outrance. À Dresde, la quasi-totalité de la ville fut réduite en cendres et les images de son bombardement firent le tour du monde. On dénombra près de 40000 victimes, dont un tiers environ ne furent jamais identifiées. L'atmosphère devait ressembler à ce

1. *Ibid.*

que l'écrivain allemand W. G. Sebald décrivit en évoquant Hambourg, elle aussi bombardée à l'été 1943, notamment au napalm : « Au maximum de sa force, la tempête arracha les toits et les pignons des façades, fit tournoyer dans les airs et emporta poutres et panneaux d'affichage entiers, déracina les arbres et balaya les gens transformés en torches vivantes. Les flammes hautes comme des maisons jaillissaient des façades qui s'effondraient, se répandaient dans les rues comme un raz-de-marée à une vitesse de cent cinquante kilomètres-heure, tourbillonnaient en rythmes étranges sur les places et esplanades. Dans certains canaux, l'eau brûlait. Les vitres des wagons des tramways fondaient, les réserves de sucre bouillaient dans les caves des boulangeries. Ceux qui avaient fui leurs refuges s'enfonçaient, avec des contorsions grotesques, dans l'asphalte fondu qui éclatait en grosses bulles[1]. »

Transporté en camion comme de nombreux autres prisonniers vers Dresde, Jean arriva dans la ville quelques jours après le bombardement. S'il n'avait pas enfilé le costume noir de la mort – celui que portaient les SS –, il fut cependant contraint, dans les rues de la ville, de contempler ses innombrables masques, plus horribles les uns que les autres. Quels sentiments a-t-il ressentis devant ce spectacle ? Que les Allemands, ses bourreaux qui l'avaient envoyé, lui et sa famille, dans un camp, qui avaient expédié son frère sur le front russe, n'avaient eu que ce qu'ils méritaient ? Ou bien que le visage des vainqueurs était tout aussi sanglant que celui de ses oppresseurs ? Bien plus tard, il me décrivit ces corps noircis et rapetissés dans des caves transformées en catacombes modernes,

1. W. G. Sebald, *De la destruction comme élément de l'histoire naturelle*, Actes Sud, 2004.

qu'il fallait sortir au plus vite avant que ne se propageassent les épidémies, ces cadavres asphyxiés piétinés dans une fuite devenue vaine, cette odeur fétide qui régnait partout et le fit vomir à de nombreuses reprises, ces familles figées autour d'une table inexistante ou se tenant la tête dans les mains dans cette version contemporaine et horrible de Pompéi, ces mêmes mains qui explosaient dès qu'on les saisissait, libérant une pluie de cendres, ces rats énormes qui guettaient leur futur festin, et cette chaleur encore intense dans la ville si bien qu'on avait l'impression, selon ses propres mots, « d'entrer en enfer par la grande porte ». Là-bas, Jean fut également frappé par le silence qui régnait au milieu des ruines, par ces survivants hagards qui cherchaient des proches et par ces animaux qui sortaient des décombres encore fumants avec une main ou une jambe dans la gueule. Peut-être, à cet instant, dans ce décor lunaire, repensa-t-il aux descriptions que son oncle Henri lui fit de Verdun.

Pendant plusieurs jours, en compagnie de nombreux autres prisonniers, notamment russes, et précédés par les lance-flammes de soldats qui se frayaient un chemin à travers ces millions de mouches devenues les nouvelles maîtresses de la ville, Jean vida, ramassa, nettoya la ville, des caves au Grand Jardin. Les corps rassemblés sur plusieurs places, dont celle du Vieux-Marché, furent ensuite incinérés. À 70 ans passés, Jean garda encore des souvenirs émus de ces grils, de cette guerre et de la folie des hommes. Quelques années plus tôt, sur cette même place, les nazis jetaient des milliers de livres dans de gigantesques autodafés. Ceux qui s'étaient peut-être livrés à ce sinistre exercice, étaient, à leur tour, à cet instant précis, livrés aux flammes par un régime qu'ils avaient soit servi, même sans zèle, soit enduré mais qui, au final, les avaient conduits à l'abîme. Quelques mois plus tôt, dans les camps d'extermination, des SS livraient aux flammes des montagnes de Juifs entassés comme des bûches de bois. Ici, à Dresde, la ville entière était devenue un immense four crématoire. Et une fois de plus, par un cruel hasard de l'histoire, les deux frères Pfaadt étaient devenus, en quelque sorte sans le savoir, les esclaves des *Sonderkommandos* des deux plus grands totalitarismes de l'histoire du XXᵉ siècle. À l'image du destin de ces milliers d'Alsaciens.

À Reutlingen et au camp de Schelklingen, tout en continuant à travailler, les Pfaadt regardaient cette guerre se terminer, entre espoirs et inquiétudes. Revenu de Dresde, Jean reprit son travail dans l'entreprise d'Anton Geiselhart. Quelques jours avant la libération du camp et de la ville, ce dernier l'expédia sur un chantier à Gundelfingen, non loin de Fribourg-en-Brisgau, muni d'une attestation de son « patron » afin de prendre le train. Dans le même temps, il jouissait de libertés de plus en plus importantes grâce à sa proximité avec Grotz et se déplaçait à sa guise. Mais peut-être, plus que d'hypothétiques avantages, ce fut surtout la fuite en avant d'un régime se sentant acculé, perdu, et d'hommes ayant beaucoup à se faire pardonner qui expliqua cette mansuétude, ce laxisme et cette volonté d'apparaître soudainement comme des hommes. Et lorsque, le 22 avril 1945, les chars américains entrèrent sans aucun coup de feu dans la ville, ils trouvèrent un camp vidé de ses tortionnaires. Ces derniers durent tout de même affronter leurs juges. En janvier 1948, le général SS Otto Hofmann fut reconnu coupable des chefs d'accusation de crime contre l'humanité pour avoir exécuté des programmes sur la « pureté de la race » ayant conduit entre autres à la déportation de populations, à l'enlèvement d'enfants, à des avortements forcés et à la persécution des Juifs, et de crime de guerre lors du huitième procès de Nuremberg. Condamné à vingt-cinq ans de prison, il fut libéré en 1954 et mourut en 1982. Son conseiller pour le Wurtemberg, Hermann Grotz, l'homme qui peut-être évita à mon grand-père la SS et un sacrifice vain, échappa quant à lui à toute poursuite judiciaire, peut-être en échange de son témoignage à Nuremberg. Le commandant du camp, l'*Untersturmführer* SS Richard Wetzel, 70 ans, fut reconnu *Minderbelasteter*, c'est-à-dire « profiteur inférieur », par un juge allemand du tribunal de Ludwigsburg dans le Bade-Wurtemberg, en 1949. Il fut condamné à 50 marks d'amende. Quant à l'entreprise Geiselhart, qui employa le père et le fils Pfaadt, elle fut condamnée en août 1950, dans cette timide épuration qui suivit la fin de la guerre, à 750 marks d'amende, ramenés à 100 marks un mois plus tard après contestation.

Pour les Pfaadt, la guerre était bel et bien terminée. L'heure du retour à Bischwiller avait enfin sonné. En ce mois d'avril 1945, Guillaume, Stéphanie et Jean embarquèrent dans les camions du rapatriement organisé par le général de Lattre de Tassigny et placé sous la responsabilité de Gérard Zimmermann, le directeur de l'école de Bischwiller, qui avait revêtu pour l'occasion son uniforme de capitaine de l'armée française. Depuis l'automne 1943, il avait été placé avec sa famille en résidence surveillée non loin de Schelklingen. Bien plus tard, il témoigna, tout comme les Ganière, en faveur de mon grand-père et de ses parents pour leur permettre d'obtenir en 1976 – à titre posthume pour mes arrière-grands-parents – le titre de « patriotes résistants » ainsi que leurs cartes de déportés.

Le cauchemar était donc terminé. En tout cas, celui-ci.

11

LE BAISER DE LA PUTAIN

Hiver 1944

Tambov ne fut pas un camp d'extermination. C'était un camp de concentration. On n'y était pas condamné mais en sursis. Personne n'y était tué mais tout le monde y mourait d'une manière ou d'une autre. Ici, la mort ne paradait pas dans sa sinistre robe et n'exhalait pas son parfum putride. À Tambov, elle se faisait désirer. Elle se cachait. Elle rôdait. Ici, elle n'était pas arrogante mais sournoise. Ici, elle était amante, passant d'un détenu à un autre comme bon lui semblait, et non mariée, respectant fidèlement son serment dès votre descente du wagon. On savait où couchait la putain, dans la baraque 22, celle que les détenus avaient baptisée à juste titre la « baraque des morts ». « C'était une baraque d'une vingtaine de mètres de long, sans bat-flanc, vide, avec deux portes d'entrée. Une ouverture, dans le sens de la largeur et l'autre dans la longueur. Pour y accéder, il fallait descendre quatre marches. Les cadavres étaient évacués des lazarets sur des brancards et déposés sur le sol de la baraque 22. La porte n'était jamais verrouillée. En y pénétrant, j'y trouvais parfois entre 10 et 20 cadavres. Il m'est aussi arrivé d'en trouver dans les 200, alignés les uns à côté des autres[1] », raconta ainsi Robert-Jean Klein. La mort avait ainsi de nombreux amants...

Depuis le départ de son fils, Stéphanie ne dormait presque plus. Seule la fatigue accumulée d'interminables nuits d'insomnie où elle se tenait tantôt à côté, tantôt derrière, tantôt au-dessus de Guillaume pour prévenir tout danger, la plongeait dans un sommeil qui n'était jamais réparateur. Où était-il à cet instant? Se trouvait-il en sécurité? Était-il blessé? Avait-il bien mangé? N'avait-il pas froid? Quand allait-il revenir? Quand la guerre allait-elle s'achever? Ces questions, et bien d'autres encore, assaillaient sans relâche son esprit torturé. Dans ces instants d'angoisse, elle repensa certainement à ceux qui étreignirent la vieille Fredericke lorsqu'en 1918 elle attendit en vain le retour de son bel Eugène, cet oncle que Guillaume ne connut jamais.

Elle devait se douter que l'on mourait là-bas, en Russie. Elle n'était pas naïve. Et bien entendu, qu'on y était tué. Mais elle ne savait pas que Guillaume se trouvait au camp de Tambov. Jamais elle ne sut ce que Guillaume avait enduré depuis que ces partisans l'avaient attrapé de l'autre côté de la rivière. Jamais, et peut-être heureusement, elle ne sut qu'il fut un appât, un leurre pour une chasse humaine avant d'être livré comme un vulgaire

1. Robert-Jean Klein, *op. cit.*

gibier à des soldats russes qui ne savaient rien de lui, qui ne savaient pas qu'à des milliers de kilomètres de là, une mère se rongeait les sangs pour son fils. Car Stéphanie n'avait pas eu la chance d'avoir reçu une lettre d'un autre Bischwillerois ayant vu son fils sain et sauf sur le front, comme celle que Marcel Welsch envoya à la famille de Paul, le 23 janvier 1944, pour lui dire ces simples mots :

Chère famille Rebmann,

C'est avec grand plaisir que j'ai eu votre lettre du 12.1.1944.

Cher Monsieur Rebmann, voilà un moment que je voulais vous donner des nouvelles et dénouer, avec vous, le sac de nœuds concernant Paul, mais cela m'a été interdit et je m'en excuse.

Je peux vous assurer que Paul est vivant et qu'il est en captivité. Comment cela est-il arrivé, je vous le dirai lors de mon prochain congé, dans un mois.

À part cela, rien de nouveau.

Je vous salue chaleureusement,
Welsch

Cette lettre prouvait que Paul avait fait part à Marcel Welsch de son intention de déserter. Mais surtout, elle montrait l'extraordinaire solidarité qui existait entre ces jeunes d'une même ville où les uns n'oubliaient pas de rassurer les familles des autres, pensant, à juste titre, que leur propre famille serait soulagée d'avoir des nouvelles de leur part. Pour Guillaume, personne ne donna à Stéphanie, à son père et à Jean des informations le concernant. Ayant certainement pris sa décision tout seul, il avait comme disparu dans les forêts enneigées soviétiques. Guillaume avait écrit sa dernière lettre le 9 novembre 1943. Mais aucune lettre annonçant la disparition de leur fils comme celles arrivées aux domiciles des Eiller, des Muller et de tant d'autres familles, plongeant ces dernières dans une angoisse sans nom, n'était arrivée jusqu'au domicile des Pfaadt. Peut-être à dessein, pour ne pas laisser à ces derniers le temps de fuir, car l'enquête avait déjà conclu à une désertion et les mesures de déportation des Pfaadt avaient déjà été prises.

Stéphanie ignorait cependant que son fils, dans le camp de Tambov, se posait, comme la grande majorité des détenus, les mêmes questions qu'elle : sa famille était-elle toujours en vie? Avait-elle été déportée dans un camp de concentration? Où se trouvait Jean, son frère? Leur maison avait-elle été détruite? Et si Stéphanie ignorait que son fils se trouvait en captivité à Tambov, ce dernier ne savait pas non plus que, depuis quelques mois, la famille avait été envoyée dans un camp de rééducation nazi, à Schelklingen. À cause de lui.

Si Stéphanie avait appris la captivité de son fils, peut-être se serait-elle naïvement, et avec un peu d'ignorance, réjouie. Guillaume ne risquait plus d'être fauché par une balle ou une grenade russe comme ces centaines de milliers d'autres soldats, comme René, qui en avait eu la tête à moitié arrachée. Et dans le camp, il serait bien traité car Staline avait reconnu la France libre, pour peu qu'il arrivât à se prémunir des maladies et qu'il mangeât correctement. Pas de doutes là-dessus. Sauf que tant de doutes subsistaient justement. Elle ne savait pas que Guillaume côtoyait la mort quotidiennement depuis qu'il était arrivé en URSS, que celle-ci avait juste changé d'apparence au gré de son voyage sans retour. Les corps faméliques en haillons sortant de baraques pareilles à des tombes avaient simplement remplacé les cadavres servant de festin aux chiens errants dans les fossés enneigés. Le minuscule pain rassis avait supplanté l'imposant canon d'un T-34. Ici, dans le camp, Guillaume voyait la mort au détour d'une baraque, dans une corvée de chiottes ou derrière la porte d'un lazaret. Il n'avait vu qu'elle d'ailleurs. Et la putain s'amusait avec eux, les frôlait, les narguait, faisait les yeux doux à ses innombrables amants pour tenter de leur arracher un baiser fatal. Guillaume, Paul et Fernand avaient vu ses amants, ces « mannequins de cire de la tête aux pieds sans visage[1] », numérotés et parfois dévorés par les rats, entassés par dizaines sur ces charrettes que poussaient d'autres détenus qui, pour ce travail, recevaient une double ration.

À Tambov, la faim était pire que tout. « Certaines personnes se promenaient avec une boîte de conserve nouée autour de la taille, raconta Paul. Pareils à des rapaces on en voyait près de la cuisine, du réfectoire ou des ordures. Les restes de nourriture que la cuisine et le réfectoire n'utilisaient plus étaient jetés sur le tas d'ordures. Il y avait toujours quelqu'un sur ce tas qui cherchait de quoi se nourrir. Une spécialité, entièrement cuisinée avec des déchets, s'appelait : le TAMBEFFLER [une potée d'ordures] dont voici la recette :

– Une boîte de conserve trouvée sur le tas d'ordures et contenant de préférence quelques restes de gras.

– Des épluchures de pommes de terre.

– Des épluchures d'oignons (il paraît que ces épluchures contiennent beaucoup de vitamines).

– Des petits pois ou des fayots (tout dépendait du plat du jour de la veille).

– Purée (c'était de l'eau de cuisson épaissie par les féculents).

1. Paul Rebmann, *op. cit.*

– Et enfin de l'eau (pour la quantité, tout dépend si l'on utilise une cuillère ou une fourchette[1]). »

On comptait les heures qui vous séparaient de la prochaine soupe et on vivait avec cette douleur qui transformait votre estomac en brasier. Les pensées les plus terribles submergèrent Guillaume pour conjurer cette faim obsessionnelle. On pensait à voler n'importe quoi pourvu que cela nous remplît le ventre. On était prêt à manger n'importe quoi, des rats, des vers de terre et des grenouilles dans le meilleur des cas, de l'herbe, des aiguilles de pin s'il n'y avait rien. Tant que cela calmait votre douleur. On pensait à voler son voisin, à renier ses convictions, son âme pour un morceau de pain supplémentaire. Comme on regrettait d'avoir pesté contre la répétition des pommes de terre avant la guerre. Maintenant, on aimerait tellement avoir quelques épluchures au fond du ventre. Là encore, les mots de Soljenitsyne s'imposent : *« Après une journée au vent, au froid et le ventre affamé, le zek ne pense qu'à une chose : à sa louchée de soupe à l'eau qui brûle. Il l'attend comme la terre espère la pluie par les étés de sécheresse. Il la lamperait d'une goulée. Cette louchée, à pareille heure, il y tient plus qu'à la liberté, plus qu'à la vie, à toute sa vie d'avant et à toute celle d'après*[2]. »

Mal. Il continuait à lui faire mal, cet estomac. On ne s'en voulait plus de ne penser qu'à soi. Si son voisin mourait, on aurait sa part de soupe. Cette soupe devenue le marqueur, l'étalon de votre condition, de votre importance dans le camp. Épaisse et régulière, elle faisait de vous un puissant, un type capable de survivre à tout. Clairsemée, translucide et rare, vous n'étiez rien, juste

1. Paul Rebmann, *op. cit.*
2. Alexandre Soljenitsyne, *op. cit.*

bon à mourir et à laisser votre place dans la file d'attente. Entre les deux, c'était la roulette russe des punitions, des privations, des humiliations, des réseaux, des avantages d'un jour, l'aléa de votre soumission aux chefs qui décidaient de votre ration quotidienne. Et parfois, un miracle se produisait, celui de découvrir au fond de votre gamelle une tête de poisson. On jetait alors un coup d'œil à gauche puis un autre à droite pour être certain que personne ne viendrait vous la voler, pour être certain qu'il n'y avait pas eu d'erreur ou pour éviter l'humiliation d'un chef sadique. La nuit, on rêvait d'œufs. Boire un demi-verre de thé sucré revenait un peu à fumer la cigarette du condamné. À Tambov, la faim poussait les hommes à faire n'importe quoi, comme le raconta Camille Hirtz, Malgré-nous arrivé au camp en novembre 1944 alors que l'hécatombe commençait à décimer les rangs des prisonniers : « Un squelette vivant se trouve alité en face de moi. Il y a des jours qu'il ne peut plus manger. Il enfouit toute nourriture sous son grabat en vue des jours où cela ira mieux. Il va de mal en pis. Ses dernières forces l'abandonnent peu à peu. Il ne peut plus guère bouger. Les malades qui peuvent quitter leur lit viennent rôder, chancelants[,] autour de lui. Il n'a plus de défense. Chez les autres, la faim l'emporte. On lui vole, morceau par morceau, toute sa réserve immonde enfouie sous son grabat. Seuls ses yeux se plaignent et accusent[1]. »

Mais au moins, vous aviez faim – car quand cette dernière vous quittait, vos jours étaient comptés. Mais cela, vous l'ignoriez à cet instant…

Ici vous n'étiez plus rien. Pas même un homme. Moins qu'un objet. Une marchandise tout au plus. « Dans le

1. Témoignage de Camille Hirtz cité dans Robert-Jean Klein, *op. cit.*

cadre d'une vision héritée du goulag, la "logique soviétique du Gupvi" consistait à considérer tout être derrière les barbelés comme un "homo lagerus", un être déshumanisé corvéable à merci, dont la mort ou la survie n'importait pas. Tous étaient logés à la même enseigne[1] », écrit ainsi Régis Baty. S'évader ? Pour aller où ? Guillaume n'envisagea certainement jamais une telle alternative. Certes, il y avait bien eu quelques tentatives, de ce Roumain abattu alors qu'il tentait de franchir la clôture de barbelés ou de cet Alsacien qui avait faussé compagnie à ses geôliers lors d'un commando. Et de toute façon pour faire quoi ? Il parlait bien quelques mots de russe depuis qu'il était là mais cela ne suffisait pas pour envisager une évasion. Et puis combien de temps survivrait-il dehors ? Non, ce n'était pas raisonnable. Envisager la liberté autre que celle que l'on vous accordait n'était pas raisonnable, non.

Fumer vous condamnait assurément car le tabac, le *Makhorka*, échangé contre un morceau de pain, ne nourrissait pas. Certains eurent la chance de récupérer de vieux journaux pour fabriquer des cigarettes. D'autres fouillèrent les latrines. « J'étais aux toilettes lorsque j'ai vu un gars pêcher un morceau de papier dans la fosse. Je me demandais bien à quoi ce papier pouvait servir et j'en ai parlé à Fernand. Lui aussi avait vu ce trafic de papier. En fait, des copains les pêchaient, les faisaient sécher, puis s'en servaient pour fabriquer des cigarettes[2] », relata Paul. La dignité avait depuis longtemps quitté ce camp. Peut-être n'était-elle même jamais entrée. Ceux qui ne réussirent pas à se faire embaucher aux cuisines pour éplucher les pommes de terre et en récupérer une ou

1. Régis Baty, *op. cit.*
2. Paul Rebmann, *op. cit.*

deux en la faisant astucieusement glisser dans un pantalon cousu à cet effet troquaient ce qu'ils avaient ou ce qu'ils savaient faire dans un marché noir inhérent à tout système concentrationnaire.

La putain avait ses chérubins : les puces qui harcelaient les prisonniers et transmettaient le typhus, qui les tuait. On estimait qu'un détenu à Tambov passait par la douche et la désinfection tous les mois seulement en moyenne, ce qui permettait à la vermine de prospérer et devenir le cauchemar de leurs nuits et bien souvent l'ambassadeur de leur mort. On attrapait des maladies que l'on croyait à jamais oubliées, comme cette peste bubonique tout droit sortie du Moyen Âge, transmise par des rats énormes affairés à dévorer les cadavres et dont l'horrible succion terrifiait les prisonniers.

Au fur et à mesure que la captivité se prolongeait, les risques de mourir augmentaient, surtout lorsque approchèrent l'hiver 1944 et ses températures qui descendirent jusqu'à – 30 degrés. Les prisonniers déambulaient en haillons, leurs chaussures se résumaient à des chiffons attachés autour de leurs pieds par de la ficelle et leur hygiène corporelle n'était plus qu'un lointain souvenir. D'autres, privilégiés, possédaient des vêtements chauds. Restait la neige pour conserver un peu de dignité même si beaucoup y renoncèrent. Et les poêles des baraques qui tombaient en miettes ne parvenaient pas à chauffer ces dernières. Il fallait donc jouer des coudes pour se rapprocher et espérer capter un peu de chaleur. D'autant plus que le camp continuait à se remplir. Il ne compta jamais moins de 8 000 prisonniers mais à cette époque, la surpopulation gagna le camp. On estima qu'il regroupait au début de l'année 1945 près de 15 000 prisonniers alors que le camp ne pouvait théoriquement en accueillir que 10000 et que ses infrastructures étaient calibrées sur ce chiffre. Rien n'avait été prévu pour faire face à ces conditions dantesques, alors que les prisonniers d'une Wehrmacht en lambeaux continuaient d'affluer. Au tournant de l'année 1944, plus d'un demi-million de prisonniers de la Wehrmacht se trouvait ainsi dans les camps soviétiques. Tout le monde était conscient que pour l'armée allemande, comme pour ses prisonniers, ici, à Tambov, le compte à rebours de la fin venait de débuter. Ceux qui sauraient s'accrocher pourraient peut-être sortir vivants de cet enfer. Quant aux autres, ils reposeraient ici pour l'éternité. L'invalidité ne vous exonérait pas de travail, bien au contraire. D'autant plus qu'il apparaissait maintenant évident qu'il n'y aurait pas d'autres convois après celui de juillet 1944. Tandis que l'hiver guettait, les couvertures, les moyens de couchage vinrent très vite à manquer. Dans cette promiscuité à laquelle s'ajoutaient des conditions météorologiques exécrables, les hommes succombaient par dizaines chaque jour. Ceux qui souffraient d'ulcères, d'escarres, de taches noires aux hanches, aux jambes et dans le dos pouvaient s'estimer heureux car pendant l'hiver 1944-1945, le camp n° 188 connut son plus haut pic de mortalité. Ainsi on estima à plus de 3000 le nombre de victimes entre novembre 1944 et mars 1945, du typhus, de pneumonie ou de dysenterie notamment. D'ailleurs, les files d'attente devant les latrines ne permettaient pas à tout le monde d'arriver à temps pour satisfaire ses besoins. D'autres fois, ne pouvant se retenir, ils étaient obligés de se soulager contre un arbre en espérant ne pas être vus pour ne pas encourir de punitions. D'autres enfin ne revinrent jamais des latrines. « On ignore le nombre de prisonniers qui ont disparu accidentellement dans la fosse. Ces demi-troncs d'arbres n'étaient pas fixés entre eux et quand on marchait sur la jonction de deux moitiés juxtaposées, elles culbutaient et on risquait de tomber dans la fosse, profonde de 3 mètres. Ceux qui ont été engloutis dans les excréments n'ont jamais pu être retirés vivants. De tels accidents se sont produits à plusieurs reprises[1] », raconta Robert-Jean Klein, médecin Malgré-nous au camp de Tambov. N'imaginons pas que les médecins prisonniers aient été préservés des épidémies, puisque Robert-Jean Klein devint le responsable du lazaret n° 8 après le décès de ses deux confrères allemands.

Un long hiver s'étendait de Bischwiller à Tambov, en passant par Schelklingen. Les armées françaises, américaines et soviétiques progressaient partout, harcelant un IIIe Reich qui jetait ses dernières forces et des milliers d'hommes et d'enfants dans son rêve de mille ans devenu un cauchemar sans fin. À Bischwiller, en ce début décembre 1944, les Américains arrivèrent aux portes de la ville. Commandées par les généraux Dahlquist – qui devait capturer Hermann Goering quelques mois plus tard – et Wyche, les 36e et 79e divisions d'infanterie américaine libérèrent la ville du joug allemand. Massés aux fenêtres de leurs maisons, les habitants de Bischwiller saluaient leurs libérateurs. On leur servait le café et les GIs donnaient des chewing-gums aux enfants. Dans la maison des Wirth, contemplant le triomphe des libérateurs venus d'outre-Atlantique, la mère de René, l'ami d'enfance de Guillaume, tué au combat quelques mois plus tôt, ne put s'empêcher d'être amère en pensant à

1. Robert-Jean Klein, *op. cit.*

son fils, soldat d'une armée défaite et dont le sacrifice s'était avéré inutile. Et lorsqu'elle vit sa belle-fille adresser un salut ou un sourire aux GIs américains, elle eut l'impression que Lotti avait déjà oublié son fils. Passé la libération, la veuve de René quitta la maison des Wirth et la famille de son ex-mari. Trop de souvenirs perdus à jamais. En revanche, pour tous ceux qui ne connaissaient pas le sort de leurs fils, tous les espoirs restaient permis. Malheureusement, de nombreuses familles espérèrent en vain, comme les Dott, dont le père, mécanicien, faisait tourner sa voiture sans chauffeur autour de la place de la liberté dix ans plus tôt sous le regard amusé des enfants du quartier. Ses deux fils, Auguste et Alfred, furent incorporés de force et envoyés sur le front russe. En cette fin d'année 1944, Auguste, l'aîné, eut de la chance d'être capturé par les Américains. Le 4 novembre 1944, il écrivait encore : « Ma très chère mère. Je suis en train d'écrire une lettre à Alfred et, naturellement, toi aussi, tu devrais réceptionner une lettre dans les prochains jours. J'ai eu un courrier avec une photo d'Alfred et tu me dis que mon paquet est bien arrivé. Alfred a changé ! Il ressemble à un vrai paysan », sans savoir que cette lettre n'arriva peut-être jamais à son frère Alfred, tué sur le front hongrois le 11 décembre 1944 durant l'offensive qui précéda l'encerclement de Budapest par l'Armée rouge.

Deux frères, deux enfants de Bischwiller sous le même uniforme honni. Le destin décida ainsi de confier l'un aux Américains et l'autre aux Soviétiques avec les conséquences que l'on sait : Auguste revint vivant et Alfred tomba sur le champ de bataille. Comme Guillaume, il avait eu à subir la vengeance des Russes.

En cet hiver 1944, Charles de Gaulle se rendit à Moscou. Dans le camp, on se prit alors à espérer une libération prochaine. À Tambov, personne ne savait bien évidemment que Strasbourg venait d'être libérée, le 23 novembre 1944, par la 2e division blindée du général Leclerc. Mais rien ne vint. Alors on abandonna, et à bout de forces, on se laissa mourir. « Certains détenus finiront même par se résigner, et leur état inquiétait tous leurs amis : ils entraient peu à peu dans une sorte d'apathie profonde, et quand on les interrogeait sur leur âge, certains ne savaient même plus quoi répondre[1] », écrivit l'historien Pierre Rigoulot. Guillaume se trouvait dans cette situation. Ses amis, Paul et Fernand, devenaient, chaque jour, un peu plus inquiets à son sujet et tentaient de lui venir en aide. Mais l'état de Guillaume ne s'améliorait pas.

« Guillaume avait mauvaise mine ces derniers temps. Je m'inquiétais pour lui, raconte Paul. Un jour, voyant sa mine pâle comme la mort, je lui ai demandé ce qu'il se passait, et il me répondit : "J'ai bu de l'eau très froide, j'ai mal au ventre, j'étais deux fois aux toilettes ce matin. Oh, là, là, il faut encore que j'y retourne !"

« Bien sûr, je l'ai accompagné. Je marchais derrière lui, et je me rendis compte à sa démarche qu'il était comme ivre. L'après-midi, j'allais voir Fernand et j'en profitais pour lui parler de Guillaume. Face à mon récit, il m'a conseillé de rester à ses côtés, pendant qu'il allait chercher des boulettes de charbon. Dès son retour, j'ai réduit les boulettes en poudre et j'en ai donné trois cuillerées à Guillaume. Le soir venu après trois nouvelles cuillères, je lui ai demandé comment il se sentait.

"Ça va mieux, je n'ai plus la diarrhée."

1. Pierre Rigoulot, *op. cit.*

« Le lendemain, je lui ai redonné la même quantité de charbon, ainsi que les jours suivants. La cuisine était proche de notre baraque, en cas d'urgence nous n'étions pas loin de notre remède. Grâce à ce traitement de fortune, il me dit quelques jours plus tard que "ses intestins avaient retrouvé la forme" et qu'il se sentait mieux. Mais le lendemain, alors que je le revoyais, son état s'était à nouveau détérioré. Je dis à son voisin de table de m'aider à l'emmener aux toilettes.

« Guillaume m'a pris par l'épaule, et de son autre main, il se tenait les fesses comme s'il pouvait stopper sa diarrhée. Nous l'avons aidé à défaire son pantalon, mais il était déjà trop tard. À trois, nous l'avons transporté à l'hôpital du camp, il était très pâle, dans un piteux état.

« Le lendemain matin, Guillaume a été transporté à l'hôpital de Kirsanov. La vie dans le camp n'était pas facile malgré l'accès à l'infirmerie ou à l'hôpital. Lorsque nous étions malades, nos remèdes étaient très souvent inefficaces, peu appropriés à notre état. Ces endroits étaient toujours surpeuplés et lorsque l'on ne pouvait plus rien faire pour les patients, ils étaient automatiquement transférés à Kirsanov[1]. »

C'est la dernière fois que Paul vit Guillaume. On l'évacua vers Kirsanov. Guillaume avait froid, très froid. Il ne portait que ses sous-vêtements et une simple couverture. Allongé à découvert et posé à même le sol en bois à l'arrière du camion comme tous les autres malades, des flocons de neige lui tombaient sur le visage. Il regarda ses pieds nus qui dépassaient de la couverture et se demanda si, avec ce vent, ils n'allaient pas geler. Les infirmiers continuaient à charger les autres malades

1. Paul Rebmann, *op. cit.*

à côté de lui. Certains avaient l'air nettement plus mal en point que lui. D'autres râlaient de douleur. D'autres encore semblaient inconscients. Il esquissa un regard à gauche puis un autre à droite. Le froid absorbait tout, même la chaleur corporelle de tous ces malades alignés côte à côte dans le camion. « À moins qu'ils ne soient déjà morts », pensa-t-il. Pour se persuader qu'il était, lui, toujours vivant, Guillaume souffla de la vapeur depuis sa bouche. Il avait gardé ses mains sous la couverture qui le recouvrait. La fumée monta dans le ciel au-dessus de son visage pendant une seconde ou deux avant de disparaître. « Est-ce ainsi que l'âme monte au ciel lorsqu'on meurt ? » se demanda-t-il. Dans le ciel, il vit alors un oiseau noir passer au-dessus de lui entre deux arbres sans pouvoir l'identifier. Noir comme un corbeau. Comme un charognard qui sentait l'odeur de la mort. Mais peut-être se trompait-il. Peut-être s'agissait-il d'une mésange ou d'un rouge-gorge. À cet instant, son esprit revint dans le temple de Bischwiller, ce jour où le pasteur Strauch lui avait raconté l'histoire du rouge-gorge qui avait chanté pour atténuer la douleur du Christ et qu'en remerciement Dieu lui avait donné cette couleur rouge. Dans ce temple, il revoyait encore Jean célébrant sa confirmation dans ses habits neufs. C'était quand ? Mars-avril 1942 ? Peut-être. Tout cela lui paraissait une éternité à présent. Et puis, il y avait ce rouge-gorge dans la maison de ses grands-parents, place de la Liberté. Avec son père, ils lui avaient fabriqué un petit nichoir pour l'hiver et lui avaient même donné un nom : Fritz. Il chantait tout le temps. Mais cet oiseau au-dessus de sa tête ne chantait pas.

Le camion démarra et se mit en route. Les malades tressautaient à chaque irrégularité de la route ; provoquant chaque fois de nouveaux cris sourds venant tantôt de gauche, tantôt de droite. Guillaume avait l'impression de se trouver dans une boîte de crayons de couleur agités en tous sens. Il repensa alors à ses dessins et à ceux que René lui montrait dans son carnet en cuir. D'ailleurs, en fermant les yeux, le bruit des arbres oscillant dans le vent hivernal lui rappelait étrangement le bruissement du papier lorsque son ami tournait les pages. Il se rappela alors ces paysages alsaciens, ces maisons à colombages et les ruines du château du Haut-Barr, que René avait couché sur le papier.

Quelques heures plus tard, Guillaume fut admis au lazaret n° 2 de l'hôpital de Kirsanov, probablement atteint du typhus. Son admission là-bas, dans le bâtiment de cette ancienne caserne transformée en hôpital de fortune et où étaient envoyés les détenus atteints de typhus pour éviter toute contamination, qui subsiste encore aujourd'hui, plaide pour cette hypothèse.

La ville de Kirsanov était située à environ 90 kilomètres au sud-est de Tambov, au confluent des rivières Vorona et Poursovka. Ainsi donc s'achevait entre deux rivières ce destin qui avait commencé au bord de la Moder et s'était poursuivi devant le Danube, puis le Dniepr. Là-bas, il rencontra Alfred, un Malgré-nous d'Herrlisheim, un village tout proche de Bischwiller. Alfred avait deux ans de moins que Guillaume. Incorporé de force en avril 1943, il avait, lui aussi, déserté la Wehrmacht pendant la bataille de Koursk en juillet 1943. Un jour, sentant ses forces décliner, Guillaume attrapa le bras d'Alfred, qui passait par là. Ce dernier remarqua tout de suite le regard vitreux de Guillaume. Sa grande carcasse amaigrie lui donnait un air de mort-vivant.

« Alfred, si je meurs, préviens ma mère. Elle habite rue Française », murmura Guillaume d'une voix à peine audible.

Alfred lui prit la main pour le rassurer.

« Guillaume, tu pourras bientôt parler à ta mère. Tu dois te battre et préserver tes forces. »

Le natif d'Herrlisheim sentit à ce moment, dans cette rangée de lits blancs métalliques d'où s'échappaient des râles provenant de corps faméliques dissimulés sous des couvertures de couleur vert kaki et d'où émergeaient parfois des crânes tondus comme celui de Guillaume, la main de ce dernier se refermer sur son poignet comme une griffe. Il grimaça presque de douleur tant la pression était forte. Comme si Guillaume jetait toutes ses forces dans ce geste qui ressemblait à une dernière volonté. Car à y regarder de plus près, Guillaume était au plus mal.

« Jure-moi, Alfred, que tu préviendras ma mère. Jure-le-moi. Je ne te demande que cela. »

Il ne pouvait lui refuser cela. Comme Alsacien, mais surtout comme chrétien et comme être humain.

« Oui, Guillaume, je te le jure. Repose-toi, maintenant. »

Guillaume desserra son emprise et Alfred vit alors un sourire se dessiner sur les lèvres décharnées du malade.

Dans les jours ou les semaines qui suivirent, la fièvre reprit possession de son corps et de son esprit. Pas encore de son cœur, là où il gardait ces souvenirs qui l'avaient maintenu en vie jusqu'à présent. Des éruptions cutanées recouvraient son thorax. Il ne dormait plus et délirait le plus souvent, prostré dans son lit. D'autres fois, il essayait d'attraper des flocons de neige imaginaires, comme ceux qui tapissaient les champs du Ried en hiver ou ceux qui recouvraient le Dniepr lorsque ce dernier gelait. Il ne reconnaissait plus Alfred, qui vint encore le voir à plusieurs reprises. Ressembla-t-il à ce prisonnier squelettique que décrivit Camille Hirtz, ne s'alimentant plus et thésaurisant une nourriture qu'il ne mangerait plus ? à ce prisonnier constatant de ses yeux impuissants le vol de sa nourriture par d'autres spectres en sursis ? Emporta-t-il cette dernière image de l'homme, celle d'une humanité atomisée revenue à ses instincts grégaires ? À quoi pensa Guillaume lors de ses derniers instants de vie ? À la chevelure d'Emma ? aux baisers des fées de sa mère au bord de la Moder ? à son frère qu'il laissait seul ? ou à son père et à leur unique et dernière étreinte sur le quai de la gare de Haguenau au moment de son incorporation, en mai 1943 ? Bischwiller, sa famille, ses amis, son amour devenaient chaque jour des mirages un peu plus lointains, un peu plus inaccessibles, comme les rives d'un fleuve qu'on ne peut pas, qu'on ne peut plus, rejoindre.

La porte du lazaret s'ouvrit. Elle se tenait là, sur le seuil, à embrasser la pièce de son regard tendre et terrible à la fois. Ici, elle était un peu chez elle et elle le savait. Guillaume pressentit qu'elle était venue pour lui aujourd'hui. Pour l'occasion, elle avait mis sa plus belle robe. Il la trouva presque belle. Pas comme Emma, non. Belle n'était pas le mot. Plutôt séduisante. Elle lui sourit. Cela faisait bien longtemps qu'une femme ne lui avait pas souri. Même sa mère, au moment de son départ, sur le quai de la gare de Haguenau, ne lui avait pas souri, plus soucieuse de refouler ses larmes. Elle avança dans les rangées de lits, faisant courir ses doigts décharnés et ses ongles longs sur les barreaux métalliques, produisant un crissement presque agréable. À plusieurs reprises, elle s'arrêta devant tel lit ou tel malade qui gémissait. Elle passait alors sa main sur la joue de celui qui souffrait en lui susurrant un « Chut... » apaisant. Arrivée devant

Guillaume, elle le regarda longuement, tendrement, avec cette attitude qui semblait vouloir dire « Tu t'es fait désirer ». Ses yeux brillaient d'une lueur jaune rassurante. Elle lui prit la main. Guillaume sentit son contact glacé et son corps transformé en volcan en ressentit un bien fou. Alors, lentement, la putain se pencha vers lui, comme une mère sur le berceau de son enfant, et l'embrassa tendrement dans le cou. Guillaume ferma les yeux pour ne plus les ouvrir.

Guillaume Pfaadt décéda certainement au début de l'année 1945, probablement en janvier. Ce qui se passa à cet instant précis fut raconté par Robert-Jean Klein, médecin alsacien officiant dans un autre lazaret du camp n° 188 : « La mort ayant fait son œuvre, il fallait se défaire du cadavre qui représentait un risque supplémentaire de contagion, aussi bien à l'intérieur des baraques que dans la morgue. Dans un premier temps, le cadavre était complètement déshabillé. On inscrivait sur la cuisse avec un crayon à encre son nom et prénom en cyrillique ainsi que sa date de naissance. Sur le papier journal qui servait de dossier médical, on notait le jour de l'hospitalisation, l'évolution de la maladie, les causes du décès et la date à laquelle le cadavre avait quitté le lazaret. Les brancardiers transportaient le mort recouvert d'une couverture jusqu'à la morgue. Il y restait allongé jusqu'au jour où il était transporté à l'extérieur du camp, en direction des fosses communes. On déversait de la chaux vive sur les cadavres et on les recouvrait de terre[1]. »

L'histoire s'arrêtait là. Le fils de Stéphanie et Guillaume Pfaadt, le frère de Jean, venait de mourir. Il fut un jour où Stéphanie, en lavant le visage de son fils, entrevit le plus

1. Robert-Jean Klein, *op. cit.*

bel avenir pour lui. Il était le plus beau, le plus intelligent de tous les enfants. Il était son fils. À cet instant, l'homme étendu là, dans cette morgue, et qu'on s'apprêtait à jeter dans une fosse commune d'où il ne ressortirait jamais plus et qui l'avait privée de nom, n'était plus qu'une succession de chiffres tatoués sur une jambe. Un tatouage sur un membre dans une fosse commune. Comme tant d'autres. Le fils prodigue en était réduit à ne plus être qu'un numéro de cadavre, qu'un souvenir sans corps. « Dans la nuit du 31 décembre 1944, cent cinquante-cinq morts furent enterrés dans une fosse. Parmi les cent cinquante-cinq, il y avait cent vingt Alsaciens et Lorrains. La plupart étaient morts par manque de nourriture[1] », affirma Pierre Heck, originaire de Pfaffenheim, dans le Haut-Rhin, le 28 août 1945, dans le rapport du capitaine Schwing. Le monument aux morts de Bischwiller et certains documents mentionnent comme date de décès de Guillaume Pfaadt le 1er janvier 1945. Faisait-il partie de ces 120 corps ? Peut-être. Guillaume rejoignit son ami René, tué au combat quelques mois plus tôt. Deux destins de Malgré-nous, deux choix de résistance pour une même finalité. Une amitié terrassée par l'histoire.

Peu de temps après, Paul tomba malade à son tour, pris d'une violente fièvre. La générosité qu'il manifesta sans relâche à l'égard de Guillaume et des autres détenus, n'hésitant pas à leur faire profiter de son emploi aux cuisines pour leur rapporter quelques pommes de terre ou des avantages glanés dans ce théâtre de pacotille, cette solidarité devenue une denrée si rare dans les camps, lui revint alors tout naturellement. Tous ses copains de baraque se succédèrent ainsi à son chevet pour lui donner

1. Pierre Rigoulot, *op. cit.*

leur ration de sucre. Fernand lui rendit visite deux fois par jour. La solidarité est un don. Elle lui sauva la vie.

À Bischwiller, les Américains entrés dans la ville début décembre 1944 durent se retirer lorsque commença l'opération *Nordwind*, commandée par Himmler, livrant les habitants à eux-mêmes. Le gauleiter Wagner avait prévenu : « Le Reich reviendra. N'aidez pas l'ennemi. » Alors que Strasbourg et plusieurs grandes villes alsaciennes avaient déjà été libérées, la guerre se poursuivit aux portes de Bischwiller et la Moder devint la dernière ligne de front. C'est au bord de cette rivière que s'achevait cette histoire de larmes et de sang commencée en 1870, cette rivière qui charria des millions de corps et distilla ce poison entre nos deux pays, ce poison que burent jusqu'à la lie Eugène et Guillaume Pfaadt. Et les Pfaadt ne virent pas, en ce mois de mars 1945, cette source se tarir enfin. Car Guillaume était mort et les autres membres de la famille se trouvaient encore en captivité. Stéphanie ne le savait pas encore mais cette rivière allait une fois de plus se rappeler à elle.

8 mai 1945

Dans le camp, les mois s'écoulèrent, emportant avec eux des centaines de morts et les espoirs des vivants. Après la libération des 1500, il fallut attendre la fin de la guerre, en mai 1945, pour voir un nouveau convoi de prisonniers quitter Tambov. Le 8 mai 1945, dans les haut-parleurs du camp, une voix libéra enfin tout un peuple : « Aujourd'hui, nous sommes le 8 mai 1945. La guerre est terminée et l'armistice vient d'être signé. » En entendant cette voix, une euphorie générale gagna le camp. Paul et

Fernand pensèrent certainement à Guillaume, qui n'était plus là pour vivre cet instant, mort ici, loin de chez lui. « Je me suis d'abord demandé si tout cela était bien réel. Fernand est venu me voir, nous avons pleuré comme des enfants, mais nous n'étions pas les seuls à pleurer, tout le camp pleurait[1] ! » se souvint Paul.

Dès les jours qui suivirent la fin des hostilités, un nouveau convoi de 200 hommes passant par Odessa ramena de nouveaux prisonniers. Mais les retours mirent du temps à s'organiser. En août 1945, soit trois mois après la capitulation allemande dans les ruines encore fumantes de Berlin, on estimait qu'il y avait encore près de 7000 Alsaciens-Lorrains à Tambov. Le général de Gaulle s'était bien rendu à Moscou en décembre 1944 mais il avait refusé d'intercéder en faveur des Alsaciens-Lorrains, malgré l'insistance de son ministre des Prisonniers, Déportés et Réfugiés, Henri Frenay. La realpolitik primait sur la vie des Alsaciens. Août, septembre, octobre, les Alsaciens revenaient au compte-gouttes de Tambov, laissant derrière eux de nouvelles victimes. « J'ai dû aider à évacuer les cadavres entassés dans un wagon spécial qui servait de morgue. Vidés sur un quai de gare ou en pleine campagne, nos camarades furent enterrés par les gens des pays traversés », raconta Jean-Pierre Goetz, qui rentra avec le convoi du 6 septembre 1945 où près d'une quarantaine de Malgré-nous trouvèrent la mort[2]. Et lorsqu'ils arrivèrent sur le territoire français, les survivants durent faire face à l'hostilité d'une population que ne connaissait pas le drame des Malgré-nous et qui avait vécu sous le joug nazi pendant près de cinq années.

---

1. Paul Rebmann, *op. cit.*
2. Pierre Rigoulot, *op. cit.*

Désiré Eiller, Fernand Hirtler et Paul Rebmann revinrent tous les trois vivants du camp de Tambov, laissant derrière eux Guillaume et des prisonniers japonais venus, à partir de 1946, prendre leurs places. Comme peu d'entre eux, les trois hommes eurent la chance de faire ce trajet retour entre le camp et la gare de Rada quand tant de leurs compatriotes se contentèrent de l'aller. Beaucoup avaient espéré emprunter ce chemin, notamment Guillaume, qui avait vu les 1 500 sortir du camp et disparaître petit à petit dans une forêt devenue soudain la porte du paradis. Longtemps il avait repensé à cette image, à ce mirage qui reculait chaque fois qu'il s'en approchait.

Fernand Hirtler reprit son métier d'herboriste et sa droguerie fut l'une des plus fréquentées de la ville. Revenu avec le convoi d'août 1945, il se mura dans le silence. Peut-être pensait-il qu'il fallait oublier ce qu'ils avaient vu, ou que si on n'avait pas vécu ce qu'ils avaient vécu, on ne pourrait jamais comprendre. Le fils de Fernand Hirtler, Jean-Luc, devenu maire de Bischwiller, se rendit avec Jean et moi en août 1998, à l'occasion d'une visite ministérielle, sur les lieux de captivité de son père pour y trouver des réponses. Quant à Paul Rebmann, il revint en Alsace à la fin novembre 1945 après un passage par Berlin où il reprit des forces – il ne pesait plus que 36,5 kilos – laissant derrière lui les 12000 victimes du camp de Tambov, dont son ami Guillaume Pfaadt. Un matin, au siège du journal des *Dernières Nouvelles d'Alsace*, qui avait repris son nom d'origine, rue de la Nuée-Bleue à Strasbourg, où travaillait son père, Paul sonna à l'accueil. Laissons à ce dernier le soin de nous relater ce qui se passa ensuite :

« Je suis arrivé à l'accueil, et j'ai demandé M. Rebmann. “Qui dois-je annoncer ?

– Je suis son fils."

« Le portier s'est alors précipité sur le téléphone et dit : "Paul, ton gamin est là !"

« Mon père est arrivé en un temps record. Ce qui s'est passé à ce moment-là, je ne pourrai jamais le décrire. Il n'y a pas de mots assez forts pour exprimer de telles émotions. Je me souviens que papa est retourné dans son bureau, s'est habillé et m'a dit : "J'ai appelé un taxi !"

« En cours de route, il m'a dit qu'un M. Roussillon lui a envoyé un télégramme l'informant de mon arrivée au centre de Reuilly, le 26 novembre.

« Lorsque le taxi s'est arrêté devant notre maison, maman est venue vers moi en courant, et longuement, très longuement, m'a enlacé et m'a embrassé. Aucun mot n'est assez fort pour décrire le manque des siens. Deux ans et demi, c'est très long, c'est terrible[1] ! »

Marcel Reff, l'ami qui avait accompagné Guillaume à Saint-Gorgon, dans les Vosges, revint lui aussi vivant de la guerre. Après avoir repoussé son incorporation dans la Wehrmacht, il y avait été contraint en septembre 1944. Envoyé en Tchécoslovaquie puis devant Varsovie, il avait déserté la Wehrmacht devant Kassel, en Allemagne, et s'était rendu aux Américains. Libéré en juin 1945, il fut accueilli par sa mère sur le quai de la gare. Cette dernière, heureuse de voir revenir son fils, lui lança à propos de sa fiancée : « Élise a une fille. »

Stupéfait et déçu, Marcel s'apprêtait à remonter dans le train lorsque sa mère le retint et crut bon de préciser : « Mais oui, une jeune fille qui lui fait le ménage et la couture ! »

1. Paul Rebmann, *op. cit.*

Marcel ne rechigna jamais à évoquer ses années de guerre et son incorporation. Quant à Paul, après avoir longtemps refusé de parler de sa captivité, il consigna, sur l'insistance de sa fille Christine, à près de 90 ans, ses souvenirs et ceux de Guillaume et de Fernand dans de brèves mémoires. Il s'éteignit en avril 2016, peu après avoir fêté, en compagnie de ses proches, son 95e anniversaire. Comme lui, Fernand, Désiré, Marcel et d'autres étaient revenus de la guerre. Ils s'étaient extraits des mâchoires de l'histoire. Mais pas Guillaume. Il n'était jamais sorti du labyrinthe et le Minotaure l'avait dévoré. Mais cela, Stéphanie ne le savait pas encore.

12

LE FANTÔME DE LA RUE FRANÇAISE

1946

La guerre venait de s'achever et les survivants de la guerre et du camp rentraient au compte-gouttes à Bischwiller. Dans chaque rue résonnaient tantôt les cris de joie des familles accueillant ces derniers, tantôt les pleurs de celles, toutes origines confondues, qui n'avaient plus rien à espérer. « Les larmes n'ont pas de nationalité, les mères n'ont qu'un fils, partout le même[1] », écrivit bien plus tard Sylvie Reff, l'une des grandes poétesses alsaciennes, la fille de Marcel Reff, qui avait accompagné Guillaume Pfaadt à Saint-Gorgon en 1940.

1. Sylvie Reff, *Schrei*, BF éditeur, 2014.

À sa manière, à l'échelle d'une petite ville, Bischwiller personnifia le drame des Malgré-nous. Mais plus globalement, à travers les figures de ces hommes et de ces femmes qui avaient été incorporés de force dans la Wehrmacht et la SS ou avaient servi avec conviction l'armée française en 1940 et la France libre, qui avaient déserté ou avaient combattu les armes à la main, parfois volontairement, souvent contraints, qui avaient commis des massacres ou avaient été massacrés à leur tour, qui avaient sauvé des Juifs ou avaient été gazés à Auschwitz, qui avaient, de Tambov à Buchenwald, survécu ou non à la captivité, qui avaient enfin été brisés par l'infamie ou l'avaient orchestrée, Bischwiller avait été la Seconde Guerre mondiale. Et en remontant chaque jour la rue Française, Stéphanie Pfaadt ne se doutait pas qu'à l'échelle même d'une seule rue, cette rue Française au nom ô combien symbolique, pouvait se lire l'histoire de cette guerre. Au 42, domicile des Pfaadt, ces derniers, résistants, avaient été envoyés en camp de rééducation nazi tandis que leur fils Guillaume, ayant déserté, était mort au camp de Tambov, en URSS. Au 35, Eugène Wurch, incorporé de force, était revenu vivant du front de l'Est. En face, au 30, Marcel Wiedemann, lui aussi incorporé, lui aussi peintre et qui s'était fait recenser comme Guillaume Pfaadt le 3 juin 1942, était tombé sous les balles de l'Armée rouge, le 16 juillet 1944 en Pologne. Au 18, le neveu du boulanger Sonntag était mort quant à lui sous l'uniforme français lors de la bataille de France en 1940. Au 54 enfin vivait une famille juive dont le père, Erich Héné, boucher juif d'origine allemande, fort renommé dans la communauté de Bischwiller, avait survécu à la Shoah, à l'inverse de son collègue Lucien Picard, assassiné avec sa femme à Auschwitz en août 1942 et qui habitait la rue d'à côté.

La ville recommençait à vivre, les institutions se remettaient en marche, les plaies cicatrisaient difficilement. On se comptait. En janvier 1946, les statistiques de la commune faisaient état de 80 naissances depuis janvier 1945, de 36 mariages mais surtout de 21 enfants de Bischwiller décédés sous l'uniforme français, 62 sous l'uniforme allemand et 65 disparus, dont Guillaume Pfaadt. Ce nombre passa à 88 en décembre 1947, avant que la référence aux incorporés de force non rentrés ne disparût du bulletin municipal.

Les liens sociaux se reformaient entre ceux qui subsistaient. Mais les comptes étaient loin d'être soldés. Comme dans la quasi-totalité des communes françaises, l'épuration battit son plein. La dénonciation avait changé de camp et la haine n'était pas encore retombée. Des femmes au crâne rasé furent promenées dans les rues de la ville. L'une d'entre elles, croisant le regard d'une ancienne connaissance qui s'était détournée, lui lança un « Regarde bien, mes cheveux repousseront ! » Dans une chronique des *Affiches de Bischwiller* du 19 janvier 1946 et baptisée « Les revenants », Robert Ecker, condamné à mort par les Allemands pour haute trahison, écrivait ceci : « Les "revenants" dont je veux vous entretenir ne sont ni décharnés, ni hélas enchaînés. Libres comme l'air, gras et roses, vêtus comme tout le monde, ils se promènent parmi nous et se sentent on ne peut mieux à l'aise. D'ailleurs pourquoi seraient-ils gênés puisque la France, bonne fille, semble vouloir ne se souvenir de rien. Puisque de bons apôtres soutiennent leur mauvaise cause et disent que si naguère, ils paradaient avec arrogance sous l'uniforme nazi, ce n'était ni par intérêt, ni par conviction. Ils ne l'avaient fait que soumis à certaines pressions, et sous l'influence néfaste d'une habile propagande. Et puis le séjour plus ou moins long (huit mois au maximum) qu'ils avaient dû subir à Schirmeck devait compter comme une expiation de leurs erreurs passées. » Deux cours de justice furent instituées – une dans chaque département – et chargées de juger et de châtier tous ceux qui, du sommet à la base, avaient contribué à favoriser l'ennemi et à mettre en danger les Français. Cependant, le commissaire général de la République avait, dès la libération de l'Alsace, en décembre 1944, appelé à la plus grande prudence : « La besogne d'épuration en Alsace appelle de grandes précautions car il apparaît que durant les quatre années d'annexion, un grand nombre de personnes ont dû, sous les pires menaces et les plus fortes pressions, s'inscrire dans des formations du parti nazi [...]. De telle sorte qu'à poser des règles rigides on aboutirait à épurer la plus grande partie de la population et à commettre de criantes et irréparables injustices[1]. »

Le gauleiter Robert Wagner, le bourreau de l'Alsace, fut ainsi jugé par la CJS (Cour de justice de Strasbourg) et condamné à mort en mai 1946 avant d'être fusillé en compagnie de ses fidèles dans la nuit du 13 au 14 août 1946. À Bischwiller, Eugen Braun, l'*Ortsgruppenleiter*, fut condamné à vingt-cinq ans de travaux forcés qu'il ne fit pas et Hans Liewer, le maire nazi de la ville, ne fut, quant à lui, pas inquiété. Il y eut également tous ceux dont les soupçons dénués de fondements valaient malheureusement condamnations et qui se retrouvèrent parmi les quelque 5339 inculpés bas-rhinois et 4553 internés en vertu de ces fameux articles 75 et 83 du Code pénal, qui autorisaient tous les soupçons. Nombreux furent ceux qui,

1. *Saisons d'Alsace*, revue trimestrielle, « 1945, la délivrance », n° 127, printemps 1995, La Nuée bleue.

comme Charles Pfaadt, durent passer par un purgatoire douloureux. Interné au camp de Schirmeck en 1945, antichambre de la réhabilitation après avoir été celle du camp d'extermination du Struthof, Charles passa plusieurs mois à prouver son innocence après avoir été banni du monde associatif de Bischwiller et spolié de ses économies. Lorsqu'il tenta de reprendre son métier de comptable dans la quincaillerie où il officiait avant-guerre, on lui claqua la porte au nez avec cette excuse : « On sait qu'il n'y a rien, mais vous savez, les gens, ce qu'ils vont dire. » Bien des années après, on continuait à dire d'un tel ou d'un tel suspecté de collaboration ou de sympathie proallemande qu'il « était un Hitler ». Quant aux survivants, juifs notamment, ils voyaient leurs meubles dans d'autres maisons et en ressentaient une amertume légitime.

Le gendre de Charles Pfaadt, Karl Günther, ce soldat allemand qui avait épousé sa fille Louise, était parti en Estonie quelques mois après leur mariage. En octobre 1944, il avait assisté aux bombardements alliés de Saarbrücken avant de prendre la route de l'Autriche. Capturé par la 1re armée française quelques semaines plus tard, il fut interné dans plusieurs camps de prisonniers allemands dans le Tyrol autrichien placés sous la surveillance de l'armée française. Il y passa près de deux ans et demi, exerçant des tâches administratives mettant notamment ses compétences de secrétaire au service des vainqueurs.

Charles Pfaadt dut ainsi attendre plusieurs années avant de revoir son gendre et sa fille Louise, qui revinrent à Bischwiller en octobre 1948. L'épuration étant terminée et le monde plongé dans la guerre froide, le retour de Karl Günther se fit en toute discrétion. Lui qui avait été employé de banque avant la guerre trouva un travail de manœuvre, puis de magasinier avant d'exercer le métier de comptable.

Quant à Henri Pfaadt, il revint lui aussi avec ses fils à Bischwiller pour reprendre son tabac et son épicerie aidé par son frère Charles, qui s'occupa de sa comptabilité. Un temps réticent, René Pfaadt finit par quitter les mines de charbon de Lorraine, où il officiait comme contremaître, et rejoignit l'épicerie familiale.

Les survivants de Tambov comme Désiré Eiller, Paul Rebmann ou Fernand Hirtler n'évoquèrent que rarement leur captivité. L'heure n'était pas à la dénonciation des crimes soviétiques car le PCF, résistant depuis 1941, dominait la vie politique française avec ses 25 % aux élections législatives de 1946. Son secrétaire général, Maurice Thorez, qui occupa les fonctions de vice-président du Conseil après la démission du général de Gaulle en janvier 1946, était l'un des hommes les plus puissants de France. À Bischwiller, Louis Loeffler, maire communiste entre 1935 et 1940, reprit son fauteuil de premier magistrat de la ville.

L'entreprise de peinture Pfaadt recommença son activité. Les commandes affluèrent à nouveau, et désormais secondé par son fils Jean, Guillaume se remit au travail tout en s'adonnant à sa passion pour les oiseaux au sein de la société d'aviculture de Bischwiller, dont il devint le président en 1948.

Pour Stéphanie, le poison de l'absence était terrible. Même le temps qui normalement guérit tout n'avait aucun effet sur elle. Elle repensa certainement plus d'une fois à la douleur incurable que ressentit sa belle-mère lorsqu'elle sut, au fond de son cœur, qu'Eugène, son fils, ne reviendrait plus. Elle revoyait encore le visage de la vieille Fredericke se parer de ce voile de deuil invisible qu'elle arbora jusqu'à la fin de ses jours. Elle avait tant redouté de devoir subir un châtiment similaire, de vivre une telle chose. D'être torturée de la sorte. De devoir devenir vieille avant l'âge. Parfois, elle se disait qu'elle n'aurait pas dû entrer dans cette famille, qu'elle maudissait lorsqu'elle était dévastée par l'absence de Guillaume. « J'ai souffert et toi tu es mort », disait-elle à son fils disparu sans savoir s'il l'entendait de là où il se trouvait. « J'aurais aimé mille fois mourir à ta place. Tu aurais souffert, mais au moins tu serais là », ajoutait-elle avant que des larmes ne coulassent de ses yeux. Avec les années, tout le monde s'était habitué à ses larmes. Elles étaient devenues normales, comme ses longs moments d'absence, quand elle était assise sur une chaise ou dans son fauteuil près du portrait de son fils. On n'y prêtait presque plus attention. Sa belle-fille, Marie-Madeleine, la femme de Jean, tentait tant bien que mal de la réconforter. Mais Jean lui avait vite conseillé de laisser sa mère seule, errer dans les limbes de ses souvenirs passés en compagnie de son fils adoré.

Nombreux avaient été les Malgré-nous dont on était sans nouvelles et qui continuaient à rentrer. Comme les Fuchs, dont le fils avait l'âge de Jean et avait été incorporé à la fin de la guerre, en 1944. La famille qui habitait la petite maison au coin des rues de Sedan et de la République, à quelques centaines de mètres des Pfaadt, attendait toujours, comme ces derniers, son fils. Jusqu'à ce jour, ce 27 février 1947, soit près de deux ans après la fin de la guerre, ce jour du 19e anniversaire de Charles Fuchs lorsque le maire avait sonné à la porte pour annoncer la terrible nouvelle à la famille. Non, Stéphanie n'avait pas eu de visite du maire, ni de lettre officielle de l'État, ni même, comme dans le cas du jeune Fuchs, une lettre d'une employée municipale de la ville allemande où il reposait : « J'ai également un fils de l'âge du vôtre, mais qui a eu plus de chance car il est rentré en bonne santé dans notre famille. En témoignage de reconnaissance, je m'occupe personnellement de l'entretien de la tombe de votre brave garçon qui repose dans notre cimetière, loin de l'Alsace. J'ai laissé inscrire le nom de votre fils sur une croix. La tombe est ensemencée de trèfle et je vous souhaite de tout cœur qu'il vous soit possible de vous recueillir sur la tombe de votre fils[1]. » Pas de nouvelles, bonnes nouvelles, disait-on. D'autant plus que tous les camarades de classe du jeune Fuchs, Charles Krebs, Georges Vix, René Bohl – des copains de Jean –, étaient rentrés sains et saufs. Et puis, ceux qui rentraient à l'automne 1945 disaient qu'il y avait encore des camarades dans le camp. En janvier 1946, le colonel Marquié, chef d'état-major de la mission de rapatriement en URSS, estimait ainsi qu'il y avait encore près de 23 000 Alsaciens-Lorrains dans le pays. Donc tous les espoirs étaient permis.

Stéphanie n'était d'ailleurs pas la seule à espérer car les journaux fourmillaient d'avis de recherche d'un fils, d'un frère, d'un neveu. Guillaume rentrerait bientôt, pas de doute là-dessus. La France elle-même ne savait pas ce qu'il était devenu. Ainsi, un courrier de l'intendant général du 5e bureau de la direction de l'État civil adressé au colonel Marquié, en octobre 1945, affirmait que Guillaume « se trouvait à Kirsanov au printemps 1945. Certains de ses camarades pensent qu'il est mort le vendredi saint de 1945, mais aucun n'a été témoin oculaire. N'aurait-il pas au contraire quitté une fois guéri l'hôpital de Kirsanov

1. « Le triste retour d'un Malgré-Nous bischwillerois », *Dernières Nouvelles d'Alsace*, 19 novembre 2014.

pour une destination inconnue? Les renseignements recueillis sont contradictoires ».

À Bischwiller, au milieu du salon trônait la photo de Guillaume, que Stéphanie vénérait comme une icône russe qu'elle caressait parfois en pensant que cela le ferait revenir plus vite, ce qui énervait son mari, qui, malgré la douleur d'avoir perdu son fils aîné, tentait de lui faire entendre raison. Guillaume détestait ces communistes qui, à la tribune de l'Assemblée nationale, par la voix du ministre des Anciens Combattants, Laurent Casanova, s'adonnaient à un négationnisme révoltant concernant les Malgré-nous en URSS, concernant son fils. D'ailleurs, Guillaume Pfaadt ne manquait pas une occasion de critiquer le maire communiste de Bischwiller, Louis Loeffler, et de rappeler que Maurice Thorez, le secrétaire général du PCF, était allé se planquer à Moscou pendant la guerre. Cette détestation lui avait d'ailleurs valu de figurer en 1945 à la dernière place de la liste du maire centriste d'avant-guerre, Alfred Rinckenberger. C'était auprès de ce dernier que Charles Pfaadt avait été élu conseiller municipal en 1935 face à Loeffler. Un Pfaadt avait remplacé un autre Pfaadt, et ces derniers étaient devenus, d'une certaine manière, de petits notables de la ville. D'ailleurs, ici, les voix se partagèrent entre gaullistes et communistes lors des premières élections législatives de la toute jeune IVe République, et le sort réservé aux fils d'Alsace en URSS avait pesé lourd dans les urnes, si bien que les communistes n'avaient obtenu qu'un seul siège sur les huit du département. Nul doute que Stéphanie, autorisée à voter pour la première fois, ne se priva pas de faire payer à Thorez et à ses sbires la trahison de Staline envers son fils. Tandis que Guillaume critiquait les décisions du maire ou évoquait avec Jean les affaires de l'entreprise, leur mère revenait en permanence à Guillaume en évoquant leurs souvenirs d'avant-guerre, les balades au bord de la Moder, les Noël, le tout agrémenté d'un « C'était un si gentil garçon » ou d'un « Et il riait tellement » devant un Jean affligé qui avait parfois le sentiment de vivre sa vie de jeune homme par procuration, sous la figure tutélaire du portrait de son frère qui écrasait tout et tout le monde. À cette nostalgie ponctuée de petits sourires succédaient souvent des pleurs.

« Arrête de pleurer, nom de Dieu ! lança, excédé, Guillaume, en tapant du poing sur la table.

– Je ne peux pas m'en empêcher », s'excusa Stéphanie en essuyant le coin de ses yeux avec sa serviette de table.

Bien malgré lui alors, Guillaume reprenait cette discussion qu'il avait eue maintes et maintes fois, révélant, à sa manière, sa propre affliction.

« Pourquoi a-t-il déserté, hein ? S'il n'avait pas déserté, il serait toujours en vie aujourd'hui. Mais il a écouté ses copains de Bischwiller, le fils Haenel qui lui a remonté la tête et les Alsaciens du régiment. Ces derniers ont dû lui dire que les Russes seraient plus cléments. Foutaises ! Moi, je les connais bien, les Russes. Je les ai combattus et j'ai vu ce dont ils étaient capables. Staline est pire qu'Hitler !

– Guillaume est encore vivant. Quelque part dans une prison ou dans un camp russe. »

Stéphanie s'était souvent imaginé qu'il travaillait peut-être dans une usine à Moscou ou dans un champ de pommes de terre d'une campagne reculée, qu'il était devenu amnésique et qu'un jour il recouvrerait la mémoire et se souviendrait de sa famille à Bischwiller et de sa mère.

« Arrête de t'accrocher à cela, nom de Dieu, Stéphanie ! » pestait Guillaume en accompagnant sa remarque d'un geste de la main qui exprimait toute sa lassitude, ce qui généralement provoquait le départ de Stéphanie, qui se réfugiait en pleurs dans la chambre.

Derrière cette colère, Guillaume cachait en réalité une profonde douleur. Celle d'un homme brisé qui tentait de maintenir l'illusion que tout allait bien. Celle d'un chef de famille qui se devait de tenir son rôle alors que ses fondations psychologiques ressemblaient à un champ de ruines. Car Guillaume savait depuis des années que son fils, son cher fils, de même que son frère près de trente ans plus tôt, ne reviendrait pas. Il avait reçu ces lettres émanant du ministère des Anciens Combattants et Victimes de guerre attestant que Guillaume Pfaadt, né le 29 janvier 1920 à Bischwiller, était bien décédé de maladie dans le lazaret n° 2 du camp n° 188 de Tambov en URSS en janvier 1945. Il savait depuis des années que tout avait pris fin à quelques milliers de kilomètres de Bischwiller, que son fils était mort seul, sans lui, sans sa mère, sans son frère, dans un camp soviétique. Mais il s'était bien gardé de le dire à Stéphanie. Elle aimait tellement ce fils qu'elle avait désiré plus que tout. Non, Guillaume ne pouvait pas lui faire cela. Et puis il y avait Jean et l'entreprise. Il fallait bien que la vie continue. Celle-ci ne serait plus comme avant certes, mais il fallait bien continuer à avancer. Alors, il tentait avec les moyens qui étaient les siens, avec le caractère qui était le sien et qui pouvait être éruptif par moments, de convaincre son épouse qu'elle devait se faire une raison et laisser tomber. Mais il ne pouvait pas lui en vouloir. Quelle mère n'aurait pas, en l'absence de preuve formelle, de corps, continué à croire à l'impossible ? Et il voyait Stéphanie puiser tout l'amour qui résidait en elle pour le mettre au service de cette force inaltérable et en ressentait lui aussi un amour profond, renouvelé, pour sa femme, mais également une honte, celle de ne pas avoir le courage de lui avouer la vérité. D'ailleurs, sur la photo prise en 1948, à l'occasion de la remise de la Légion d'honneur à son frère Henri pour son courage à Verdun, en compagnie d'une grande partie de la famille, dont Jean, fringant jeune homme de 20 ans, Guillaume Pfaadt n'était plus que l'ombre de lui-même. Déjà atteint par le diabète, l'ancien patron autoritaire et craint avait laissé la place à un vieillard au visage bouffi, avachi sur sa canne, presque impotent. À 60 ans, il en paraissait dix de plus. Brisé par l'histoire, Guillaume Pfaadt regardait l'objectif d'un œil las.

De l'aveu même des membres de la famille, Stéphanie oscillait entre phases d'abattement et moments d'espoir, persuadée que son fils finirait par sonner à la porte de la maison du 42 de la rue Française. Et puis un jour, par une pluie battante de septembre 1950, quelqu'un sonna effectivement à la porte. Avec son manteau brun que la pluie constellait de taches sombres et son chapeau en feutre qui lui barrait la moitié du visage, elle crut d'abord qu'il s'agissait de lui. Le temps d'un instant, son cœur bondit dans sa poitrine. D'autant plus que la personne qui se tenait là, sur le pas de la porte, était aussi grande que Guillaume. Mais elle dut déchanter lorsque l'homme se découvrit. Il s'appelait en réalité Alfred et venait du village voisin d'Herrlisheim.

« Bonjour, madame Pfaadt. J'ai bien connu votre fils », dit alors laconiquement le visiteur.

« Pourquoi utilise-t-il le passé? » fut sa première réaction. « Non, il doit y avoir une erreur », pensa-t-elle. D'autant plus que les Pfaadt étaient nombreux à Herrlisheim et que l'un d'entre eux était effectivement mort à Tambov en juillet 1944. Percevant ses doutes, l'homme crut alors bon d'ajouter : « Excusez-moi, mais vous êtes bien la mère de Guillaume Pfaadt ? » Stéphanie ne put alors qu'opiner du chef devant cet homme au teint cireux et à la calvitie avancée qui se tenait devant elle. Mais au-delà d'un physique somme toute assez commun, Stéphanie fut surtout frappée par le visage de l'homme recouvert du masque des captifs, celui-là même qui semble avoir aspiré la vie de ces corps et de ces esprits condamnés à survivre dans les limbes de la souffrance et du souvenir. Tandis qu'elle faisait entrer cet Alfred dans la maison, elle ne put s'empêcher d'imaginer Guillaume arborant ce même masque sur son visage à jamais privé de toute innocence, de toute humanité. Mais au moins il serait là. Ici. Avec elle. Et elle saurait lui redonner goût à la vie et lui faire oublier les atrocités qu'il avait vues et subies là-bas. Le temps ferait son œuvre, ce temps qui s'acharnait à la torturer quotidiennement. Mais avec son fils, le temps jouerait en leur faveur. Pas contre eux. Chaque jour, chaque heure, chaque minute serait leur victoire à tous les deux.

L'homme s'installa dans le salon. Il ne prit pas la peine d'enlever son manteau, comme s'il prévoyait de ne rester que quelques secondes, comme s'il devait fuir à tout instant. Alors qu'il posait son chapeau sur ses genoux, Stéphanie remarqua qu'il n'osait pas regarder le portrait de Guillaume. Il était mal à l'aise. Et Stéphanie oublia de lui proposer un café tant elle était focalisée sur ce que l'homme avait à lui dire. D'ailleurs, Alfred, malgré sa gorge sèche, ne voulait pas de café. S'éclaircissant la gorge, il répéta :

« Madame Pfaadt, j'ai bien connu votre fils. J'ai bien connu Guillaume. Il marqua une pause avant d'ajouter : À Tambov. »

Tambov. Stéphanie savait ce que ce mot voulait dire. En ces années d'après-guerre, tous les Alsaciens savaient ce que ce mot voulait dire. C'était presque comme Auschwitz pour les Juifs. Le camp de la mort. La tombe de l'Alsace.

L'homme sortit alors un mouchoir de son manteau et s'épongea le front. Visiblement, ce qu'il avait à dire ne parvenait pas à sortir de sa gorge. Il se souvint alors du sourire de Guillaume lorsqu'il lui avait promis de prévenir sa mère. Durant un instant, il revint dans le lazaret. Guillaume ne souffrait plus. Cela lui donna le courage nécessaire pour continuer :

« J'ai vu votre fils mourir, madame Pfaadt. Je l'ai vu lorsqu'ils l'ont transporté en dehors du lazaret pour être inhumé dans une fosse. Je suis tellement désolé, madame. »

Pendant un instant Stéphanie crut qu'elle se trouvait ailleurs, dans un autre monde ou je ne sais quel rêve. Un léger malaise l'obligea à prendre appui sur le coin de la table du salon.

« Non, monsieur. C'est impossible. Impossible. Pas Guillaume. »

Que devait-il dire à cette mère qui apprenait la mort de son fils ? Alfred ne sut quoi faire sauf baisser les yeux vers son chapeau. Il était désarmé. Mais il avait promis à Guillaume. Il se l'était promis. Et maintenant qu'il avait fait cette chose terrible, il le regrettait presque. En tout cas, lui qui avait survécu à tout avait hâte de quitter cet endroit, de fuir loin de cette douleur qu'il avait épargnée à sa propre mère, d'échapper au cauchemar de cette femme. Stéphanie ne remarqua pas les larmes qui coulaient abondamment sur ses joues creusées. « Dieu me met à l'épreuve », pensa-t-elle. N'avait-elle pas fait tout ce qu'il fallait pour chérir cet enfant, ce fils bien-aimé? N'avait-elle pas servi et prié Dieu du mieux qu'elle le pouvait avec son mari, en aidant la paroisse et en repeignant le presbytère? Pourquoi avait-Il permis une telle chose, à elle? Pourquoi avait-Il laissé ces athées communistes lui prendre son fils? Non, cet homme ne disait pas la vérité. Et pourtant, quel homme viendrait ici raconter une telle chose s'il n'en était pas certain? Quel homme viendrait poignarder le cœur d'une mère avec une telle nouvelle? Son esprit subissait à cet instant précis les assauts contraires de l'irrationalité la plus totale et de l'implacable vérité.

13

L'APPEL DE LA RIVIÈRE

1950

Les lendemains de guerre furent synonymes de joies retrouvées. Et d'amour. Pour toutes celles qui n'avaient pas vu leur amoureux rentrer vivant du front ou de Tambov comme Lotti ou Emma, il avait bien fallu recommencer à vivre. Et leurs cœurs blessés avaient trouvé du réconfort dans ceux de ces hommes qui, après avoir vu l'enfer, n'aspiraient qu'à reprendre le cours normal de leur vie. Les autres, trop jeunes pour connaître l'amour mais qui avaient vu leurs aînées devenir des roses sans pétales, espéraient fonder une famille dans un monde ayant renoué avec la paix. Quelques mois après son retour de captivité, Jean rencontra, lors de ses pérégrinations quotidiennes dans les villages voisins, une jeune brune incandescente aux yeux de biche prénommée

Marie-Madeleine. La jeune femme, originaire du village voisin de Rohrwiller, n'était autre que la fille du marchand de radios et d'électroménagers situé juste à côté de chez lui, rue Française, et dont l'humble résistance pendant le conflit avait consisté à fabriquer des radios clandestines. Jean était entré une fois ou deux dans la boutique après-guerre et, très vite, avait été happé par les yeux en amande brun foncé de cette fille qui s'occupait de la comptabilité de son père ou enregistrait les fers à repasser qu'il fallait réparer. Mais la croiser ici, sur ce chemin de poussière de Rohrwiller, était incroyable. Ce ne pouvait être le fruit du hasard, assurément, et lui, le garnement agnostique, qui n'avait fait sa confirmation en 1942 que pour faire plaisir à sa mère, fut convaincu à cet instant qu'il s'agissait là d'un signe de la providence. Intrépide quand il s'était agi d'arracher le drapeau nazi du haut de la mairie ou de proposer à un dignitaire SS de s'occuper de son chien, il douta un instant de lui avant d'aborder la jeune femme. Mais cette dernière, ne laissant rien paraître, avait aussi été séduite par ce jeune homme blond. Jean apostropha Marie-Madeleine en lui demandant si une nouvelle rencontre était envisageable et un battement de cils lui offrit sa réponse. Mais la biche mit du temps à être apprivoisée, et jamais certainement le grand chasseur qu'il devint ne connut gibier plus difficile à attraper. Pendant près de quatre années, le couple apprit ainsi à se connaître, à s'aimer entre les visites incessantes de Jean dans le magasin familial et les bals du 14 Juillet. Et comme avec Stéphanie, sa mère, il fallut précipiter le mariage lorsque la future bru tomba enceinte. Ce fut chose faite, le 16 décembre 1950, par un froid de canard, si bien que Marie-Madeleine s'abstint de robe. Quatre mois plus tard, le 20 avril 1951, naissait le premier enfant du couple, une fille prénommée Sonia. Une fille qui serait bientôt suivie de deux garçons. Comme Stéphanie. Cette dernière repensa-t-elle à la prophétie de sa belle-mère, Fredericke, et qui voulait que chez les Pfaadt, « les femmes meurent et les hommes souffrent » ? Car pour l'heure, la prophétie de la vieille Pfaadt semblait s'inverser. Outre son fils Guillaume, Stéphanie avait perdu deux de ses neveux, les fils uniques de ses sœurs Mathilde et Madeleine – cette adolescente qui avait taquiné les frères Pfaadt lors du mariage de l'aîné en 1912, quelque quarante ans plus tôt. Le premier avait été abattu aux commandes de son Messerschmitt lors de la bataille d'Angleterre en 1940 – vivant en Allemagne, il avait été mobilisé en tant que tel –, et le second était mort en décembre 1943 non loin de Nevel, à la frontière biélorusse, revêtu lui aussi de la tunique des Malgré-nous.

En écho à cette sinistre prophétie familiale, en cette année 1950, la santé du père de Jean commença sérieusement à se dégrader. Guillaume souffrait d'un diabète qui ne cessait de le tourmenter. Il ne put bientôt plus travailler, laissant Jean seul aux commandes de l'entreprise familiale. Effectuant plusieurs séjours en maison de convalescence, il demanda un secours à l'État. Malgré l'avis favorable du maire de Bischwiller, sa demande fut rejetée, « vu les crédits restreints mis à la disposition de l'office et les cas actuellement plus nécessiteux ». Il faut dire que l'entreprise de peinture se portait plutôt bien. Elle déclarait alors 600000 francs, auxquels s'ajoutaient des loyers perçus pour un montant de 6000 francs et 30 ares donnés en fermage à une œuvre de bienfaisance ; tandis que les frais médicaux de Guillaume Pfaadt s'élevaient à 130000 francs, dont 80000 francs versés à la maison de convalescence où Guillaume se rendait régulièrement pour se soigner.

Janvier 1953

En ce début d'année 1953, le drame des Malgré-nous refit la une de tous les quotidiens du pays. Le 12 janvier 1953 s'ouvrit devant le tribunal militaire de Bordeaux le procès des hommes ayant participé, en tant que soldats de la division SS Das Reich, au massacre d'Oradour-sur-Glane, dans la Vienne, le 10 juin 1944. Pendant cette terrible journée, les SS exécutèrent les hommes du village, puis enfermèrent les femmes et les 205 enfants dans l'église, qu'ils incendièrent. Avec ses 642 victimes, Oradour-sur-Glane s'installa durablement dans la mémoire collective française comme l'une des pires exactions commises par les Waffen SS sur le sol français.

Vingt-deux prévenus dont treize Malgré-nous se retrouvèrent dans le box des accusés en vertu d'une loi de 1948 qui introduisait dans le droit pénal français le principe de responsabilité collective. Cette disposition législative cristallisa très vite les débats puisqu'elle ne faisait pas de distinction entre Allemands et Alsaciens, entre volontaires et Malgré-nous. Pour tous ceux qui réclamaient à juste titre justice pour Oradour-sur-Glane, il n'y avait donc pas de différence possible entre ceux qui avaient été volontaires et ceux forcés de servir sous l'uniforme SS. Une fois de plus, les Alsaciens-Mosellans se retrouvaient du mauvais côté du fleuve de l'histoire, du côté des bourreaux.

La ville de Bischwiller regarda ce procès avec la boule au ventre. Non seulement le drame des Malgré-nous, incompris de Français devenus tous résistants en 1944, refaisait surface, mais comment expliquer à ces mêmes Français qu'il fut possible que des Alsaciens et des Mosellans aient pu servir non seulement dans la Wehrmacht mais, pire, dans la Waffen SS, ces criminels à tête de mort, qui avaient commis les pires horreurs sur le continent européen, d'Auschwitz aux fosses adriatiques en passant par Babi Yar ou le ghetto de Varsovie ? Pour servir dans la SS, il ne fallait être que volontaire, à l'instar d'un Jacques Doriot ou d'un Léon Gaultier, pour l'opinion publique française de l'époque. Mais la réalité avait été tout autre. De nombreux jeunes Alsaciens et Mosellans issus notamment des classes 1926 et 1928 avaient ainsi été incorporés de force dans la Waffen SS. Bischwiller observait ce procès avec une inquiétude particulière car l'un de ses fils avait été là-bas, à Oradour-sur-Glane, sur les lieux du massacre. Fuyant l'uniforme SS quelques semaines plus tard, sur le front de Normandie face aux Américains, il avait été abattu le 28 juin 1944 au moment de l'anéantissement de la Das Reich. Mais, comme le rappela le Dr Pierre Karli, ancien président de l'université Louis-Pasteur de Strasbourg et membre de l'Académie des sciences entre 1979 et 2016, qui fut lui aussi incorporé de force : « On m'a dit parfois que j'aurais pu refuser, me suicider. Cela m'a travaillé, je me suis posé la question. À 18 ans on n'a pas tellement envie de mourir. Aujourd'hui, je reconnais que je suis heureux d'être là. Mais je ne sais pas, si j'avais été incorporé dans la Waffen SS, si j'avais été à Oradour, ce que j'aurais fait. Aurais-je eu le courage, alors, de refuser d'obéir et donc d'accepter d'être fusillé[1] ? » Cet enfant de Bischwiller n'avait pas eu ce courage et, dans le même temps, n'avait pas eu envie de mourir. Il périt certainement le cœur lourd. Il n'avait pas 18 ans.

1. Cité dans Jacques Fortier, « Les bruyants silences de l'après-guerre », *Les Saisons d'Alsace*, n° 27, « 1939-1945 : la fin du silence », été 2005.

Cette question épineuse ouvre le débat sur le libre arbitre de chacun face au crime et sur le travail de mémoire. Comment composer avec son libre arbitre face aux crimes les plus terribles, ceux de génocide, de crime de guerre et de crime contre l'humanité ? Quelle est la frontière à ne pas franchir ? Celle du droit ? celle de sa conscience ? celle de la survie ? Nombreux ont été les Alsaciens qui, ayant endossé l'uniforme de la Wehrmacht, ont dû jouer les supplétifs du crime sur le front de l'Est. D'autres, pour les plus jeunes, ont été forcés de servir dans la SS – les cas des volontaires sont plus simples à régler bien entendu – et ont été projetés dans une guerre qu'ils savaient perdue. Qu'ont-ils pensé, qu'ont-ils fait ? Survivre avant tout et transiger avec ses valeurs d'humain, passer ce « mauvais quart d'heure » et revenir à Bischwiller, à Strasbourg et à Colmar pour embrasser leur famille ? ou refuser l'innommable au risque d'y laisser leur vie ?

Deuxième génération après le drame des Malgré-nous, étant né dans un continent en paix – grâce en partie au sacrifice de mes ancêtres –, je me demande souvent ce que j'aurais fait, moi, l'Alsacien, en pareilles circonstances. Âgé de 16 ou 17 ans, un fusil à la main et la peur au ventre face à un ennemi qui n'attendait qu'une seule chose : tuer le plus de mes frères d'armes sans égard pour la motivation qui m'avait fait endosser ces uniformes vert-de-gris ou noirs, quel chemin aurais-je pris ? Aurais-je appuyé sur la détente le temps de quelques secondes en fermant les yeux et en espérant que ma balle se fiche dans le mur ou se perde dans l'horizon plutôt que dans la tête du partisan italien, du résistant français ou du simple civil innocent ? Ou aurais-je quitté mon campement pour suivre ma conscience, au risque d'être attrapé par un groupe de partisans ou de résistants et d'être pendu à un arbre au milieu de nulle part après avoir entendu un FFI me dire « Regarde ce que les tiens ont fait » tout en me montrant les exactions d'autres SS pour lesquels je n'avais que mépris et dégoût ? Guillaume avait fait ce choix en désertant. Il avait eu la « chance » de tomber sur des partisans qui avaient fait preuve de mansuétude à son égard. Mais cela ne l'avait pas sauvé pour autant.

Mais là, dans ces derniers instants, sanglants, de la guerre, les choses étaient différentes. À Oradour-sur-Glane, cet enfant de Bischwiller, ce Français tuait d'autres Français. Un gamin qui ne voulait pas mourir mais qui était tout de même mort quelques semaines plus tard. Un gamin qui s'était certainement dit qu'il n'avait pas à mourir pour satisfaire le rêve d'un tyran. Un gamin qui trouvait sa situation terriblement injuste. Un gamin qui préférait être celui qui tue que celui qui meurt. Un gamin qui pleura certainement à de nombreuses reprises. Un gamin qui voulait simplement rentrer chez lui. Les récentes recherches permettent aujourd'hui de connaître avec précision les crimes des SS. Mais à l'époque, personne ne se doutait que la simple mention d'appartenance à cette organisation vaudrait condamnation perpétuelle. Que leur tatouage, pour tous ces incorporés de force, serait une éternelle marque d'infamie qu'il faudrait cacher. Moi-même, j'ai connu à Bischwiller des incorporés de force, revenus vivants de leur voyage dans l'armée de la mort. Certains étaient diserts. D'autres, non. Personne, sauf peut-être leurs proches – même si nombre d'entre eux ne se confièrent jamais –, ne peut imaginer, dans le secret de ces nuits d'angoisse sans fin, cette torture lancinante et perpétuelle qui les fit revenir, encore et encore, dans ce village ou dans cette forêt où ils avaient dû ôter la vie à un homme, à une femme ou à un enfant en se disant que leur propre vie, leur propre survie, valait mieux que la leur, que leur situation personnelle était plus injuste que la leur.

Le procès des 13 Malgré-nous suscita ainsi une véritable tempête politique, surtout lorsque le tribunal les condamna, le 11 février 1953, à des peines allant de six à huit ans de prison et aux travaux forcés tandis que le volontaire fut, quant à lui, condamné à mort. En Alsace, l'incompréhension laissa vite place à la colère. Un voile noir recouvrit le monument aux morts de la place de la République à Strasbourg et des dizaines de Légions d'honneur furent renvoyées à Paris en guise de protestation. Pour calmer cette tempête qui menaçait de déchirer la communauté nationale, l'Assemblée nationale adopta le 20 février 1953 une loi portant amnistie en faveur des Français incorporés de force dans les formations militaires ennemies, dont ceux ayant été impliqués dans le massacre d'Oradour-sur-Glane.

Ce procès ouvrit une question qui n'a toujours pas trouvé de réponse. Celle des dangers du manichéisme et de la généralisation dans la construction d'une mémoire historique. Oui, il y eut des nazis alsaciens, fanatiques et zélés. Aucun doute là-dessus. Mais, à l'image d'une France entièrement résistante en 1945 et derrière un récit historique tronqué qui ne servit que de paravent à des discours politiques et à une vérité factice, bien peu d'Alsaciens-Mosellans collaborèrent avec l'occupant. Si une grande partie de la population fut contrainte à adhérer à des structures nazies, celle-ci ne constitua jamais un agent actif du IIIe Reich. Et leurs fils, moins par un sens du devoir que pour protéger leur famille, rejoignirent les rangs de la Wehrmacht et de la SS.

Le travail de mémoire et de pédagogie fut long. Il est toujours long. Mais le nôtre se mua en frustration, en incompréhension nourrie de ces petites vexations quotidiennes, de blagues devant la machine à café et de provocations journalistiques; comme ce jour où un commentateur sportif de renom lança à l'occasion de la victoire en coupe de France du Racing Club de Strasbourg un « La coupe quitte la France ». Ainsi, sept ans après Bordeaux, en 1960, les incorporés de force furent exclus de l'accord signé entre la France et la RFA à propos de l'indemnisation des victimes du nazisme. Il fallut attendre 1983 pour voir, à Mulhouse, le premier monument aux morts commun aux trois départements consacré aux Malgré-nous, puis près d'un demi-siècle après la fin de la Seconde Guerre mondiale pour qu'un mémorial soit érigé en URSS sur les lieux de captivité de nos aïeuls. Ce n'est qu'en 2010 qu'un président de la République, Nicolas Sarkozy, reconnut enfin officiellement les Malgré-nous comme des victimes du nazisme. On ne rappelle jamais assez l'attitude admirable qu'adoptèrent les Malgré-nous revenus de l'enfer. Ils firent passer l'unité nationale, cette unité nationale que les vainqueurs de 1918 imposèrent au forceps, cette unité nationale tant chérie et défendue les armes à la main en 1940, avant toute forme de revendication, de contestation. Mais ce choix eut un prix : celui du silence dans lequel leur tragédie tomba, celui d'une incompréhension dont il subsiste encore, de nos jours, quelques infimes traces, celui d'une absence de reconnaissance au sommet de l'État pendant soixante-cinq ans. Les Malgré-nous refusèrent d'entrer dans une guerre civile des mémoires parce qu'ils crurent à la réconciliation et que la fin de soixante-quinze ans d'oscillation meurtrière, de 1870 à 1945, entre France et Allemagne, était à ce prix. Parce que, un jour, ils en étaient persuadés, justice leur serait rendue. Au camp de Tambov, sur les champs de bataille d'URSS, d'Italie, de Yougoslavie, d'Europe centrale et d'Allemagne, puis dans ceux, plus feutrés, des institutions et des médias, vivants comme morts, survivants comme sacrifiés espérèrent en vain cette reconnaissance.

En cette année 1953, Guillaume assistait à une sinistre répétition de 1918, lorsqu'il avait vu les libérateurs de l'Alsace, ceux de la brigade Alsace-Lorraine, de la 1re armée et de la 2e division blindée, être fêtés en héros tandis que les Malgré-nous, comme le *Feldgrau* qu'il avait été, étaient eux traités de « boches », de « sales Allemands ». Les débats de cette année 1953 ouvrirent les plaies françaises au grand jour, et virent une partie de l'opinion assimiler indistinctement tous les Malgré-nous à ces criminels qui avaient semé la mort et la terreur en France et sur le continent européen, à ces assassins qui avaient tué ces pauvres gens à Oradour-sur-Glane ou à Tulle, à ces tortionnaires qui avaient torturé et assassiné Jean Moulin et tant d'autres résistants, à ces monstres qui avaient déporté les enfants d'Izieu et les Juifs de Bischwiller, ses voisins. En 1946, il revoyait encore ses neveux Marcel et René, vêtus de l'uniforme de la France libre, rentrer en héros. Comme leur père, Henri, en 1918. Eux avaient choisi leur destin pour ne pas avoir à le subir. C'est ce qu'Henri avait asséné à ses frères lors du mariage de Guillaume, en 1912. On avait alors souri. Mais Henri s'y était tenu et ses fils aussi. Lui, Guillaume, comme des dizaines de milliers d'Alsaciens et de Lorrains, avait laissé l'histoire choisir pour lui, suivant en cela l'adage familial. Lui, l'ancien *Feldgrau*, avait risqué sa vie en Champagne, en Russie et sur le mont Kemmel. Pour rien. Et son fils avait finalement suivi son exemple. Sauf qu'il était mort. D'autres avaient survécu par milliers aux terribles combats dans les plaines soviétiques et étaient revenus de captivité. Mais à quel prix ? Celui d'une injustice permanente au regard de ce qu'ils avaient subi ? celui d'une humiliation comme celle du procès de Bordeaux qui venait après tant d'autres ? celui d'une énième souffrance qui ne pouvait être comprise par une France qu'ils avaient pourtant voulu, de toutes leurs forces et leur âme, aimer et défendre ? celui enfin de cette mort intérieure que refoulaient chaque jour et chaque nuit les survivants lorsque apparaissaient les spectres de ceux qui étaient restés sur le champ de bataille et dans les camps et vous accusaient d'être encore en vie, à l'instar de cet Alfred venu annoncer à Stéphanie la nouvelle de la mort de leur fils ?

Guillaume repensait à son fils. Comme lui, il avait laissé l'histoire choisir pour lui. Mais, à cette différence près que ce dernier avait choisi de lui faire face, de la défier. Et il en était mort. Mais au moins, il était mort debout, en homme, regardant dans les yeux cette histoire qui avait fait, durant trente ans, de l'Alsace son jouet. Pour la première fois, Guillaume comprit le geste de son fils. Il avait eu raison de déserter, car ce geste magnifique lui avait permis de choisir le destin qui avait été le sien, même si ce dernier avait été funeste. Plus de soixante-dix ans après sa mort, à travers ces lignes, lorsque nos vagues souvenirs s'étiolent avec les générations et que les rares photos jaunies se perdent, ne subsiste alors qu'une seule image, une seule idée, celle d'un homme qui refuse de servir un totalitarisme pour se jeter naïvement mais avec un courage et une noblesse admirables dans les bras d'un autre totalitarisme, sans savoir qu'il lui donnera le baiser de la mort. Dans ces premiers mois de 1953, Guillaume

Pfaadt comprit enfin le geste de son fils et il en fut fier. À ce moment-là, dans la solitude de sa pudeur, Guillaume pleura certainement son fils aîné.

C'est probablement dans cet état d'esprit que, le 24 mars 1953, le dernier des Guillaume de la famille Pfaadt s'éteignit lors d'une opération d'amputation consécutive à l'aggravation de son diabète. Avant de mourir, cet anticommuniste viscéral avait encore eu le bonheur d'apprendre la mort de Staline, ce tyran qui, dix ans plus tôt, avait jeté son fils dans une fosse commune. Drôle d'anniversaire pour Jean, obligé de pleurer un père qui le laissait, seul, à la tête de la famille et de l'entreprise.

Les Pfaadt avaient perdu leurs Guillaume. Tous. Avec ce nouveau décès, la douleur de Stéphanie devint dépression. Un matin, en fouillant dans les affaires de son mari, lorsqu'il fallut vider armoires et commodes, donner ces chaussures que personne ne mettrait et ces costumes que son fils n'avait pas voulus pour ne pas ressembler au père disparu, Stéphanie découvrit, dans cette maison où elle vivait désormais seule, bien dissimulée sous des papiers administratifs de l'entreprise dont elle ne se préoccupait jamais, une boîte en fer-blanc. Durant un instant, elle eut la tentation de la jeter mais s'y refusa. Peut-être contenait-elle un chèque non encaissé ou quelque chose d'important. Elle ouvrit la boîte, qui produisit son couinement métallique caractéristique, et découvrit, signées par plusieurs administrations, les preuves qui confirmaient que son fils était bel et bien mort. De ses mains moites, elle prit l'acte de décès, papier jauni et rêche, et le lut. Sous ses yeux s'étalait la terrible vérité. Oui, son fils était bien mort à l'hôpital de Kirsanov. De la bile remonta alors dans sa gorge. Elle dut déglutir puis essuya ses premières larmes du revers de sa robe. Elle relut la lettre. Une fois.

Deux fois. Trois fois. Comme Guillaume, le 9 novembre 1943, lorsqu'il lui écrivit ses derniers mots. Un profond sentiment de dégoût s'empara de son être. Elle avait envie de cracher sur le papier, sur cette République française qui n'avait pas su protéger son fils de l'incorporation. La vérité était là depuis tout ce temps, sous ses yeux, à côté de son lit, où la nuit elle rêvait de Guillaume, dans cette boîte quelconque que son mari avait cachée pour ne pas lui faire de mal. Et à mesure qu'elle parcourait ces courriers, la maison, déjà froide et silencieuse, prit l'aspect d'une tombe qu'elle arpentait, vivante. Sur ces feuilles qui ondulaient sous l'effet de ses tremblements, s'écrivait le froid, le banal destin de son fils avec ces mots tapés sur une machine à écrire, certainement des milliers de fois, par une secrétaire quelconque. « Mon Dieu, est-ce à cela que se résume la mort d'un fils, d'un homme ? À un simple courrier administratif signé par un chef de service qui ne connaît même pas le nom de mon fils et signe simplement ces lettres à la chaîne, tous les jours, en passant mécaniquement à la suivante avant de consulter sa montre et de dire à sa secrétaire "Cela suffit pour aujourd'hui" ? »

Elle divaguait. Stéphanie lâcha alors la lettre, qui virevolta dans l'air avant de se poser doucement sur le parquet ciré du salon et mouillé de larmes. Elle tomba à genoux et presque aussitôt ramassa la lettre pour la serrer contre son cœur brisé par la rage. Comme elle maudissait ce fonctionnaire qui n'avait même pas eu d'égards pour son fils, qui n'avait certainement jamais connu le front, plus préoccupé par la soupe chaude qui l'attendait le soir à la maison que par l'injustice de la mort de Guillaume. « Lui au moins aura des enfants à embrasser ce soir. Moi je n'ai plus personne », pensa-t-elle. Le temps où Marcelle et Jean se chamaillaient pour lui apporter son peigne, où Guillaume demandait ce qu'il y avait au menu et où elle entendait les colères de son mari contre ses ouvriers était révolu. Sa petite-fille, son fils et son mari étaient morts. Tous morts. Jean avait quitté la maison pour vivre sa vie. « Maudit Staline, maudit Hitler, la mort a au moins eu raison de vous. Tant mieux ! Maudit pays, maudite Alsace, tout cela est de votre faute ! Pourquoi ne l'avez-vous pas laissé tranquille ? Il ne voulait de mal à personne, il était si gentil, si dévoué. Et pourtant, vous vous êtes tous entendus, délibérément, pour l'assassiner ! Soyez tous maudits ! » vociféra-t-elle dans cette maison silencieuse, le corps secoué de spasmes.

Au fil des ans, les articles de presse sur les retours de Malgré-nous se faisaient plus rares. Stéphanie, assise dans le salon, ne les regardait plus, préférant les annonces nécrologiques. Même le retour de Jean-Jacques Remetter, dernier Malgré-nous revenu des camps soviétiques, en avril 1955, l'avait laissée de marbre. Les larmes avaient cessé de couler. Le chagrin s'était tari.

Juillet 1956

Deux femmes arpentaient la longue travée centrale du cimetière de Bischwiller, celle où se dressaient les grands pins qui permettaient aux nombreux défunts de reposer à l'ombre lorsque arrivaient les chaudes températures de l'été. Dans la poussette de l'une, un petit garçon de 2 ans regardait avidement le paysage et les passants devant lui. L'autre conduisait un landau dans lequel dormait une petite fille qui venait de fêter son premier anniversaire.

Stéphanie Pfaadt et Louise Haenel se rendaient régulièrement ici pour y fleurir les tombes de leurs maris, mais également pour y promener leurs petits-enfants. Dans ce cimetière, véritable lieu de rencontres et de socialisation de la ville, les Bischwillerrois aimaient se rencontrer et discuter.

« Comment va Adèle ? demanda Stéphanie en s'arrêtant.

– Écoute, ça va, répondit Louise en remontant la couverture sur le corps endormi de la petite Claudine. Elle s'est bien remise de sa dernière, dit-elle en jetant un coup d'œil à l'enfant dans le landau.

– Ça lui en fait combien ?

– Cinq. Je pense qu'elle va s'arrêter maintenant. Et puis, il y a le magasin dont il faut s'occuper. »

Adèle Haenel, dont la beauté lui aurait certainement valu, dans une autre vie, de faire du cinéma, était la fille de Louise Haenel et la sœur de Rodolphe Haenel qui avait fui l'incorporation de force. À la fin de la guerre, elle avait épousé son bel Italien, Joseph Drago, qui avait servi dans l'armée italienne du maréchal Badoglio. Après la guerre, ce dernier avait ouvert un magasin de photographie dans la rue de la Pomme-d'Or, devenant ainsi le lointain successeur de Georg Heinrich Roth, qui avait photographié en 1912 le mariage de Guillaume et Stéphanie.

« Tu penses qu'il pourrait faire des photos de Guy ? » demanda Stéphanie.

Louise sourit. Jean avait appelé son fils Guy. Il aurait bien aimé perpétuer la tradition des Guillaume mais Stéphanie s'y était opposée. Le prénom de son fils était banni. Alors Jean et sa femme, Marie-Madeleine, avaient opté pour Guy. Louise se rendait bien compte que même la joie que procuraient à Stéphanie ses deux petits-enfants, Sonia et Guy, ne parvenait pas à déchirer le voile de la mort de Guillaume. Et ces derniers temps, ce voile s'était épaissi, surtout depuis la mort de son mari, quelques années plus tôt. Stéphanie était devenue l'ombre d'elle-même. Et lorsqu'elle observait Guy et Sonia, elle se demandait toujours à quoi auraient pu ressembler les enfants de Guillaume. Jusqu'au bout Stéphanie donna le change à la petite Sonia, qui, toute sa vie, allait garder cette image d'une douce grand-mère, ce « rayon de soleil » dans sa vie d'enfant. Quelques jours auparavant, sa demande d'attribution de la mention « Mort pour la France » pour son fils avait été acceptée. Au début, elle avait trouvé cette démarche incongrue. « Mort pour la France, tu parles », avait-elle dit un jour à son fils avant d'ajouter « Mort pour rien, surtout ». Mais Jean avait su la convaincre en lui disant que c'est ce que son père aurait voulu, lui qui avait demandé dès 1947 une pension d'ascendant et avait comme son fils combattu sous l'uniforme allemand. Avec cette démarche, Stéphanie refermait définitivement le tombeau de son fils, ouvert en mai 1943 au moment de son incorporation de force. Notre histoire familiale pouvait ainsi continuer à s'écrire à l'ombre des tragédies passées.

« Oui, bien entendu, je vais lui demander. »

Les deux femmes reprirent leur promenade. Guy sombra dans une sieste réparatrice. À côté de lui, la petite Claudine ne s'était pas réveillée. Et dans leurs rêves, les deux enfants ne s'imaginaient pas qu'un jour de juillet 1975 ils se marieraient et deviendraient mes parents.

14 août 1958

« L'attente est toujours une torture; l'attente sans espoir, la pire de toutes », écrivit Arthur Koestler dans *Un testament espagnol*, sa première autobiographie. Pour Stéphanie, depuis qu'il n'y avait plus d'espoir de revoir Guillaume, sa dépression devenait lentement folie. Avec le temps, l'appel de la rivière s'était fait de plus en plus pressant. Elle y allait presque tous les jours et s'arrêtait, comme dans un pèlerinage, aux endroits qu'elle avait fréquentés avec son fils. Elle marchait le long de ces berges que son fils avait peintes maintes et maintes fois, cette rivière où elle avait passé les plus beaux instants de sa vie. Au printemps et en été, elle s'asseyait là, parfois pendant plusieurs heures. Elle voyait ces oiseaux, devenus ces dessins qui tapissaient la chambre de Guillaume. Elle restait là à regarder l'eau s'écouler, à laisser le bruit des remous pénétrer son esprit. Souvent, elle prenait un pissenlit et en soufflait les aigrettes à la surface de la rivière comme on répand des fleurs sur une tombe. Mais plus personne ne les attrapait à présent. La rivière devenait de plus en plus, pour elle, une tombe symbolique. Comme si elle l'appelait. La rivière, à la manière du destin, réclamait son dû, exigeait une forme de sacrifice. Son sacrifice. Tant de souvenirs et de peines la ramenaient ici. Alors, comme une droguée, une possédée, elle revenait là chaque jour. Encore et encore. Et lorsqu'elle rentrait chez elle, dans la maison vide de la rue Française, et qu'elle y croisait son fils Jean, elle lui mentait. Car à travers la mort, elle partageait ce secret avec Guillaume. Celui de l'attraction de la rivière par-delà la mort.

Jusqu'à ce 14 août 1958.

Ce jour-là, il faisait très chaud. En cette fin d'après-midi, comme chaque jour de cette semaine, Stéphanie se rendit au bord de l'eau et s'assit à l'endroit où les saules pleuraient et caressaient le courant. Dans l'air flottait une odeur de sureau. Stéphanie regarda les arbres et leurs branches qui, pareilles à des bras, semblaient l'inviter à entrer dans l'eau. Alors, elle se leva et s'approcha de la rive. Sous le pont, des remous grondaient. La rivière l'attirait, l'appelait. Impossible de lui résister. Elle n'avait jamais appris à nager, mais sans savoir pourquoi, à cet instant, elle entra dans l'eau. Celle-ci était chaude, agréable, et ce courant entraînant lui faisait du bien. Elle voulait s'y abandonner et ainsi arrêter de se battre contre toutes ces chimères, contre tous ces démons qui l'asservissaient depuis tant d'années. Elle avança alors lentement, sans peur, et ferma les yeux. Sur l'autre rive l'attendait son fils disparu.

Bischwiller, personnage à part entière de ce récit, continua sa route, emportant avec elle ses enfants, ses survivants. Après avoir accueilli Italiens et Polonais qui, pour certains, avaient payé de leur vie leur attachement à la commune, elle ouvrit ses bras à des musulmans, des Turcs venus en nombre travailler dans l'industrie, rejoignant ainsi chrétiens (catholiques et protestants) et Juifs qui avaient, avant eux, apporté leurs pierres à cette modeste tour de Babel alsacienne. Aujourd'hui, serpentant au milieu de la ville et longeant la Moder et ses affluents, tous empruntent, pour emmener leurs jeunes enfants à l'école ou dégourdir leurs jambes usées, le sentier des poètes, ce chemin où s'égrènent les vers de Claude Vigée, Louise Ostertag-Roth, Sido Gall et Sylvie

Reff qui racontent ce qui a été et ce qui, en dépit des orages de l'histoire, demeure.

Cette Histoire avec un grand H et celle, plus modeste, de ma famille eurent une fâcheuse tendance à vouloir se répéter. En 1928, Stéphanie, enceinte de Jean, pleurait son beau-père qui venait de se suicider. Trente ans plus tard, Marie-Madeleine, la femme de Jean, assistait à son tour, enceinte de mon futur oncle, aux obsèques de Stéphanie, qui, elle aussi, venait de mettre fin à ses jours. Comme cette dernière, elle donna naissance, quelques mois plus tard, à son dernier fils.

Jean, mon grand-père, le dernier fils de Stéphanie, disparut en 2007. Toute sa vie, il multiplia les incartades et les coups d'éclat, en digne héritier de ce patriarche incontrôlable et insoumis suicidé deux mois avant sa naissance. Le garçon qui grimpa sur le toit de la mairie de Bischwiller pour y décrocher le drapeau nazi se fit éleveur de moutons, gérant d'une imprimerie ou cuisinier. Il se paya la première Porsche du département, rasa une forêt pour y élever des carpes japonaises, acheta un crack capable de remporter les plus grandes courses hippiques, chassa l'ours en Pologne ou le cerf avec l'avocat René Floriot, fit un séjour en prison et côtoya les plus hautes sommités du coin. Il devint – de l'aveu même des avocats qui l'affrontèrent – un « personnage hors du commun ». Comme toute cette génération qui connut la guerre, l'asservissement de l'incorporation de force et la déportation, il avait décidé de choisir son destin, de choisir en quelque sorte symboliquement « sa » mort en brûlant la vie par les deux bouts. D'autres se réfugièrent dans les sports extrêmes en traversant le Rhin à la nage, ou dans la politique, comme on rejoint une armée que l'on a choisie tout en s'affranchissant de tous les codes, de toutes les règles et parfois même de la morale.

En 1998, Jean réalisa avec mon père et moi un voyage initiatique à Tambov, se recueillant sur la fosse commune dans laquelle le corps de son frère avait été jeté en ce mois de janvier 1945. Ce 8 août 1998, trois générations de Pfaadt étaient réunies sur cette terre russe où des Pfaadt avaient tué et où ils étaient morts. Ce jour-là, en présence des plus hautes autorités de la République française, était inauguré ce monument à la mémoire de Guillaume Pfaadt et de ses milliers de Malgré-nous morts en captivité, monument que j'avais contribué à édifier dans cette forêt inhospitalière où règnent encore les spectres de ceux qui y ont laissé leur vie, et sur laquelle Guillaume et Paul avaient posé leurs premiers regards de captifs, le 23 décembre 1943. Ce jour-là, je vis mon grand-père verser les seules larmes que je lui ai connues pour ce frère qu'il avait quitté cinquante-cinq ans plus tôt, à l'âge de 15 ans.

Emma, le dernier amour de Guillaume, revint de son incorporation dans la défense antiaérienne allemande. Après la guerre, elle épousa un ouvrier textile de Bischwiller, lui aussi incorporé de force dans la Wehrmacht et envoyé en Italie et en Yougoslavie et dont elle eut quatre enfants. Le 12 mars 2008, le cœur d'Emma, demeuré inconsolable depuis la mort du grand amour de sa vie, s'éteignit à la maison de retraite de Bischwiller. Elle avait 85 ans.

Henri Pfaadt mourut en 1959. Ses deux fils, qui avaient toujours suivi ses pas et défendu une Alsace française, poursuivirent la voie professionnelle tracée par leur père en reprenant l'épicerie et le bureau de tabac familiaux. Je me souviens encore de Marcel, béret sur la tête

– signe indéfectible de son attachement à la France – et blouse blanche parfaitement amidonnée (probablement une leçon héritée de l'apprentissage de son père chez Fauchon), m'offrant des bonbons, et de René, dénichant tout et n'importe quoi dans son épicerie agencée et rangée au centimètre près. Marcel est mort en 2008, René en 2005.

Charles, le dernier fils vivant de Fredericke et Guillaume Pfaadt, disparut quant à lui en 1970. Jusqu'à la fin, il fut veillé par son gendre, Karl Günther, ce soldat de la Wehrmacht devenu français en 1952, ce fils qu'il n'avait jamais eu. Il eut le temps de transmettre à son petit-fils Christian une partie de l'histoire des Pfaadt. Karl Günther disparut en 1983. Sa femme, Louise, la plus jeune fille de Charles, décéda quant à elle huit ans après son mari, en 1991.

La première fille de Charles, Lina, née le 30 janvier 1914, traversa le XXe siècle et le début du XXIe. Après des études à l'école supérieure de jeunes filles, elle réussit le concours de l'école normale de Sélestat, où elle entra en 1931, à l'âge de 17 ans, et devint institutrice. Elle occupa différents postes dans plusieurs villages alsaciens, notamment Merkwiller-Pechelbronn, où elle rencontra son futur mari, Henri Huss, qu'elle épousa en 1937. Pendant la guerre, elle se réfugia non loin de Coulommiers, en Seine-et-Marne, avant de revenir en Alsace pour y exercer son métier. Henri fut mobilisé en août 1939. Prisonnier en mai 1940 au sein d'un stalag dans le nord de l'Allemagne, puis libéré, il échappa à l'incorporation de force, affecté à la raffinerie alsacienne de Pechelbronn. Tous deux assistèrent ainsi au terrible bombardement de cette dernière par l'aviation américaine, le 3 août 1944.

Comme de coutume chez nous, Lina perdit deux filles avant l'âge de 1 an. Son seul fils souffrit de tuberculose osseuse jusqu'à l'âge de 27 ans avant de s'éteindre à son tour, en 1972. Pieuse et écologiste avant l'heure, Lina conserva des liens très forts avec son père, Charles. Son mari s'éteignit en 1993. Lina Pfaadt s'endormit, quant à elle, paisiblement dans sa 101e année, en mars 2015, à la maison de retraite du diaconat de Bischwiller. Elle regarda ainsi vivre et mourir tous les personnages de cette incroyable histoire, faisant mentir au passage la vieille Fredericke.

23 décembre 2018

Un vent glacial souffle sur Bischwiller. Les arbres ont perdu leurs feuilles. Le parc où repose le mémorial de la ville est désert. Pas un passant. Seul le bruit de quelques voitures déchire par intermittences le silence. Devant moi se dresse l'imposant monument aux morts en granit des Vosges construit alors que Bischwiller redevenait française. Plusieurs plaques de métal recensent les 154 noms des enfants de Bischwiller morts, tous uniformes confondus, pendant la Première Guerre mondiale. Au dos de l'imposante masse de pierre, séparée par des mâts sans drapeau dont on imagine aisément entendre les claquements des couleurs de la France républicaine en 1918 puis en 1945, s'élève une grande stèle sur laquelle est fixée une plaque en plexiglas. À la manière d'un index, on y lit ces autres enfants, parfois les enfants des premiers, ces 225 fils de Bischwiller tombés pendant le second conflit.

Les mêmes noms se retrouvent parfois sur ces deux plaques qui se font face, qui se répondent à quelque trente années d'intervalle : les Jesel qui ont perdu trois de leurs membres durant le premier conflit mondial puis deux dans le suivant, les Rinckenberger, deux dans l'un, deux dans l'autre. Les Pfaadt sont aussi là. Eugène et Guillaume. L'oncle et son neveu qu'il n'a jamais connu. Deux enfants de Bischwiller, deux fils de l'Alsace morts sous l'uniforme allemand. Si Guillaume n'avait pas voulu servir le Führer, Eugène choisit-il le destin qui fut le sien ? Aurait-il préféré combattre sous l'uniforme français comme son frère Henri ? Est-il mort d'une balle ou d'un obus français ?

Personne ne le saura jamais. Guillaume a certainement pensé à son oncle disparu lorsqu'il se retrouva sur cette terre soviétique inhospitalière. Soixante-quinze ans, jour pour jour, après la conversation de Paul Rebmann et de mon grand-oncle dans ces semaines qui précédèrent leur arrivée au camp de Tambov, je me pose ces questions : dans quelle mesure choisit-on son destin, et peut-on réellement échapper à celui que l'histoire nous réserve ? à celui de ses ancêtres ? *Nomen es omen*, « le nom est présage ». Pourtant, il est possible de l'orienter, de le faire dévier de son cours comme une rivière. Guillaume s'y employa en désertant. Mais il échoua. Assis sur le granit froid entre Guillaume et Eugène, je tente de comprendre. Deux morts parmi des centaines de vies sacrifiées à Bischwiller, parmi des dizaines de milliers en Alsace et en Lorraine, parmi des millions en Europe, qui ont vécu ce qu'aucun être humain n'a vu auparavant.

Eugène et Guillaume furent deux victimes parmi celles, innombrables, de ces idéologies et de ces totalitarismes qui ravagèrent le XXe siècle et firent du Rhin un sillon de sang. Feuilles mortes dans le vent de l'histoire, ils errent aujourd'hui dans mon esprit. De leurs yeux, ils ont vu la mort se manifester de mille manières avant que l'une d'elles ne les saisisse. Un oncle et son neveu sans date de décès, sans lieu exact de sépulture. Deux membres d'une même famille jetés dans une fosse commune, celle immense qui engloutit durant cette nouvelle guerre de trente ans combattants de Verdun et de Stalingrad, Juifs, Tziganes, handicapés, civils et militaires, enfants et vieillards, indigènes et indigents, partisans et résistants, gueules cassées et cœurs vaillants, troupes coloniales mortes pour une République qu'ils aimèrent d'un amour qui ne fut pas réciproque et soldats forcés de servir sous un uniforme et pour une cause qu'ils n'avaient pas choisis. Cette fosse commune, insondable, de l'humanité tout entière.

Sur leurs sacrifices, d'autres hommes ont établi la paix et ont construit l'Europe d'aujourd'hui, cette Europe pour laquelle je me suis investi et continuerai, tout au long de ma vie, de me battre. J'avais 20 ans quand je suis allé en Russie, sur les traces de l'ancienne URSS, avec mon père et mon grand-père Jean. 20 ans, l'âge d'Eugène lorsqu'il fut fauché par la Première Guerre mondiale. 20 ans, à peine moins que Guillaume lorsque lui aussi fut victime de l'une des plus grandes barbaries du siècle dernier.

À la différence de mes aïeuls, moi, la troisième génération de Pfaadt à me rendre là-bas, je l'ai fait de mon plein gré, sans avoir été forcé. Et surtout j'y suis allé en quête de paix et non contraint par la guerre. Pour construire à ma façon cette Europe tirée des braises de la guerre et non pour la détruire. Pour se souvenir. Pour me souvenir. Là-bas, dans l'épaisse forêt qui avait tout recouvert, il ne subsistait ni camp, ni fosses, ni baraques. Une gare en bois peinte en jaune et bleu, presque un décor de cinéma. Voilà tout. Et puis la forêt. L'épaisse forêt peuplée de spectres et d'espoirs vains. La nature, comme à son habitude, avait repris ses droits. Nos pelles et nos pioches avaient remplacé fusils et grenades pour devenir rameaux d'olivier et livres d'histoire. Elles ont bâti un monument aux morts, insignifiante et nécessaire reconnaissance à nos aînés qui reposaient sous nos pieds. Plusieurs fois, le sol remué révéla quelques sinistres reliques des temps passés. Et tout en travaillant, nous rîmes avec les jeunes Russes qui nous aidaient avant de recevoir l'hommage des autorités russes que nos aînés espérèrent tant. Devant l'hôpital de Kirsanov, mon grand-père, mon père et moi prîmes la pose devant une tombe sans nom, la tombe 19, censée être celle de Guillaume. Une fois de plus, plusieurs générations de Pfaadt étaient réunies pour rendre un dernier hommage à un Guillaume Pfaadt. Comme soixante-dix ans plus tôt, en 1928, devant le vieux patriarche suicidé. À cette époque, Jean n'était pas encore né. Et en 1998, il n'y avait pas de femme enceinte autour du cercueil. D'ailleurs, il n'y avait pas de cercueil. Seulement des amas de terre envahis ici ou là par la végétation et des tombes chrétiennes et orthodoxes mêlées dans ce cimetière où les ennemis d'hier s'étaient, par-delà la mort, la Shoah et les totalitarismes, réconciliés. La tombe 19 avait été entretenue par quelques babouchkas qui ne savaient certainement pas ce qu'avaient fait ces soldats un demi-siècle plus tôt. Ou peut-être elles ne le savaient que trop bien. « Les mères n'ont qu'un fils, partout le même », disait la poétesse. Celles-ci ont peut-être pensé qu'elles auraient aimé que quelqu'un prenne ainsi soin de la sépulture d'un frère ou d'un père tombé loin de sa terre comme elles le faisaient à présent pour un fils revenu d'Afghanistan dans un cercueil de zinc. Autre époque. Autre guerre. Même jeunesse fauchée.

Quelques jours plus tard, lorsque Jean défila devant le monument aux morts accompagné d'Elena, une jeune fille russe de 16 ans, il portait une urne funéraire dans laquelle reposaient peut-être les cendres de son frère mêlées à celles de ses compagnons d'infortune. À ce moment, il repensa très certainement à Guillaume, ce frère qu'il embrassa une dernière fois, en ce mois de mai 1943, sur le quai de la gare de Haguenau. À cet instant, j'en suis certain, les morts souriaient. Guillaume et les autres reposaient enfin en paix. Aujourd'hui, à travers les âges et les générations, je veux tendre la main à Eugène et à Guillaume et leur crier mon amour. Non, tout n'a pas été vain. La souffrance a été longue, intense. Mais l'espoir, des tranchées de Verdun aux fosses communes d'URSS, n'est jamais mort.

Au loin, le bruit des voitures a cessé. D'autres murmures me parviennent. Ceux de la rivière. La Moder, elle, ne s'est jamais arrêtée de couler.

REMERCIEMENTS

Claudine Drago, ma fidèle assistante et bien plus que cela, Christian Günther, véritable mémoire vivante de Bischwiller, tous les membres de la famille Pfaadt dont ma chère Mamie, Sonia, Jean-Claude et Jocelyne, le maire de Bischwiller, Jean-Luc Netzer, sa première adjointe, Michelle Muller, Claude Herold, Nicolas Mengus, Pierre Perny, Christine Loison, Ursule Blocher, Colette Lapoire, Marcelle Welsch, Gilberte Bauer, Adèle Drago, Christine et Fabien Troestler, Sylvie Reff-Stern, Sophie-Elisabeth et Rainer Syring, Joël Fréchard, Sabine Norroy, François Antonot, Freddy Dott, Michel Gasse, Patrick et Alice Wirth, René et Élisabeth Conrad, Jeannette Ganière, Julien Gueslin, Gerd Krumeich, Masha Cerovic, Martin Grasmannsdorf, Karin Timme, Michael Autengruber, Frédérique Fischbach, Pierre-Alain Borne, Wolfgang Mährle, Josiane Gerwig, Sylvie Kuhm, Benedicte Fuss, le personnel des différents services d'archives municipaux, départementaux, français, allemands et suisses, de l'ambassade de Lettonie en France, l'association des Amis du musée de la Laub de Bischwiller, Judith Haran et le Harvard Law School Nuremberg Trials Project, le professeur Bradley J. Nichols, ma femme Sanaâ, dont la bienveillance et le soutien ont été de précieux alliés, sa sœur Majdah, qui m'a poussé sur le chemin de mon passé, et bien entendu Noëlle Meimaroglou, sans qui cette histoire n'aurait certainement jamais vu le jour.

Enfin, je dois payer ma dette envers ceux qui, survivants et victimes, ont, malgré eux, donné corps à ce livre. Celui-ci, je l'espère, saura être la mémoire parfois oubliée de ceux qui sont revenus et le linceul littéraire de ceux qui ne revinrent jamais et qui, au fond de leur cœur et jusqu'à leur dernier souffle, ont toujours conservé un morceau d'Alsace.

TABLE DES MATIÈRES

Imprimé en France en octobre 2022
par l'Imprimerie Maury S.A.S. à Millau (12)
pour le compte des Éditions Le Cherche Midi
92, avenue de France, 75013 Paris

M06210/09
N° d'impression : J22/71987N
Dépôt légal : février 2020